전도학 시리즈

현대기독교복음전도론

요나의 전도

김주원 지음

디지털 세상 건강한 신앙의 바로미터
기독교포털뉴스

현대기독교복음전도론

요나의 전도

발행일	초판 1쇄 2024년 8월 31일
저자	김주원
북디자인	최주호(makesoul2@naver.com)
유통사	하늘유통(031-947-7777)
펴낸곳	기독교포털뉴스
신고번호	제 2016-000058호(2011년 10월 6일)
주소	우 16954 경기도 용인시 기흥구 흥덕2로 87번길 18 이씨티빌딩 B동 4층 엠피스비즈니스센터 479호
전화	010-4879-8651
가격	17,000원
이메일	unique44@naver.com
홈페이지	www.kportalnews.co.kr

ISBN   979-11-90229-33-3 93230

전도학
시리즈

김주원 지음

현대기독교복음전도론

요나의
전도

추천   피영민 총장 김상백 박사 장경진 박사
송영문 장로 김기현 교수

디지털 세상 건강한 신앙의 재공터
기독교포털뉴스

차례

추천사

주원침례교회의 담임목사이자, 한국침례신학대학교의 실천신학 겸임교수인 김주원 목사님은 대학생 선교와 이단 문제에 관한 전문가입니다. 복음 선교의 큰 걸림돌 가운데 하나가 이단자들이 뿌려 놓은 가라지 씨앗들입니다. 그러므로 복음 전도와 이단에 대한 대처는 밀접하게 연관되어 있는 주제인 것입니다.

김주원 목사님은 이미 이단 대처를 위한 저서를 네 권이나 발간하여 그 분야에서 전문가로 인정받고 있습니다. 그러나 복음 전도에는 이단에 대처한다는 방어적인 측면보다도 더욱 중요한 것이 진리의 복음을 적극적으로 효율적으로 증거하는 공격적인 측면인 것입니다.

김주원 목사님은 전도학 분야에서도 이미 전도학 시리즈 제1편으로 「현대 기독교 복음 전도론」을 저술하여 복음 전도의 이론과 실천에 대한 체계를 세워 신학생들에게 큰 유익을 주었습니다. 이제 제2편은 구약의 가장 대표적인 전도자인 "요나"를 통해서 전도학의 실천적인 분야를 20개로 나누어서 소개하였습니다. 그와 동시에 요나서를 통해서 조직신학의 7개 중요한 분야에 관해서도 가장 복음적이고 전도 지향적인 입장에서 정립하여 제시하였습니다.

　복음 전도는 상상 속에서 이루어지는 일이 아니라, 인간이 처한 역사적인 현실 상황 속에서 이루어지는 것이기 때문에 요나서의 역사적인 상황에 대한 연구도 아울러 제시하고 있는 점이 매우 균형적이라고 생각됩니다. 김주원 목사님의 신간인 「요나의 전도」는 전도를 통한 부흥을 이루고자 하는 목회자들뿐 아니라, 예수님의 최고 명령인 "지상명령"을 수행하고자 수고하는 선교사님들에게 큰 유익을 주리라 확신하며 적극적으로 추천하는 바입니다.

　　　　　　　　　　한국침례신학대학교 총장 피영민 목사

추천사

전도와 이단 연구에 관한 이론과 실제에 있어서 자타(自他)가 인정하는 실력 있는 전문가인 김주원 박사님께서 『요나의 전도-현대기독교복음전도론』에 대한 책을 썼다고 저에게 말씀하셨을 때, '왜 요나지?'라는 의구심을 가졌습니다. 왜냐하면 전도자와 선교사로의 요나의 이미지가 대체로 하나님의 뜻에 불순종하여 배를 타고 떠난 선지자, 그러다가 피할 수 없는 풍랑을 만난 후에 바다에 던져져서 큰 물고기 배 속에서 죽도록 회개하고 어렵사리 다시 기회를 얻은 사역자, 그리고 본인이 전도한 니느웨 성이 망하기를 바라다가 하나님께 책망을 들은 전도자로 그 이미지가 썩 좋지 않기 때문입니다. 그러나 어쨌든 요나는 하나님의 예언자, 선교사, 전도자로서 하나님의 심판을 직면한 타락한 큰 도시 니느웨를 회개시키고, 구원하였던 하나님의 능력 있는 사역자임에 틀림이 없습니다.

그래서 김 박사님의 『요나의 전도- 현대기독교복음전도론』는 현대전도학을 가르치는 실천신학자의 관점에 전도자 요나를 새롭게 분석한 흥미로운 책으로 느껴졌습니다. 보통의 전도학의 책이 전도에 관한 이론적인 부분보다는 실제적 방법론에 치우치는 경향이 있는 반면에, 저자는 요나서를 성서신학적, 조직신학적, 역사신학적으로 다각도(多角度)로 분석하여 요나의 전도뿐 아니라 현대전도학에 대한 이론적 체계를 공고히 하면서도, 실제적으로 교회와 선교 현장에서 복음을 전하는 사역자들에게 도움과 도전을 주는 실천신학적 지침을 제공해 주는 균형 잡힌 전도학 책이라는 생각이 들었습니다. 그리고 저자는 요나의 전도에 대한 깊이 있는 내용을 독자가 이해하기 쉽게 잘 표현해서 읽기가 참 좋았습니다.

앞으로 전도와 선교를 위한 거룩한 부르심을 받고, 하나님 앞에서 요나와 같이 두려움과 기대감으로 절대 쉽지 않은 목회 사역의 현장이나 선교 현장으로 한걸음씩 나아가는 전도자들에게 타락한 한 도시에 보냄을 받아 그들을 회개시키고, 구원한 전도자 요나를 배우는 마음으로 이 책을 일독(一讀)하기를 기쁜 마음으로 권합니다.

전 한국실천신학회 회장, 이사장
현 순복음대학원대학교 실천신학교수
수원 좋은길교회 담임목사
김상백 박사

추천사

　여러 권의 책을 저술한 학자요, 이단 연구의 전문가이기도 하신 저자가 이번에는 구약의 전도자인 요나와 요나서를 조명하여 복음 전도의 성경적, 신학적, 역사적, 실천적인 접근을 통해 현대인들에게 필요한 전도의 이론과 실제에 대한 『요나의 전도 – 현대기독교복음전도론』을 저술했습니다.

　저자의 체계적인 지식과 다양한 경험을 가지고 '제1부 요나 전도의 성서적 연구'에서는 거짓예언과 예언자들의 실태를 흥미롭게 고발하고, 요나서와 성서속의 요나를 소개하고 있습니다. '제2부 요나 전도의 신학적 연구'에서 저자는 전도 초보자도 쉽게 접근할 수 있도록 전도에 있어서 신학적인 부분을 쉽게 소개하고 있습니다. 또한 조직신학적인 관점에서 전도의 기본 다지기와 지적 설득을 통해서 전도를 하고 싶은 사람들에게도 도움이 되도록 전도의 신학적 측면을 잘 안내하고 있습니다.

　'제3부 요나 전도의 역사적 연구'를 통해서는 요나와 요나서의 역사적 신뢰성을 갖도록 돕고, 복음 전도와 현장의 중요성과 시대적 상황을 알고 접목하는 것의 중요성도 배우게 합니다. '제4부 요나 전도의 실천적 연구'에서는 복음 전도자의 기본적인 소양과 복음을 듣고 그리스도를 영접한 사람이 가져야 하는 신앙의 과정과 본질(기초)은 물론 요나와 요나서에 대한 학문적 이론과 실질적 필요를 제공하고 있습니다.

또한 어쩌다 등장하는 저자의 경험담은 이 책을 더욱 맛깔나게 합니다. 더 나아가 이단 문제 전문가답게 전도에 가장 큰 걸림돌이 되는 이단을 어떻게 대처할지 방법론을 제시하는 것도 이 책의 장점입니다. 특히 저자는 성경에 등장하는 이단들을 소개하고 그 대처는 이단 전문가뿐만 아니라 성도들 모두가 스스로 할 수 있어야 한다고 제안하며 복음 전도자가 어떤 사람이 되어야 하는지를 바른 정체성도 소개합니다.

요나와 요나서를 알고자 하는 분들은 물론 전도의 이론과 실제에 대한 균형을 갖추고 복음의 증인으로서의 삶을 꿈꾸는 모든 그리스도인들에게 이 책을 적극 추천합니다.

서울기독대학교 겸임교수
장경진 박사

추천사

추천사를 부탁받았을 때 원고를 받고 단숨에 읽어 내려갔습니다. 문장이 간결하고 쉬우면서도 명쾌했기 때문입니다. 그래서 가벼운 책일까요? 아닙니다. 신학적, 역사적 사실을 근거로 하고 있으며 또한 철저하게 성경적이고 복음적입니다. 요나 전도에 대한 성경적, 신학적, 역사적 연구이지만 딱딱하거나 어렵지 않고, 재미있고 생생한 이야기로 전달하기 때문에 누구나 읽고 이해할 수 있습니다.

그런데 왜 요나일까요? 요나 연관검색어를 살펴보겠습니다. 소선지자, 욥바항구, 다시스, 앗수르, 니느웨, 큰 물고기, 회개하라는 외침, 회개운동, 박넝쿨, 벌레, 강렬한 햇빛, 불순종, 민족주의자, 불평불만, 고집불통, 억지순종, 도망….

'예수님은 왜 구약의 쟁쟁한 인물들 중에서 큰 비중을 차지하지 않는 요나의 전도만 언급했을까'에 궁금증을 가지고 연구하며 썼다고 필자는 말하고 있는데, 지금까지 피상적으로 알고 있었던 것을 뛰어넘어 다양한 것을 말해 주고 있습니다. 무엇보다 성경적 지식이나 학문적 욕구를 채워주는 것은 물론 복음전도의 원리와 실천적 방안을 제시하고 있습니다.

예수그리스도의 이름으로 구원받은 성도는 복음전도를 지상명령으로 여기고 살아가는 사람입니다. 관념이나 생각에 머무는 것이 아닌 행동과 삶으로 실천해야 합니다. 복음전도자로 사명을 감당하려는 모든 성도들에게 〈요나의 전도〉는 충분한 동기를 제공할 것이라 확신하며 적극적으로 추천합니다.

광주주원침례교회 송영문 장로

* * *

갈수록 성경과 교리가 멀어지는 인상을 지울 수 없다. 게다가 실천은 마치 가까이하기 어려운 당신이 된 듯 싶다. 김주원목사는 요나서가 담고 있는 성경적 메시지를 잘 정리하고, 그것이 지닌 교리적 의미를 포착하고, 종내는 실천과 전도의 현장까지 밀고 나간다. 요나서에 대한 포괄적 이해와 의미를 파악하기에 안성맞춤인 책이다. 저자의 성실함도 돋보인다. 요나서를 공부하는 이들의 책상 위에 항상 있어야 할 책이다.

김기현 목사
한국침례신학대학교 교수
〈고난은 사랑을 남기고〉의 저자

심판 때에 니느웨 사람들이
일어나 이 세대 사람을 정죄하리니
이는 그들이 요나의 전도를 듣고
회개하였음이거니와 요나보다
더 큰 이가 여기 있으며

(마태복음 12장 41절)

머리말

스물일곱 살. 주의 부르심에 순종했다. 새내기 대학생 때부터 졸업할 때까지 활동했던 캠퍼스 선교단체 제자들선교회(Disciples For Christ) 사역자가 되었다. 아버지는 몹시 화를 내셨다. "정말 사역을 하고 싶으면 신학교를 가서 정식으로 공부하고 목회자가 돼라." 그러나 나의 부르심은 대학 캠퍼스 선교 사역이었다. 살아오면서 이런 확신은 처음이었다. 나는 행복했다. 내게는 결코 없을 것만 같았던 주께서 주신 소명과 사명이 있다는 것이 신기했다. 소명과 사명에 사로잡힌 나는 광주광역시로 갔다. 한 번도 방문한 적이 없던 도시였다. 아버지 집에서 광주로 이사하던 날, 눈이 내리고 칼바람이 세차게 불었다. 내가 묵어야 할 숙소는 재래시장 뒷골목 끝에 있었다. 화장실이 없어서 시장에 있는 공중화장실을 사용했다. 문을 열고 방에 들어갔다. 이불 하나 없는 차가운 방에서 잠을 잤다. 다행히 보일러가 작동되어 새벽에는 따뜻한 기운을 느낄 수 있었다. 아침이 되었다. 나는 사역지인 캠퍼스로 향했다. 넓은 캠퍼스에 내가 아는 사람은 단 한명도 없었다. 머릿속에서 오직 이 단어만 생각이 났다. "개척". 주변 사람들은 내 걱정을 많이 해 주었다. 심지어 선교회 지도 목사님도 나를 걱정해주면서 이렇게 말했다. "일 년만 잘 버티고 있어. 곧 대전으로 내가 김주원 간사를 데리고 올 거야." 그러나 필자는 계속 광주에 남게 되었다. 열여덟 해 동안 복음전도와 제자훈련 사역을 했다. 매일 아침 큐티와 기도를 했다. 캠퍼스의 대학생들에게 소책자 전도를 했다. 복음전도로 연결된 학생들과 성경공부와 제자훈련을 했다. 그리고 그 학생들을 위해 라면을 끓여서 함께 먹었다. 힘들다는 생각이 전혀 들지 않았다. 그리고 주의 부르심과 내게 맡기신 복음전도사명이 있다는 것만으로도 정말 행복했다.

시간이 흘러가도 변하지 않는 것은 소명감과 사명감이었다. 그런데 몸이 아프기 시작했다. 계획과 바람대로 사역이 되지 않았기 때문에 극심한 스트레스를 받았다. 열심히 사역을 하는데, 보여지는 사역의 모습은 항상 답보상태였다. 마치 마음 속 한 가운데 물이 들어있는 컵이 있는 듯 했다. 물은 주께서 내게 주신 소명과 사명이라는 생각이 들었다. 그런데 컵이 흔들려서 금방이라도 넘어질 것 같았다. 그리고 물이 바닥으로 쏟아질 것 같았다. 나는 흔들리는 마음을 잡으려고 매일 무등산에 올라갔다. 산 중턱에 있는 절벽에 자리를 폈다. 그리고 벼랑 끝에서 기도했다. 왜냐하면 내 사정이 '벼랑 끝에 선 인생, 벼랑 끝에 선 사역자'이었기 때문이다. 성령의 감화, 감동을 받고 힘을 얻었다. 그런데 산에서 내려오면 사역현장은 여전히 그대로였다. 또 다시 흔들리는 마음은 몸까지 영향을 미쳤다. 탈진이 되었다. 캠퍼스에서 사람들을 만나는 것이 싫고 두려웠다. 침대에 누워서 영양제 수액을 맞았다. 이런 일을 반복하면서도 주께서 주신 소명과 사명을 완수해야 한다는 생각만 했다. 그래서 기도했다. "주께서 주신 소명과 사명을 빨리 끝내 주소서." 이런 상태로 복음전도와 제자훈련 사역을 계속 했다.

캠퍼스 선교사역자로서 학원선교에 뼈를 묻겠다는 심정이었다. 그러는 중에 뜻이 맞는 사람들과 교회 개척을 하게 되었다. 열여덟 해 동안 캠퍼스에서 복음전도와 제자훈련 사역을 하는 사역자로서의 삶을 정리했다. 교회 개척 사역은 캠퍼스 선교사역 환경과 매우 달랐다. 캠퍼스 선교사역은 운동, 무브먼트가 중요했다. 반면 교회 사역은 건강한 교회공동체를 만드는 일이 중요했다. 나는 지금도 지역 속에서 건강한 교회공동체를 세워가기 위해 고군분투하고 있다. 이런 일련의 지나 온 세월 속에서 경험하고 느낀 것을 떠올리면서 요나의 전도를 연구하게 되었다.

본서는 복음전도자요, 선교동원가요, 지역교회 목회자, 신학대학교에서 티칭하는 실천신학교수의 관점에서 요나의 전도를 연구한 것이다. 책을 집필하게 된 동기가 있었다. 전도학시리즈 『현대기독교복음전도론』(도서출판 대장간)을 집필할 때, 복음서를 연구하던 중 '요나의 전도'가 눈에 들어왔다. 그래서 전도학시리즈 두 번째 책 현대기독교복음전도론 요나의 전도를 쓰게 되었다. 구약성경에는 모범이 될 만한 복음전도자들이 많이 있는데, 예수님은 유독 요나의 전도만 말씀하셨다. "왜 요나의 전도만 말씀하신 것일까?" 이런 의구심과 호기심에서 연구를 시작했다. 어린 시절, 교회에서 들었던 요나 이야기는 재미있고 흥미로웠다. 연구를 시작하기 전까지 요나는 고집이 세고, 하나님 말씀에 불순종하고, 자기 민족 밖에 모르는 이기적인 예언자라고 생각했다. 그러나 연구를 하면 할수록 예언자 요나의 심정이 공감되었다. 이 책을 독자들이 읽고 나면, 필자와 비슷한 생각을 하게 될 것이라고 생각한다. 본서의 목표는 요나의 전도 속에 담겨있는 복음전도 원리와 실천적 방안을 찾고 복음전도 현장에 적용하기 위한 것이다.

책의 구성은 총 네 부분으로 되어있다. 제 I 부는 요나 전도의 성경적 연구이다. 쉽게 말하면 성서신학적 연구이다. 예언자 요나와 요나 전도의 내용이 기록되어 있는 구약성경 열왕기서, 요나서 그리고 신약성경 마태복음과 누가복음을 집중적으로 살펴보았다. 제 II 부는 요나 전도의 신학적 연구이다. 조직신학적 연구라고 할 수 있겠다. 요나와 관련된 성경 본문에 담겨있는 신학적 주제 즉 로찌(loci)를 추출해서 그 의미를 소개했다. 제 III 부은 요나 전도의 역사적 연구이다. 역사신학적 연구를 한 것이다. 주전 8세기 북이스라엘 상황과 앗수르 니느웨의 상황을 조사했다. 이것은 요나가 니느웨에 복음을 전할 때, 니느웨가 어떤 상황이었는지 독자들에게 이해를 돕는 자료를 제공할 것이다. 제 IV 부는 요나 전도의 실천적 연구이다. 실천신학적 연구이다. 본서를 집필하게 된 주된 이유가 제 IV 부에 수록되어 있다. 제 I 부부터 III 부까지는 요나와 요나의 전도를 이해하기 위한 이론적 연구였다면, 그 이론을 토대로 IV 부에서 목회, 선교사역현장에 적용, 실천을 할 수 있도록 실질적 필요를 제공하려고 노력했다.

모쪼록 본서가 복음전도의 사명을 가지고 사역하는 교회와 선교현장 복음전도자들에게 일조하기를 바란다. 또 지역교회 성도에게 복음전도에 대한 열정이 일어나기를 희망한다. 그리고 신학교 학부와 대학원에서 미래의 목회자와 선교사를 준비하고 있는 신학생들에게 도전이 되는 책이 되기를 기대한다. 끝으로 본서를 위해서 기꺼이 추천사를 써 주신 한국침례신학대학교 피영민 총장님, 순복음대학원대학교 김상백 박사님, 서울기독대학교 장경진 박사님, 송영문 장로님, 한국침례신학대학교 김기현 교수님께 감사를 드린다. 또 원고가 책이 되어 세상에 나오기까지 수고해 준 기독교포털뉴스 정윤석 대표기자 그리고 기도로 응원해 준 기독교한국침례회 주원교회 모든 성도에게 감사드린다.

김주원

기독교한국침례회 주원교회 담임목사

한국침례신학대학교 실천신학 겸임교수

캠퍼스 선교사역은 운동, 무브먼트가 중요했다.
반면 교회 사역은 건강한 교회공동체를
만드는 일이 중요했다.
나는 지금도 지역 속에서
건강한 교회공동체를 세워가기 위해
고군분투하고 있다.
이런 일련의 지나 온 세월 속에서 경험하고
느낀 것을 떠올리면서
요나의 전도를 연구하게 되었다.

제 I 부

요나 전도의 성경적 연구

1. 예언이란 무엇일까?

1) 파울의 예언

2010년 6월. 전 세계의 관심은 남아프리카공화국을 향하고 있었다. 그 이유는 제19회 남아프리카공화국 월드컵이 개최되었기 때문이다. 축구팬들은 어떤 나라가 우승할지 매우 궁금했다. 그래서 당시 사람들은 독일 오버하우젠에 살고 있는 파울(Paul)에게 우승팀을 예언해주길 기대했다. 파울의 예언은 축구 황제 펠레보다 더 뛰어나다고 인정할 정도였다. 이 정도면 파울이라는 사람은 얼마나 대단한 인물인가! 그런데 파울은 사람이 아니라 문어다. 독일 오버하우젠의 수족관에 살던 문어다. 사람들은 파울이라는 문어는 월드컵 우승팀을 예언하는 능력이 있다고 믿었다. 파울의 예언이란 어떤 것일까? 수족관에 각 국가의 국기가 그려진 투명한 상자를 두었다. 그리고 상자 안에 홍합을 넣었는데 파울이 홍합을 먹기 위해 들어간 상자에 해당하는 국가가 승리한다고 예언했다. 이 광경이 얼마나 관심이 많았던지 전 세계 방송사는 이런 파울의 예언을 취재하기 위해 수족관으로 몰려왔고, 일부 방송사에서는 라이브 생방송 중계도 했다.[1]

---

1) 위키백과, "파울(문어)" [온라인 자료] https://ko.wikipedia.org/wiki/%ED%8C%8C%EC%9A%B8_(%EB%AC%B8%EC%96%B4), 2024년 4월 26일 접속.

2) 윌리엄 밀러와 사무엘 S. 스노우의 예언

미국 매사추세츠 주 피츠필드(Pitsfield)에서 한 아이가 태어났다. 그의 이름은 윌리엄 밀러(William Miller, 1782-1849)다. 밀러는 성경을 열심히 공부하고 연구했다. 1818년, 밀러는 자신을 따르는 사람들에게 이렇게 예언했다. "앞으로 1843년 세상에 종말이 올 것입니다." 그는 매우 구체적으로 1843년 3월 21일에서 1844년 3월 21일 사이에 예수 그리스도의 재림이 있을 것을 예언했다. 많은 사람들이 세상 종말과 예수 그리스도 재림에 대한 밀러의 예언을 믿었다. 이 사람들을 소위 밀러파라고 부른다. 밀러가 말한 예언의 결과는 어떻게 되었을까? 그가 말했던 날에 종말과 예수 그리스도의 재림은 발생하지 않았다. 당연히 밀러파 사람들은 크게 실망했다. 밀러파 사람들이 실망으로 가득했을 때, 밀러 추종자이면서 밀러파의 리더로 활동하던 한 사람이 있었다. 그의 이름은 사무엘 S. 스노우(Samuel S. Snow)다. 스노우는 재림 날짜를 다시 계산하기 시작했다. 그리고 확신에 찬 목소리로 사람들에게 외쳤다. "예수 그리스도의 재림이 1844년 10월 22일입니다." 스노우의 예언을 들은 밀러파 사람들의 마음은 어떠했을까? 그들은 다시 희망을 품게 되면서 힘을 얻었다. 그래서 약 7개월 후에 있을 재림을 열심히 준비하면서 그들의 집과 집회소에 항상 모이기를 힘썼다. 드디어 1844년 10월 22일이 되었다. 스노우의 예언대로 예수 그리스도께서 재림하셨을까? 그러나 스노우가 예언한 10월 22일에 아무런 일도 일어나지 않았다. 당연히 밀러와 스노우의 예언을 믿고 따랐던 사람들은 크게 실망했고, 그 충격으로 많은 사람들이 신앙생활을 포기했다.[2] 추종자들에게 큰 아픔을 준 밀러는 도대체 누구인가? 그는 현대 기독교 이단 중 하나로 지목된 안식교에 큰 영향을 준 인물이다.

3) 성경이 말하는 예언

많은 사람들이 예언이라는 말을 사용하고 있는데 성경에서 말하고 있는 예언이란 무엇일까? 예언의 사전적 의미는 앞으로 다가올 일을 미리 알거나 짐작하여 말하는 것을 뜻한다.[3] 미래의 일이나 사건에 대해 말하는 일반적인 개념이 성경에도 적용된다. 그러나 성경에서 말하는 예언은 앞으로 일어날 일에 대해서 말하는 것보다 더 중요한 내용을 포함한다. 그것은 하나님의 영에 감동된 여부가 예언의 핵심이다. 하나님의 영인 성령을 힘입어 선포한 예언이 진정한 예언이기 때문이다. 그렇지 않은 경우에는 모두 거짓 예언으로 간주되었다. 또 중요한 것이 하나 더 있다. 구약성경에서 말하는 실제적인 예언은 모세오경의 율법을 청중에게 올바르게 해석하여 가르쳐 깨닫게 하는 것이다. 이런 일련의 과정을 조명(illumination)이라고 부른다. 구약성경의 예언에 대해 기민석은 다음과 같이 말했다.

---

2) 서춘웅, 「교회와 이단」 (서울: 크리스챤서적, 2010), 304.
3) "예언," 「뉴에이스 국어사전」.

구약성경의 '예언'은 이런 무속적인 개념과는 뚜렷이 다른 또 하나의 중요한 의미가 있습니다. 바로 하나님의 '율법'을 조명하는 역할을 한다는 것입니다. 구약성경이 지금의 형태로 형성되던 시기에, 이스라엘 종교 지도자들은 예언이 단지 미래 일을 점치는 행위가 아니라 하나님이 모세를 통하여 이스라엘에게 주신 율법을 밝히 가르치는 것이라고 생각했습니다.[4]

사도 요한은 구약시대 예언자 이사야의 글을 인용해서 내적 조명의 중요성을 설명했다. "선지자의 글에 그들이 다 하나님의 가르치심을 받으리라 기록되었은즉 아버지께 듣고 배운 사람마다 내게로 오느니라"(요 6:45). 1689 런던 침례교 신앙고백서는 조명에 대하여 다음과 같이 말했다: "우리는 말씀 속에 계시된 것들을 깊이 이해하여 구원을 받기 위해서는 하나님의 영의 내적 조명이 필요하다는 것을 인식하고 있다."[5] 하나님의 영이신 성령의 가르침을 받는 것이 조명인 것이다.

신약성경에 예수 그리스도의 예언이 가장 두드러지게 나온다. 특히 요한계시록은 예수 그리스도의 예언에 대해 분명하게 기록하고 있다. "이 예언의 말씀을 읽는 자와 듣는 자와 그 가운데에 기록한 것을 지키는 자는 복이 있나니 때가 가까움이라"(계 1:3). 예수 그리스도의 계시 혹은 묵시인 요한계시록은 예언의 말씀인 것이다. 신약성경도 예언의 가치와 중요성을 간과하지 않는다는

---

4) 기민석, 「예언서 강의」 (서울: 예책, 2017), 27-8.
5) 피영민, 「1689 런던 침례교 신앙고백서 해설」 (서울: 요단출판사, 2018), 55.

것을 우리는 주목해야 한다. 권종선은 예언에 대해 다음과 같이 설명했다.

> 예언은 구약의 예언서에서 보듯이 단순히 미래에 대해 말하는 '예언'(豫言, fore-tell)만을 의미하지 않는다. 물론 예언은 미래에 대한 언급을 포함하기도 하지만 실제로 예언은 주로 현재의 사람들의 삶에 관여한다. 이러한 면에서 예언은 하나님의 말씀을 받아서 사람들에게 말하는 '대언'이며 '직언'(forth-tell)이 된다. 구약에서 예언은 주로 이스라엘이 종교적, 도덕적으로 타락했을 때에 그들을 책망하여 돌이키게 하려는 목적으로 주어졌으며 그러한 책망은 자연스럽게 미래의 심판에 대해 경고하게 하였다. 하지만 예언에서 이스라엘의 미래는 묵시문학에서처럼 결정적이지 않고 선택적이다. 즉, 이스라엘이 현재의 잘못된 삶을 변화시켜 회개한다면 그들의 미래는 심판에서 소망적인 것으로 바뀔 수 있는 것이 된다.[6]

이상으로 성경에서 말하는 예언에 대해 살펴보았다. 교회가 예언의 중요성을 강조하는 것은 결코 지나치지 않는다. 그러나 현대교회의 왜곡된 예언에 대한 이해는 극단적인 신비주의 신앙행태로 많이 나타나는 경향을 보인다. 이런 문제를 해결하고 해소하기 위해서는 반드시 성경적인 예언이 무엇인지 정확하게 이해하는 것이 필요하다.

---

6) 권종선, 「해석과 비평」(대전: 침례신학대학교출판부, 2005), 143.

2. 예언자는 누구인가?

1) 지도급 예언자들의 모임?

"교수님, 도대체 신사도 운동이 무엇입니까?" 신사도 운동에서 빠지지 않고 나오는 것이 있는데 그것이 바로 예언자이다. 신사도 운동의 핵심은 오늘날에도 하나님이 세우신 사도와 예언자(선지자)가 있다는 것이다. 신사도 운동을 말할 때면 반드시 떠오르는 한 사람이 있다. 그의 이름은 피터 와그너(Peter Wagner)이다. 피터 와그너는 전 세계적으로 신사도 운동을 주도했던 인물이다. 그는 ACPE(Apostolic Council of Prophetic Elders)라는 단체를 이끌었다. 2009년 ACPE에서 "ACPE의 2009년도를 향한 예언의 말씀"이라는 것을 발표했다.

> ACPE(Apostolic Council of Prophetic Elders)는 지도급의 예언자들의 모임입니다. 올해 Cololado Springs에서 열렸는데, 이 모임을 설립하고 이끌어 왔던 Peter Wagner 박사는 이 모임의 리더십을 Cindy Jacobs 목사에게 넘기기를 제안하였고, Cindy 목사는 계속적으로 피터 와그너와 아내 도리스가 참여하는 조건으로 이 제안을 수락하였습니다. 올해는 여러 선지자들의 예언을 요약해서 그대로 발표하였습니다. [7]

---

7) "2009년도를 향한 예언의 말씀," [온라인 자료] https://blog.naver.com/elconsys/86217335, 2024년 4월 27일 접속.

위의 글을 보아서 알 수 있듯이 그들의 모임을 '지도급 예언자들의 모임'이라고 소개한다. 정말 신사도 운동에서 말하는 지도급 예언자들이 하나님이 이 시대에 세우신 진정한 예언자들일까? 아니면 성경에서 말하고 있는 자칭 사도, 자칭 예언자에 불과할까? 일부 신사도 운동을 추종하고 찬성하는 그룹에서는 그들을 예언자라고 인정하지만 대다수 정통교회와 교단에서는 그들의 주장에 이단성이 있다고 판단하며 교인들에게 주의할 것을 당부하고 있다.

이들은 일명 '땅 밟기' 혹은 '땅 밟기 기도'라는 행위를 한다.[8] 한국에서는 소위 '봉은사 땅밟기 사건'이 유명하다.[9] '찬양인도자학교'라는 단체에서 청년들의 신앙훈련을 시키고 있었다. 한 날을 정해서 청년들을 서울 강남구에 있는 봉은사에 들어가게 했다. 그리고 성경구절을 적은 쪽지를 절 곳곳에 꽂아 놓도록 했다. 청년들은 성경구절이 적힌 쪽지를 꽂아 놓고, 절이 무너지도록 기도했다. 물론 이 모든 행위는 은밀하게 진행되었다.

그런데 문제가 발생했다. 절 곳곳에 설치된 CCTV에 청년들의 이상한 행동이 발각된 것이다. 이 사건은 모든 뉴스에서 보도가 되었다. 문제가 커지면서 찬양인도자학교 대표 목사는 절주지 스님을 찾아가서 공식적으로 사과했다. 문제의 행동을 한 모든 청년

---

8) 필자가 사역했던 제자들선교회(DFC)는 여름수련회를 마친 후, 농촌지역으로 전도활동을 나간다. 이 프로그램이 '우리 땅 밟기'이다. 땅 밟기라는 용어만 같을 뿐, 신사도운동계열에서 행하는 땅 밟기와는 전혀 다르다. 제자들선교회는 영적도해와 전도하기 전에 지역을 묶고 있는 악한 영을 먼저 제압해야 한다는 비성경적이고 불건전한 신학사상을 따르지 않는다.

9) 한겨레신문, "'하나님의 땅 선포' 기독교 신자들 '봉은사 땅밟기' 파문" [온라인 자료] https://www.hani.co.kr/arti/society/religious/445663.html, 2024년 6월 24일 접속.

들도 절주지 스님 앞에서 무릎을 꿇고 사죄했다. 봉은사에서는 찬양인도자학교와 땅 밟기를 했던 청년들에게 관용을 베풀고 법적 책임을 묻지 않기로 하면서 이 사건은 종결되었다.

봉은사 땅 밟기 사건 이후, 찬양인도자학교는 문을 닫았다. 왜 이런 행동을 했던 것일까? 신사도 운동은 각 지역마다 지역을 다스리는 악한 영이 있다고 주장한다. 그래서 복음전도를 위해서는 그 지역을 다스리는 악한 영을 먼저 제압해야 한다고 말한다. 이들은 우선 자신들이 활동할 지역의 영적지도를 그린다. 이것을 소위 '영적도해'(spiritual mapping)라고 부른다. 영적 전쟁을 위해 영적인 지도를 그린다는 뜻이다. 그리고 그 땅을 지배하는 악한 영을 제압하기 위해서 땅 밟기를 한다. 이런 내용을 찬양인도자학교에서 훈련을 받던 청년들이 배웠던 것이다. 한국 주요교단에서는 신사도 운동의 문제점을 직시하고 있다. 그래서 이단성이 있는 단체로 보고 있고, 참여금지, 교류금지, 이단으로 규정하고 있다.

이 외에도 신사도 운동의 특징은 다음과 같다. 신사도운동의 영향을 받고 이런 신앙운동을 지향하는 단체와 사람들은 영적전쟁, 중보기도와 중보기도사역자, 성령의 기름 부으심, 임파테이션, 열방경영, 어린양의 신부되기 운동, 백투 예루살렘 운동 등과 같은 용어를 주로 사용하고 있다.

2) 예언자로 불렸던 두 여인

"혹시 프리스킬라(Priscilla)와 막시밀라(Maximalla)를 아십니까?" 학생 하나가 이 질문에 "두 사람이 여성이니까 자매인가요? 아니면 엄마와 딸 아닐까요? 그것도 아니면 친한 친구사이일까요?"라고 대답했다. 당신은 프리스킬라와 막시밀라가 어떤 인물이라고 생각하는가? 주후 155년, 소아시아 프리기아 지역에 살던 한 사람이 있었다. 그는 신비주의 종교의 제사장으로 활동하다가 세례(침례)를 받고 개종했다. 여기까지는 좋았는데 어느 순간부터 자기 자신을 보혜사 성령이라고 주장하면서 종말적인 예언운동을 펼쳤다.[10] 이 사람이 누구일까? 이 사람의 이름은 몬타누스(Montanus)다. 그러면서 여성 두 명을 예언자로 세웠다. 그들이 누구일까? 그렇다. 그들이 바로 프리스킬라와 막시밀라였던 것이다. 초대교회시대 교부로 활동했던 히폴리투스(Hippolytus)는 프리스킬라와 막시밀라에 대해 다음과 같이 말했다.

> 본질적으로 보다 이단적인 자들이 있습니다. 그들은 타고나면서부터 프리기안들(Phrygians)이라 불리는 자들입니다. 이들은 여선지자 프리스킬라와 막시밀라라고 불리는 두 여성들에 의해서 나온 오류들의 희생자들입니다. 그 두 여인은 보혜사 성령께서 자신들에게 임하신다고 억지 주장합니다. 남성 선지자도 있는데 그의 이름

---

10) 차종순, 「교회사」 (서울: 한국장로교출판사, 1993), 66.

은 몬타누스입니다. 그들의 글들에 의해 프리기안들은 망상에 사로 잡혀 있습니다. 그들은 이성의 판단에 따라 무엇을 그들이 만들었는지 구분하지 못하고 있습니다. 그들은 판단할 수 있는 적임자들에게 관심을 기울이지도 않습니다. 그들은 이런 협잡꾼들에 의존되어 있어 다른 것에는 전혀 관심을 가지지도 않습니다. 그들은 율법, 선지서 그리고 복음보다도 더 중요한 것을 이 사람들을 통해 받은 것이 있다고 주장합니다. 그들은 사도들과 은혜의 모든 은사들보다 이와 같은 천박한 여인들을 더 찬미합니다. 그래서 어떤 이들은 그리스도보다도 더 우수한 어떤 것이 그들 안에 있다고 주장할 정도입니다.... 이런 일들에 관해 앞으로 나는 다시 한번 더 설명할 것입니다. 이런 자들의 이단성은 많은 자들에게 사악한 영향을 끼치고 있습니다.[11]

이 여성들은 가족들도 모두 버리고 자칭 보혜사 성령인 몬타누스를 따르는 예언자로 활동했다. 이들은 이렇게 예언했다. "성령님이 가르쳐 주셨습니다. 예수님이 프리기아 페푸자(Pepuza)에 재림하실 것입니다." 이 여성들은 사람들에게 주후 156년에 프리기아 페푸자에 예수님이 재림하신다고 예언했던 것이다. 반응은 어떠했을까? 정말 뜨겁고 폭발적이었다. 그러나 그들의 예언은 일어나지 않았다. 당시 교회 감독들은 자칭 예언자로 활동하던 프리스킬라와 막시밀라를 이렇게 불렀다. "귀신에 잡힌(demon

---

11) 라은성, 「정통과 이단 1」 (서울: 도서출판 그리심, 2008), 41-2.

possessed) 여인들"12). 결국 몬타누스를 따르던 자칭 예언자 프리스킬라와 막시밀라는 정통교회로부터 출교를 당했다.

3) 주의 영으로 기름부음 받은 예언자

성경은 여러 명의 예언자를 소개하고 있다. 엘리야, 엘리사, 이사야, 예레미야, 아모스, 요나, 학개, 스가랴, 말라기 등등 수많은 예언자들이 각 시대마다 자신의 역할을 수행했다. 우선 예언자의 의미를 살펴보면 다음과 같다. 구약성경에서 예언자를 언급할 때 사용한 단어들이 있다. 이것을 구약성경에 나타난 예언자에 대한 네 가지 용어라고 부를 수 있다. 네 가지 용어는 어떤 것이 있을까? 네 가지 용어는 호제(hoze), 로에(ro′e), 나비(nabi), 이쉬 (하) 엘로힘(ish (ha) Elohim)이다. 호제와 로에는 주로 선견자로 번역되었고, 이쉬 하 엘로힘은 하나님의 사람으로 번역되었다.13) 이 중에서 가장 일반적으로 사용된 용어가 나비(nabi)이다. 히브리어 나비는 예언자를 의미하는데 "부르심을 받은 자, 임명을 받은 자, 호출을 받은 자"라는 뜻을 내포하고 있다. 영어 단어로는 프로펫(Prophet)인데, 헬라어 프로페테스(προφήτης)에서 파생되었다. 이 뜻은 "앞에서, 대신해서, 먼저 말하는 자"이다.14) 즉 예언자는 하나님의 어떤 특별한 목적을 위해 부르심과 임명을 받고 사

---

12) 유재덕, 「거침없이 빠져드는 기독교 역사」 (서울: 도서출판 브니엘, 2008), 66.

13) John H. Hayes, 「구약학 입문」, 이영근 옮김 (서울: 크리스챤 다이제스트, 2001), 240.

14) 우택주, 「모두 예언자가 되었으면」 (대전: 침례신학대학교 출판부, 2009), 23-8.

람들 앞에서 하나님을 대신하여 메시지를 전달하는 사람이다. 여기에서 주목해야 할 한 가지 내용이 있다. 그것은 바로 임명이다. 예언자 이사야는 자신이 주 여호와의 영 즉 성령의 기름부음을 받았다고 말했다.

> "주 여호와의 영이 내게 내리셨으니 이는 여호와께서 내게 기름을 부으사 가난한 자에게 아름다운 소식을 전하게 하려 하심이라 나를 보내사 마음이 상한 자를 고치며 포로된 자에게 자유를, 갇힌 자에게 놓임을 선포하며 여호와의 은혜의 해와 우리 하나님의 보복의 날을 선포하여 모든 슬픈 자를 위로하되 무릇 시온에서 슬퍼하는 자에게 화관을 주어 그 재를 대신하며 기쁨의 기름으로 그 슬픔을 대신하며 찬송의 옷으로 그 근심을 대신하시고 그들이 의의 나무 곧 여호와께서 심으신 그 영광을 나타낼 자라 일컬음을 받게 하려 하심이라"(사 61:1-3)

구약성경에서는 하나님의 특별한 임무를 수행하기 위해서 왕, 대제사장 그리고 예언자가 이 의식을 반드시 거쳐야만 했다. 무엇일까? 그렇다. 기름부음이다. "너는 또 님시의 아들 예후에게 기름을 부어 이스라엘의 왕이 되게 하고 또 아벨므홀라 사밧의 아들 엘리사에게 기름을 부어 너를 대신하여 선지자가 되게 하라"(왕상 19:16). 예언자 엘리야는 하나님의 명령을 따라 엘리사에게 기름을 부어 자신의 사역을 계승하는 예언자로 임명했다. 여기에서 질문을 하고 싶다. 엘리사는 평생 동안 예언자 임명의식인 기름부음을 몇 번 받았을까? 한 번 더 질문을 한다. 엘리야를 통해 이스라엘 왕으로 기름부음을 받은 예후는 평생 동안 몇 번 기름부음을 받았을까? 마지막으로 질문을 한다. 모세의 형 아론은 대제사장이 되기 위해 기름부음을 받았는데 그는 평생 동안 몇 번 기름부음을 받았을까? "또 관유를 아론의 머리에 붓고 그에게 발라 거룩하게 하고"(레 8:12). 엘리사, 예후, 아론은 임명식의 기름부음을 몇 번 받았을까? 당연히 한 번이다. 더 정확하게 말하면 딱 한 번인 것이다.

현대 기독교회 안에서 성령 충만을 의미하는 관용적인 표현으로 성령의 기름부음이라는 용어를 사용한다. 관용적인 표현이라는 것은 교회 사역 현장에서 일상적으로 사용되고 통용된다는 뜻이다. 그러나 이 표현이 성경적인 용법으로 옳은 것인가는 심사숙고하면서 살펴볼 필요가 있다. 흔히 성령의 기름부음을 말할 때, 반복적이면서 연속적인 의미로 사용하는 사람들이 많이 있다. "성령님 오늘 예배 가운데 성령으로 기름 부어주세요." 그러나 신약성경에서 말하는 성령의 기름부음과 관련한 성경구절을 살펴보면 반복적이지도 않고 연속적인 것이 아니라는 것을 발견하게 된다. 다음의 성경 구절을 주목해서 살펴보길 바란다.

"하나님이 오른손으로 예수를 높이시매 그가 약속하신 성령을 아버지께 받아서 너희가 보고 듣는 이것을 부어 주셨느니라"(행 2:33)

"과연 헤롯과 본디오 빌라도는 이방인과 이스라엘 백성과 합세하여 하나님께서 기름 부으신 거룩한 종 예수를 거슬러"(행 4:27)

"우리를 너희와 함께 그리스도 안에서 굳건하게 하시고 우리에게 기름을 부으신 이는 하나님이시니"(고후 1:21)

"주께서 의를 사랑하시고 불법을 미워하셨으니 그러므로 하나님 곧 주의 하나님이 즐거움의 기름을 주께 부어 주를 동류들보다 뛰어나게 하셨도다 하였고"(히 1:9)

"우리 구주 예수 그리스도로 말미암아 우리에게 그 성령을 풍성히 부어 주사"(딛 3:6)

"너희는 주께 받은 바 기름 부음이 너희 안에 거하나니 아무도 너희를 가르칠 필요가 없고 오직 그의 기름 부음이 모든 것을 너희에게 가르치며 또 참되고 거짓이 없으니 너희를 가르치신 그대로 주 안에 거하라"(요일 2:27)

우리는 신약성경이 헬라어로 기록되었다는 것을 잘 알고 있다. 그런데 헬라어 용법 중에 부정과거라는 용법이 있는데 위에서 인용한 성경구절의 기름부음은 모두 부정과거 용법으로 기록되어 있다. 부정과거는 보통 과거에 점적인 행위 또는 단회적 행동을 나타낼 때 사용하는 용법이다.[15] 이 말은 성령의 기름부음이 단회적이라는 것을 의미한다. 왜 사도행전을 기록한 누가는 성령의 기

---

15) 김광수, 「신약성서 헬라어 기초문법」 (대전: 침례신학대학교 출판부, 2005), 128.

름부음을 부정과거로 기록했을까? 왜 바울서신을 쓴 사도 바울은 성령의 기름부음을 부정과거로 기록했을까? 왜 요한서신을 기록한 사도 요한은 성령의 기름부음을 부정과거로 기록했던 것일까? 사도행전을 기록한 누가와 바울서신을 기록한 바울 그리고 요한서신을 기록한 요한은 누구보다 성령에 민감했고, 성령의 일하심에 관심이 많았던 인물들이다. 그런 누가, 바울, 요한은 신약성경을 기록할 때, 성령의 기름부음을 단회적 사건인 부정과거로 기록했다는 것은 분명한 이유가 있다는 것을 의미한다. 또 성경적, 신학적 의미가 있다는 것을 독자들에게 전달하려는 의도가 있다는 증거이기도 하다.

여기에서 한 가지 더 주목해야 할 것이 있다. 성령의 기름부음은 하나님의 통치를 세상에 선포하는 사명과 관련되어 있다. 이 말은 예배와 연관 지어 사용한 용례를 거의 찾아볼 수 없다는 것이다. 최근 현대 교회들이 성령의 기름부음을 성령 충만의 관용적인 표현으로 사용하는 경향이 농후하다. 그러나 사도 바울은 예배와 관련해서는 성령 충만을 명령형이면서 현재형으로 기록했다. "술 취하지 말라 이는 방탕한 것이니 오직 성령으로 충만함을 받으라 시와 찬송과 신령한 노래들로 서로 화답하며 너희의 마음으로 주께 노래하며 찬송하며"(엡 5:18-19). 우리는 언제 시와 찬송과 신령한 노래들로 서로 화답하며 성삼위일체 하나님께 새노래로 찬양을 올려드릴까? 그렇다. 예배다. 사도 바울은 에베소교회 성도에게 성령 충만과 예배의 긴밀한 연관성을 명령형과 현재형으로 편지를 써서 보냈던 것이다. 여기에서 우리는 오해하지 말아야 한다. 성령 충만이 오직 예배에만 적용되는 것이 아니다. 에베소서는 성령 충만이 예배뿐 아니라 대인관계와 믿음의 선한 싸움과도 연관되어 있다는 것을 말하고 있다. 이렇게 본다면 우리의 기도도 달라져야 하지 않을까? "하나님 아버지, 오늘 저희가 예배를 드릴 때에 모든 성도가 성령으로 충만하게 하옵소서. 설교를 하시는 목사님이 성령 충만하게 하옵소서. 저희가 하나님께 경배와 찬양을 올려드릴 때에 성령 충만하게 하옵소서." 성경에 등장하는 하나님의 거룩한 영을 받은 예언자들 곧 성령으로 기름부음 받은 예언자들은 그 사명을 감당하기 위해서 하나님으로부터 성령 충만을 받아야 했고, 성령 충만을 항상 유지하도록 힘썼을 것이다. 그리고 성령 충만을 유지하기 위해서 항상 하나님의 말씀을 깊이 묵상하고, 기도하기를 힘썼을 것이 분명하다.

3. 독특한 성경 요나서

초등학생 시절, 정확하게 말하면 국민학생 시절, 교회 주일학교 예배 시간에 제일 재미있게 들었던 설교 두 개가 있었다. 하나는 삼손에 대한 설교였다. 삼손은 힘이 아주 강했다. 설교를 들으면서 이런 상상을 했다. "삼손이 정말 힘이 셌나 보네. 나도 삼손처럼 머리카락을 길러볼까? 만약에 삼손하고 마징가 제트가 싸우면 누가 이길까?" 성경 속의 위대한 인물 삼손은 필자의 영웅이었다.

다른 하나는 요나에 대한 설교였다. 설교를 들으면서 요나를 상상했다. "요나 선지자는 하나님 말씀 잘 안 듣고 고집이 센 아저 씨일 거야. 어휴, 하나님 말씀 좀 잘 좀 듣지." 필자의 머릿속에는 아주 큰 고래 한 마리가 떠다녔다. 큰 고래가 요나를 삼키는 장면을 상상하니 신기했다. 성인이 되어서 요나의 설교를 들을 기회가 있었다. 목사님은 이렇게 말했다. "요나는 하나님 말씀에 불순종 했습니다. 정말 요나가 문제입니다. 여러분, 옆에 있는 분께 이렇게 말해 봅시다. 요나가 문제입니다. 그렇습니다. 요나가 문제였듯이 요! 나!가 문제입니다!" 처음에는 무슨 말인지 몰랐는데 우리 자신이 문제라고 하는 것을 "'요 나'가 문제입니다!"라고 말했다는 것을 곧 알게 되었다. 세월이 지난 후에도 요나는 긍정적인 신앙의 모델이 아니었다. 오히려 불순종의 대표 인물처럼 생각했다. 이제 구약성경 예언서 중 하나인 요나서를 개략적으로 살펴보려고 한다.

1) 소예언서

구약성경은 율법서, 예언서, 성문서로 나누어져 있다. 그중에서 예언서는 대예언서와 소예언서로 구분된다. 대예언서는 이사야, 예레미야, 에스겔, 다니엘이다. 대예언서가 소예언서와 확연하게 차이가 나는 것이 하나 있다. 무엇일까? 그것은 바로 분량이다. 즉 대예언서와 소예언서의 기준은 예언의 분량인 것이다.[16] 소예

---

16) Willem A. VanGemeren, 「예언서연구」, 김의원, 이명철 역 (서울: 도서출판 엠마오, 1999), 171.

언서는 약 300년 동안 주로 유다와 이스라엘에서 활동했던 예언자들이 기록한 성경이다. 구약성경의 소예언서는 호세아, 요엘, 아모스, 오바댜, 요나, 미가, 나훔, 하박국, 스바냐, 학개, 스가랴, 말라기 총 12개가 있다. 이 중에서 요나서는 소예언서 다섯 번째에 위치한 성경이고, 칠십인 역에서는 여섯 번째 성경이다.[17] 로버트 치즈홀름(Robert B. Chisholm Jr)은 요나서에 대해 다음과 같이 말했다.

> 요나서는 소예언서 중에서 독특한 책이다. 이 책은 주로 설교보다는 전기적인 자료들로 이루어져 있다. 그것은 예언자의 이야기를 말하고 있다. 반면에 소예언서의 나머지 책들은 대부분 예언자들이 이스라엘과 유다를 향해 선포한 메시지들로 이루어져 있다. 요나의 사역이 주전 8세기에 속한 것으로 정확하게 추정되고 있기는 하지만, 요나서가 실제로 기록된 때가 언제인지 확실치 않다.[18]

소예언서 중 하나인 요나서의 분량은 분명히 짧다. 현재 우리가 보는 성경을 보면 요나서는 총 4장으로 되어 있고, 성경구절로 따지자면 48절 밖에 되지 않는다.[19] 그렇다고 요나서를 쉽고 만만하게 볼 수 있는 성경이 아니다. 요나서가 오늘 우리에게 주는 신앙적 메시지의 강도는 분량과 정비례하지 않는다. 또 요나서가 주

---

17) Marvin A. Sweeney, 「예언서」, 홍국평 옮김 (서울: 대한기독교서회, 2017), 236.

18) Robert B. Chisholm Jr, 「예언서개론」, 강성열 역 (서울: 크리스챤다이제스트, 2006), 504.

19) 송병현, 「호세아·요엘·아모스·오바댜·요나」, 「엑스포지멘터리」 (서울: 도서출판 이엠, 2022), 730.

는 메시지의 감동과 교훈은 결코 짧거나 약하지 않다.

2) 요나서의 구조

요나서 구조에 관한 연구는 매우 다양하다. 여러 학자들의 다양한 의견들이 있지만 그중에서 두 개를 소개하도록 하겠다. 우선 요나서를 자세히 읽어보면 여러 장소가 나온다. 예언자 요나는 장소에 따라 다양한 행동을 보인다. 그래서 장소를 추적해 가면 총 다섯 장면을 발견할 수 있다. 제임스 림버그(James Limburg)는 요나서의 다섯 장면을 다음과 같이 말했다.[20]

> 1:1~3 이스라엘 땅에서: 주와 요나
> 1:4~16 바다에서: 요나와 선원들
> 1:17~2:10 물고기 뱃속에서: 주와 요나
> 3:1~10 니느웨에서: 주와 요나와 니느웨 백성
> 4:1~11 니느웨 밖에서: 주와 요나

요나서의 구조를 장소의 움직임에 따라 이해하는 할 때, 우리는 마치 한편의 영화나 드라마를 보는 느낌을 갖게 될 것이다. 왜냐하면 요나서는 이야기로 전개되고 있기 때문에 그 안에는 시간의 흐름이 분명하게 있다. 또 등장인물이 있고, 사건의 장소가 나온

---

20) James Limburg, 「호세아-미가」, 「현대성서주석」, 강성열 역 (서울: 한국장로교출판사, 2011), 221-2.

다. 이런 구조를 이해하면서 요나서를 읽어나가게 될 때, 요나스토리는 더욱 흥미진진할 것이다.

여러 학자들이 말을 했듯이 다른 예언서와는 달리 요나서는 독특하다. 일반적으로 예언서의 기본 패턴이 있다. 그것은 3단계 패턴이다. 무엇일까? 1단계는 하나님의 뜻에 불순종이다. 2단계는 하나님의 심판과 간구 그리고 구원하심이다. 3단계는 하나님의 뜻에 순종이다. 그런데 요나서는 보편적으로 나타나는 예언서의 패턴을 따르지 않는 아주 독특한 성경이다. 그래서 송제근은 요나서의 구조를 다음과 같이 말했다.[21]

하나님의 뜻과 요나의 불순종 // 하나님의 훈계와 요나의 돌이킴
(1장)
요나의 감사(2장)
하나님의 뜻과 요나의 순종 // 하나님의 니느웨에 대한 경고와 그들의 돌이킴(3장)
요나의 불평과 하나님의 설득(4장)

위에서 소개한 요나서의 구조는 요나의 행위에 초점을 맞춘 것이라고 할 수 있겠다. 요나서를 읽어가다 보면 요나의 생각을 우리는 읽을 수 있다. 요나는 생각한 후에 행동으로 옮긴다. 이런 관점에서 요나서의 구조를 살펴보는 것도 요나스토리를 쉽게 이해

---

21) 목회와신학 편집부, 「요나·하박국」 「두란노 HOW주석」 (서울: 두란노아카데미, 2009), 40.

하는데 도움이 될 수 있을 것이다. 결국 요나서의 구조는 하나님의 일하심과 예언자 요나의 반응에 대한 상호작용으로 되어 있다고 할 수 있다. 이런 관점에서 필자는 요나서의 구조를 다음과 같이 제안하고 싶다.

1장: 하나님의 부르심과 요나의 불순종
2장: 하나님의 구원하심과 요나의 감사
3장: 하나님의 보내심과 요나의 순종
4장: 하나님의 설득과 요나의 불평

어떤 구조가 요나서의 구조라고 정답을 내릴 수는 없다. 그런데 우리가 요나서를 연구할 때, 나에게 가장 적합한 구조가 무엇인지 깊이 한번 생각해 보는 것은 개인성경연구에 큰 유익이 될 것이다.

3) 요나서 요약

하나님은 예언자 요나에게 고대 앗수르의 가장 중요한 도시 니느웨에 갈 것을 명령하였다. 보통 우리는 니느웨가 앗수르의 수도였다고 말을 하는데, 이 당시 앗수르의 수도는 니느웨가 아니었다. 그러나 니느웨는 앗수르의 가장 중요한 도시였던 것은 분명하다.[22] 니느웨는 지금의 이라크다. 위치상으로는 동쪽이고, 거리상으로 이스라엘에서 약 900킬로미터 떨어진 곳에 있던 고대 도시였다. 그러나 요나는 하나님의 명령을 거스르고 서쪽 방향이면서 이스라엘에서 약 3,000킬로미터나 떨어진 다시스로 가는 배를 탔다.[23] 다시스는 고대 이스라엘 사람들이 생각했던 땅 끝이었다. 현재 다시스는 스페인이다. 왜 요나는 앗수르의 고대 도시 니느웨로 가는 것을 싫어했을까? 그것은 당시 앗수르가 주변 약소국들을 압제하고 폭력과 전쟁을 일삼았기 때문이다. 그래서 이스라엘을 비롯한 주변 약소국가들은 항상 불안할 수밖에 없었다. 요나는 앗수르가 하나님의 심판과 진노로 멸망하기를 원했다. 그러나 하나님의 자비하심 때문에 니느웨 백성들이 회개할 것을 안 요나는 하나님의 명령을 어기고 블레셋 항구인 욥바로 내려가서 배를 탔던 것이다.

하나님의 명령을 어긴 요나의 여행은 안전했을까? 결코 그렇지 않다. 하나님은 요나가 탑승한 배를 가만 두지 않았다. 바다의 풍랑이 얼마나 거세고 강했던지 뱃사람이었던 선장과 선원들은 두려움과 충격에 휩싸였다. 안간힘을 써 보았지만 위기에서 벗어날 수가 없었다. 결국 이 모든 문제가 요나 때문에 일어난 일이라는 것을 알게 되면서 요나의 요청대로 바다에 요나를 던졌다. 그 결과 거친 바다는 잠잠하게 되었다. 이때 하나님은 요나를 구원하시기 위해 큰 물고기를 준비하셨다. 요나는 3일 동안 물고기 뱃

---

22) D. A. Carson, et al. 「IVP 성경주석 구약」, 김순영 외 5인 옮김 (서울: 한국기독학생회출판부, 2005), 1126.
23) 송병현, 「호세아·요엘·아모스·오바댜·요나」, 「엑스포지멘터리」, 768.

속에 있으면서 자신을 구원하신 하나님께 감사기도를 드렸다. 물고기는 요나를 육지에 토하여 내고, 하나님의 두 번째 말씀을 듣게 된다. 그리고 요나는 발걸음을 옮겨 니느웨로 갔다. 니느웨 성은 정말 고대 도시답게 크기가 크고 웅장했다. 요나서를 보면 사흘 동안은 걸어야 둘러볼 수 있을 정도로 큰 성읍이라고 말하고 있다. 그러나 요나는 하루 동안만 니느웨 백성들에게 외쳤다. 사십 일이 지나면 하나님께서 니느웨를 심판하셔서 성이 무너진다고 말했다.

이 소식을 들은 니느웨 왕 곧 앗수르 왕은 백성들에게 금식을 선포하고 회개하도록 명령을 내렸다. 하나님은 니느웨 백성들의 회개하는 모습을 보시고 그들을 심판하겠다는 뜻을 돌이키셨다. 요나가 이 장면을 성 밖에서 지켜보았다. 하나님의 예언자로서 복음을 전파해서 사람들이 구원을 받는다면 얼마나 기쁘고 즐거운 일인가? 그러나 요나의 생각과 행동은 정반대였다. '니느웨 백성들아, 제발 회개하지 말아라. 제발 제발 제발 회개하지 말아라.' 그러나 요나의 기대와 상관없는 일이 벌어졌다. 요나는 하나님께 불평을 했다. 더 나아가 자신의 생명을 거두어 가실 것을 요청했다. 이런 요나의 말과 행동에 대해 하나님은 니느웨 백성들에게 베푸신 은혜와 자비로운 말씀으로 응답해 주셨다. 그리고 분노에 가득한 예언자 요나를 달래고 설득하셨다. "여호와께서 이르시되 네가 수고도 아니하였고 재배도 아니하였고 하룻밤에 났다가 하룻밤에 말라 버린 이 박넝쿨을 아꼈거든 하물며 이 큰 성읍 니느웨에는 좌우를 분변하지 못하는 자가 십이만여 명이요 가축도 많이 있나니 내가 어찌 아끼지 아니하겠느냐 하시니라"(욘 4:10-11).
이것이 예언자 요나스토리이다.

4) 신화? 비유? 기적?

생동감이 넘치는 캠퍼스에서 강의를 한다는 것은 개인적으로
큰 기쁨이고 행복이다. 필자의 수업을 들었던 J전도사를 도서관
로비에서 만났다. 그리고 J전도사의 지인도 함께 있었다. J전도사
는 필자를 옆에 있는 지인에게 소개했다. "이 분은 우리 학교 이
단 교수님이세요." 이 말을 들은 지인의 눈이 휘둥그레졌다. "네?
이단 교수님이요?" 필자는 신학대학교에서 '기독교와 이단', '이
단대처와 복음전도'라는 과목을 학생들에게 가르치고 있다. J전
도사는 학교에서 이단에 관한 내용을 가르치는 교수라고 지인에
게 다시 말했다.

대다수의 기독교 이단, 사이비 단체들의 성경공부는 성경을 비
유로 해석하는 일명 비유풀이다. 그들은 이렇게 말을 한다. "어떻
게 뱀이 하와에게 말을 할 수 있어? 말하는 뱀 봤어?" 그래서 뱀이
비유이고, 에덴동산에 있는 생명나무와 선악나무도 모두 비유라
고 주장한다. 심지어 창세기에 나오는 하나님의 천지창조 사건도
사실로 받아들이지 않고 창조비유라고 말한다.

왜 그럴까? 하나님의 전능하심을 믿지 않기 때문이다. 민수기
서에는 발람과 나귀의 대화가 나온다. 나귀는 자신의 주인 발람
을 살리기 위해 그의 발을 밟았다. 발람은 너무 아프고 화가 났다.

"아니 이 놈의 나귀가 미쳤나?" 화가 난 발람은 나귀를 채찍으로 내리쳤다. 주인 발람을 살리기 위해 헌신했는데 채찍질을 당하니 나귀 또한 분했다. 이 때 하나님께서 기적을 행하셨다. "여호와께서 나귀 입을 여시니 발람에게 이르되 내가 당신에게 무엇을 하였기에 나를 이같이 세 번을 때리느냐 발람이 나귀에게 말하되 네가 나를 거역하기 때문이니 내 손에 칼이 있었더면 곧 너를 죽였으리라 나귀가 발람에게 이르되 나는 당신이 오늘까지 당신의 일생 동안 탄 나귀가 아니냐 내가 언제 당신에게 이같이 하는 버릇이 있었더냐 그가 말하되 없었느니라"(민 22:28-30). 성경은 분명하게 말씀하고 있다. "여호와께서 나귀 입을 여시니." 여기에서 이 책을 읽는 독자들에게 질문을 하겠다. 나귀의 입을 여신 하나님께서 천지창조를 하실 능력이 있을까? 없을까? 이것은 당연한 것이다. 나귀의 입도 필요하셔서 말을 하게 하셨다면 전능하신 하나님은 얼마든지 말씀으로 천지를 창조하실 수 있는 것이다. 또 여기에서 질문 하나를 더 해 보겠다. 창조사건이 기록된 창세기는 누가 기록했나? 정답은 모세이다. 그렇다면 발람과 나귀 사건이 기록된 민수기는 누가 기록했나? 정답은 모세이다. 만약 민수기의 발람과 나귀 사건이 시편 또는 전도서에 나온다면 문학 장르를 고려하여 조금은 달리 생각해보겠지만 창세기와 민수기는 모세를 통해 기록한 모세 오경이다. 그렇다면 모세오경 중 하나인 출애굽기의 홍해를 건넌 내용은 사건인가? 아니면 비유인가? 이것을 비유라고 주장하는 사람들은 이렇게 말할 것이다. "홍해가 얼마나 크고 깊은 데 사람들이 어떻게 건널 수가 있어? 바다가 갈라지는 것을 본적이 있어?" 그러나 홍해가 갈라지고 이스라엘 백성들이 바다를 육지와 같이 건널 수 있었던 것은 하나님의 능력으로 실제 일어난 사건이다. 우리는 이것을 기적 혹은 기적사건이라고 말한다.

이제 다시 본론으로 돌아가자. 요나서는 신화일까? 비유일까? 아니면 실제 사실을 바탕으로 한 기적사건일까? 많은 비판주의 학자들은 예언자 요나가 큰 물고기 배 속에 들어간 내용을 고대 신화의 하나로 보려는 경향이 있다. 또 니느웨 왕을 비롯한 백성들 그리고 짐승들까지 회개했다는 내용도 신화로 보려고 한다.[24] 신화와 기적의 가장 큰 차이점이 무엇일까? 그것은 바로 역사성이다. 신화는 역사성이 없는 것이고 기적은 역사적 사건을 의미한다. 더글라스 스튜어트(Douglas Stuart)는 요나서의 양식에 대해 다음과 같이 말했다.

> 요나서를 허구로 여기려 드는 이들은 보통 이 책을 풍유, 비유, 혹은 우화로 분류한다. 그렇지만 요나서는 이런 양식을 전혀 갖고 있지 않다. 구약의 풍유(allegory)는 단순하고 인위적인 하나의 줄거리에 맞추어 정형화된 인물이 나오면서, 잘 알려진 역사적 발전을 상징하는 특성을 갖고 있다(예를 들어, 시 80:8-19; 겔 19장). 비유(parable)는 담백한 문체로 전달되는 아주 짧은 이야기(보통은 몇 문장이다)로, 한 가지 요점이나 원리를 보여 주는 표현 방식이다(예를 들어, 사 5:1-7; 겔 17:22-24). 우화(fable)는 역사나 문화 혹은

---

24) 목회와신학 편집부, 「요나·하박국」 「두란노 HOW주석」, 49.

개인적인 경험의 여러 국면을 상징적으로 부각시키기 위해 식물이나 동물이 말하는 장면이 나오는 이야기다(예를 들어, 삿 9:7-15). 요나서는 이 가운데 어떤 것보다 훨씬 길고, 훨씬 복합적이고, 훨씬 역사적으로 상세하며, 훨씬 꾸밈없는 자서전이요 내러티브다.[25]

그렇다면 우리는 요나서의 내용이 신화인지 아니면 역사적 사건으로서의 기적인지 어떻게 구별할 수 있을까? 그 해답은 예수님의 말씀에서 찾을 수 있다. "무리가 모였을 때에 예수께서 말씀하시되 이 세대는 악한 세대라 표적을 구하되 요나의 표적 밖에는 보일 표적이 없나니 요나가 니느웨 사람들에게 표적이 됨과 같이 인자도 이 세대에 그러하리라"(눅 11:29-30). 표적이 무엇인가? 표적을 다른 말로 표현하면 '이적'이라고도 하고 '기적'이라고도 부른다. 예수님은 사람들에게 요나의 신화라고 말씀하지 않았다. 또 요나의 표적을 비유라고 말씀하지도 않았다. 만약 요나서의 내용이 비유였다면 예수님의 말씀과 행적이 기록된 복음서에서는 이렇게 말씀하셨을 것이다. "또 비유를 들어 이르시되". 복음서 저자들이 예수님께서 비유로 말씀하신 것을 기록할 때, '비유를 들어 이르시되' 혹은 '비유로 가르치시니'라고 썼다. 요나서는 예수님께서 하신 말씀에 비추어보면 결코 비유가 아니다. 종합하면 요나서는 고대 신화나 비유가 아니다. 요나서는 역사적 사실에 기반을 둔 기적사건이 포함된 예언서인 것이다.

---

25) D. A. Carson, et al. 「IVP 성경주석 구약」, 1121.

4. 예언자 요나

도대체 요나는 어떤 인물일까? 요나서에 등장하는 요나의 모습은 다른 예언자들에게서 찾아볼 수 없는 독특함이 있다. 그 독특함이란 긍정적이기보다는 부정적이다. 불순종, 고집불통의 예언자처럼 보인다. 그러나 스튜어트는 예언자 요나에 대해 다음과 같이 말했다.

> 요나서 자체에서 볼 때, 요나는 열렬한 민족주의자이며 이스라엘을 지지하고 이방을 대적하는 사람 그리고 적어도 반(反) 앗수르적이 었던 것이 분명하다. 요나서 또한 요나는 헌신되었고, 훈련되었으며, 강한 의지를 가진 선지자였고, 모든 이스라엘 선지자들이 그렇듯이 시인이었으며, 또한 하나님에 대해서조차 까다롭고 완강할 수 있었던 사람이었음을 암시적으로 나타내 주고 있다.[26]

예언자 요나를 이해할 수 있는 가장 좋은 자료는 단연코 성경이다. 그런데 우리는 요나의 출생과 성장과정 그리고 어떻게 예언자가 되었고 언제까지 활동하다가 세상을 떠났는지는 구체적으로 알 수가 없다. 그렇지만 요나와 관련된 성경구절을 중심으로 그가 어떤 인물이었는지 살펴보면, 그에 대해 새로운 사실을 발견하게 될 것이다.

---

26) Douglas Stuart, 「호세아~요나」, 「WBC 성경주석」, 김병하 옮김 (서울: 도서출판 솔로몬, 2016), 760.

1) 아버지와 함께

예언자 요나에 대한 분명한 내용이 하나있다. 그것은 요나에게 는 아버지가 있었다는 것이다. 물론 이 말은 당연한 것이다. 아버 지와 어머니 없이 태어난 사람이 있겠는가. 그런데 성경에는 아 버지의 이름과 함께 소개 된 예언자도 있고 예언자의 이름만 소 개된 사람도 있다. 이사야서는 예언자 이사야의 아버지를 기록했 다. "유다 왕 웃시야와 요담과 아하스와 히스기야 시대에 아모스 의 아들 이사야가 유다와 예루살렘에 관하여 본 계시라"(사 1:1). 이사야의 아버지는 아모스다. 또 예레미야서는 예언자 예레미야 의 아버지가 누구인지 알려주고 있다. "베냐민 땅 아나돗의 제사 장들 중 힐기야의 아들 예레미야의 말이라"(렘 1:1). 예레미야의 아버지는 힐기야이다. 더 나아가 예레미야 아버지의 실명뿐 아니 라 출신 지파와 신분까지도 소개되었다. 그리고 에스겔서를 보면 예언자 에스겔의 아버지에 대해 말하고 있다. "갈대아 땅 그발 강 가에서 여호와의 말씀이 부시의 아들 제사장 나 에스겔에게 특별 히 임하고 여호와의 권능이 내 위에 있으니라"(겔 1:3). 예언자 에 스겔의 아버지는 부시였고, 그는 제사장이었다.

그 외에도 호세아서, 요엘서, 스가랴서는 예언자들의 아버지가 누구였는지 소개했다. 이렇게 예언자의 아버지의 이름이 언급된 예언서가 있는 반면에 예언자만 소개된 성경도 있다. 다니엘서는 예언자 다니엘의 아버지가 누구인지 밝히지 않았다. 다니엘서 외 에도 아모스서, 미가서, 나훔서, 하박국서, 스바냐서, 학개서, 말라기서는 예언자들의 아버지에 대한 언급이 전혀 없다. 단지 어떤 경우에는 출신지, 어떤 경우에는 직업 등을 부가적으로 소개했다.

2) 요나의 아버지 아밋대(Amittai)

그렇다면 요나의 아버지는 누구였을까? 요나서는 요나의 아버지에 대해 다음과 같이 소개했다. "여호와의 말씀이 아밋대의 아들 요나에게 임하니라 이르시되"(욘 1:1). 예언자 요나의 아버지는 아밋대(Amittai)이다. 이 사실이 분명한 것은 다른 구약성경에도 소개하고 있기 때문이다. 열왕기서는 예언자 요나와 아버지에 대해 기록하고 있다. "이스라엘의 하나님 여호와께서 그의 종 가드헤벨 아밋대의 아들 선지자 요나를 통하여 하신 말씀과 같이 여로보암이 이스라엘 영토를 회복하되 하맛 어귀에서부터 아라바 바다까지 하였으니"(왕하 14:25). 그렇다면 아밋대라는 히브리어 이름의 뜻이 무엇일까? 아밋대라는 이름의 뜻은 진리 혹은 진실이다.[27]

혹시 미드라쉬(Midrash)라는 말을 들어본 적이 있는가? 미드라쉬는 히브리어인데, 그 뜻은 조사, 연구이다. 쉽게 설명하면 구약성경에 대한 주석이라고 할 수 있다. 구약성경 안에 담긴 진정한 의미를 찾고, 본래적인 뜻을 확대해서 밝히려는 연구방법이다. 당연히 이렇게 연구된 것을 책으로 편찬했는데, 이것을 미드라쉬

---

27) Ibid., 785.

라고 부른다.[28] 장동수는 미드라쉬에 대해 다음과 같이 말했다.

> 미드라쉬(Midrash)는 랍비들의 핵심적인 성경해석방법으로 현대
> 의 성경주석과 유사하지만, 종종 큰 차이를 보이기도 한다. 미드라
> 쉬는 보통 선택된 구절들만을 다루지만 때때로 한 구절씩 성경구
> 절들을 설명하기도 하는데, 랍비들은 성경의 실제적인 어구들 속에
> 내재해 있는 보다 깊은 의미들을 드러내는 데 목적을 두었으며 그
> 들의 궁극적인 동기는 목회적이다. 신약에서 설교적 미드라쉬의 대
> 표적인 예는 사도 바울이 변증적-목회적 목적을 가지고 아브라함
> 의 경우를 창세기 15장 6절을 인용하여 해석하고 적용하는 로마서
> 4장에서 발견할 수 있다.[29]

그런데 미드라쉬는 구약성경의 예언서가 예언자를 소개할 때,
만약 아버지의 이름이 기록되었다면 그 예언자의 아버지 역시 예
언자라고 설명했다.[30] 즉 예언자의 아버지가 함께 예언서에 소개
되는 것은 그의 아버지 또한 예언자였다는 것을 표시하는 것이다.
이런 내용을 참고해서 생각해본다면 요나는 예언자 가문에서 태
어나서 자랐고, 예언자로 활동했던 아버지 아밋대의 영향을 매우
많이 받았을 것이 분명하다. 요나의 아버지 아밋대는 요나의 아버
지일 뿐 아니라 예언자로서 또 스승으로서 그리고 선배로서 닮고

---

28) 위키백과, "미드라시" [온라인 자료] https://ko.wikipedia.org/wiki/%EB%AF%B8%E93%9C%E
BB%%9D%BC%EC%8B%9C, 2024년 5월 2일 접속.

29) 장동수, "히브리서의 구약 인용과 해석," 「복음과 실천」, 35집 (2005 봄): 50-1.

30) 변순복 편, 「회개로 인도하는 요나서」(서울: 하임, 2019), 96.

싶은 롤 모델(Role model)이었을 것이다.

3) 요나의 고향 가드헤벨(Gath-Hepher)

열왕기서는 아밋대와 요나가 부자관계라는 것뿐 아니라 출신지가 가드헤벨(Gath-Hepher)이라고 소개했다. 이 지역은 오래 전부터 예언자 요나가 장사된 무덤이 있는 곳으로 알려졌다.[31] 가드헤벨은 요나의 고향으로 열왕기서에 오직 한번 나온다. 이곳은 갈릴리 나사렛 북동쪽에 위치해 있는데, 엘-메셰드(el-Meshed)로 알려져 있는 가드헤벨 언덕(Tel Gath Hefer)이다.[32] "어! 나사렛이라고?" 우리는 나사렛을 잘 알고 있지 않은가. 그렇다. 예수님이 살았던 곳이다. 사람들은 예수님을 나사렛 사람이라고 불렀다. "그러나 아켈라오가 그의 아버지 헤롯을 이어 유대의 임금됨을 듣고 거기로 가기를 무서워하더니 꿈에 지시하심을 받아 갈릴리 지방으로 떠나가 나사렛이란 동네에 가서 사니 이는 선지자로 하신 말씀에 나사렛 사람이라 칭하리라 하심을 이루려 함이러라"(마 2:22-23). 갈릴리 지방 나사렛은 이스라엘 북쪽 지역이다. 정리하면 요나의 고향 가드헤벨은 이스라엘 북쪽 지역에 있던 도시 중 하나였다.

---

31) James Limburg, 「호세아-미가」, 「현대성서주석」, 223.
32) John H. Walton, et al., 「IVP 성경배경주석」, 정옥배 외 8인 역 (서울: 한국기독학생회출판부, 2008), 574.

4) 비둘기 요나

아밋대 가정에 사랑스러운 아들이 태어났다. 아버지 아밋대는 아이에게 이름을 지어주었다. 그 아이의 이름은 요나[33]이다. 요나? 히브리어 요나의 이름은 어떤 뜻일까? 요나는 비둘기라는 뜻이다.[34] 요나서를 살펴보면 히브리어로 "벤 아미타이"라고 되어 있다. 히브리어 '벤'은 아들이라는 뜻이다. 이 말은 아밋대의 아들 즉 '진리의 아들 요나' 또 '진리의 아들 비둘기'인 것이다. 왜 아밋대는 아들의 이름을 요나, 비둘기라고 지었을까? 송병현은 요나의 이름에 대해 다음과 같이 말했다.

> 노아 홍수 때 비둘기는 노아에게 평화와 사랑을 상징하는 감람나무 가지를 물어다 주는 고마운 새였다. 하나님은 위기에 처한 니느웨 사람에게 '요나'(비둘기)를 용서와 평화를 가져다주는 도구로 사용하기를 원하셨다(Bruckner). 그래서 선지자 요나를 니느웨 사람에게 용서와 평화의 메시지를 물어다 주는 '비둘기'(요나)로 보내고자 하셨다.[35]

---

33) 학계에서는 요나의 이름을 긍정적으로 해석하는 학자들도 있고, 부정적인 아이러니로 해석하는 학자들도 있다. 변순복은 요나의 이름을 긍정적으로 해석한다. 그는 미드라쉬를 근거로 '벤 아미타이'는 진리의 아들이고, 이것은 예언자 요나의 위상을 높이는 말이라고 주장한다. 변순복 편, 「회개로 인도하는 요나서」 (서울: 하임, 2019), 96. 반면 우택주는 요나의 이름을 부정적으로 해석한다. 그는 요나의 이름이 두 가지 뜻을 가지고 있다고 말한다. 첫째는 '비둘기'인데 요나가 하나님의 명령을 거역하면서 변덕스럽고 오락가락하는 모습을 연상하게 한다고 해석한다. 둘째는 '억압', '포학'인데 요나가 예언자이면서도 오히려 하나님을 억압하고 하나님에게 횡포를 부리는 자로서 행동했다고 주장한다. 우택주, 「요나서의 숨결」 (대전: 침례신학대학교출판부, 2009), 13-4.

34) Werner H. Schmidt, 「구약성서입문 II」, 차준희, 채홍식 옮김 (서울: 대한기독교서회, 2005), 175.

35) 송병현, 「호세아·요엘·아모스·오바댜·요나」, 「엑스포지멘터리」, 763.

아밋대가 구약성경을 잘 아는 사람으로서 비둘기의 의미를 잘 알고 있었을 것이다. 물론 우리도 비둘기라고 하면 머릿속에 떠오르는 성경이 있다. 그렇다. 창세기이다. "저녁때에 비둘기가 그에게로 돌아왔는데 그 입에 감람나무 새 잎사귀가 있는지라 이에 노아가 땅에 물이 줄어든 줄을 알았으며"(창 8:11). 노아 홍수 때, 비둘기는 감람나무 잎사귀를 입에 물고 노아에게 돌아왔다. 여기에서 잠시 감람나무 잎사귀에 대해 살펴보도록 하겠다. 성경에서 말하는 감람나무는 정확하게 말하면 올리브나무이다. 비둘기가 노아에게 물고 온 잎사귀는 올리브 잎이었던 것이다. 올리브 잎은 이스라엘 사람들에게 어떤 이미지일까? 류모세는 올리브 잎에 대하여 다음과 같이 말했다.

올리브 잎은 앞면은 옅은 초록색이고 뒷면은 은색이다. 산들바람에 흔들리면 햇빛에 아름다운 은색으로 빛난다. 예루살렘 동편에 있는 올리브산(감람산)은 올리브나무가 많아서 그렇게 이름이 붙여졌다. 서쪽으로 지는 석양에 비친 동쪽의 올리브산은 예루살렘만이 뿜어내는 아름다운 자태를 자랑한다. 옅은 초록색과 은색이 조화를 이루며 흔들리는 올리브 잎의 색은, 오래 쳐다봐도 사람의 눈에 피로함을 주지 않는 가장 친화적인 색이라고 한다. 《미드라쉬》에는 올리브 잎과 관련된 재미있는 표현이 있다. "사라에게 아이를 갖는다고 천사가 말했을 때 사라의 얼굴이 올리브 잎처럼 빛났다." 올리브 잎은 유대인들에게 평화와 화해를 상징한다. 방주 안에 있던 노아에게 비둘기가 가져다준 것도 바로 올리브 잎이었다. 올리브나무는

노아의 홍수 기간에도 물속에서 생존하여 방주에서 나온 노아의 식
구들을 맞이했던 것이다.[36]

비둘기는 노아와 방주 안에 있던 노아의 가족들에게 기쁜 소식,
복음을 전해 준 정말 고마운 새였다. 이런 창세기 노아의 방주와
홍수 내용을 잘 아는 아밋대는 그의 아들의 이름을 비둘기라는 뜻
을 가진 요나라고 지어 준 것이다.

5) 궁정 예언자인가? 재야 예언자인가?

"왕이시여. 내 말이 없으면 이제 수년 동안 비와 이슬이 내리지
않을 것입니다." 이 말은 북이스라엘 아합 왕을 찾아간 예언자 엘
리야가 한 말이다. 아합 왕 옆에는 하늘을 날아가는 새도 떨어뜨
릴 수 있을 것 같은 힘을 가진 관리들이 있었다. 그뿐인가. 바알을
섬기는 제사장들과, 아세라를 섬기는 제사장들이 있었을 것이다.
그리고 그들 뒤에는 바알 제사장 450명, 아세라 제사장 400명이
있었다. 엘리야의 예언은 아합 왕과 관리들 그리고 우상숭배 제사
장들의 심기를 매우 불편하게 했다.
비가 오지 않아 가뭄이 들게 되면 국가의 모든 산업은 위축될
수밖에 없다. 특히 농사와 목축업이 주된 경제활동이었는데, 가
뭄으로 농작물과 가축들의 생산성이 떨어지면 국가 운영에 필요

---

36) 류모세, 「열린다성경 식물이야기」 (서울: 두란노, 2008), 75.

한 세금 확보가 어려워질 것은 당연하지 않겠는가. 이뿐인가? 천둥과 비의 신으로 알려진 바알 종교는 백성들의 마음을 잃게 될 것이 분명했다. 그런 상황이 도래하면 백성들은 그들에게 이렇게 말했을 것이다. "바알 제사장, 천둥과 비를 주관하는 바알 신은 지금 무엇하고 있는 것입니까? 당신들의 기도와 정성이 부족한 것은 아닙니까?" 또 다산과 풍요의 여신으로 알려진 아세라 종교는 민심이 흉흉하게 되어 백성들이 자신들의 말에 경청하지 않을 것이 확실했다. 하나님과 엘리야 입장에서는 이스라엘을 향한 예언이었지만, 이 말을 듣는 아합과 관료들 그리고 바알, 아세라 제사장들은 반정부적인 악담이고, 민심을 어지럽히는 선동으로 밖에 보이지 않았을 것이다. 그러다 보니 엘리야는 아합 왕, 관료들 그리고 우상숭배 제사장들의 눈 밖에 나게 되어 미움을 받게 되었다. 어찌 보면 당연한 결과였다.

이 일후에, 엘리야는 어떤 삶을 살았을까? 그는 그릿 시냇가에서 숨어 지내야 했고, 시돈 땅 사르밧으로 가게 되었다. 이런 세월을 약 삼 년 반 동안이나 해야만 했다. "엘리야는 우리와 성정이 같은 사람이로되 그가 비가 오지 않기를 간절히 기도한즉 삼 년 육 개월 동안 땅에 비가 오지 아니하고 다시 기도하니 하늘이 비를 주고 땅이 열매를 맺었느니라"(약 5:17-18). 이스라엘의 예언자 중 한 사람인 엘리야의 예를 들었다. 흔히 구약성경의 예언자들이라고 하면 재야(在野)에서 활동하면서 왕과 국정운영을 비판하는 하나님의 종들이라는 이미지가 강하다. 실제로 그런 역할을 했던 사람들이 예언자들이었다. 예언자들의 핵심 메시지는 이것

이었다. "회개하라. 그렇지 아니하면 하나님의 심판을 받을 것이
다." 예언자들은 과격하고, 가난과 외로움 그러나 강직함의 이미
지로 대표되었던 인물들이다.

그러나 모든 예언자들이 재야에서 활동했었던 것은 아니다. 어
떤 예언자는 왕의 측근에서 예언과 직언과 멘토의 역할을 했다.
이런 역할을 했던 대표적인 예언자가 나단이다. 나단은 우리가 잘
알고 있다시피 다윗 왕 때에 활동했던 예언자이다. 그는 다윗 왕
이 성전건축을 하려고 할 때, 하나님의 말씀을 다윗에게 전했다.

> "그는 내 이름을 위하여 집을 건축할 것이요 나는 그의 나라 왕위를 영원
> 히 견고하게 하리라 나는 그에게 아버지가 되고 그는 내게 아들이 되리
> 니 그가 만일 죄를 범하면 내가 사람의 매와 인생의 채찍으로 징계하려
> 니와 내가 네 앞에서 물러나게 한 사울에게서 내 은총을 빼앗은 것처럼
> 그에게서 빼앗지는 아니하리라 네 집과 네 나라가 내 앞에서 영원히 보
> 전되고 네 왕위가 영원히 견고하리라 하셨다 하라 나단이 이 모든 말씀
> 들과 이 모든 계시대로 다윗에게 말하니라"(삼하 7:16-17)

예언자 나단은 구약성경에서 볼 수 있는 대표적인 궁정 예언자
이다. 그리고 또 한명의 대표적인 궁정 예언자를 뽑는다면 그 사
람은 예언자 이사야이다. 이사야는 왕궁에서 왕을 보필하는 귀
족적인 예언자였다.[37] 궁정 예언자들은 왕궁에서 왕과 다른 관

---

37) 기민석, 「예언서 강의」, 132.

료들과 함께 생활하면서 국가의 중대한 일들을 논의하고, 예언했던 사람들이다. 존 H. 헤이즈는 궁중 예언자에 대해 다음과 같이 말했다.

예언자들은 그들이 궁정 고문으로 일하였고, 신의 뜻을 결정하는데 도움을 주었고, 국가정책에 대하여 신의 재가를 제공하였던 왕실과 긴밀하게 연결되어 있는 것으로 묘사되고 있다. 구약성서에 나타난 고전적인 궁정 예언자는 다윗과 솔로몬의 통치시기에 걸쳐 활동한 나단(Nathan)이다. 갓(Gad)은 다윗의 선견자이자 예언자였다고 한다. 왕과 예언자는 종종 서로 자문하였다. 예언자들의 집단은 때때로 궁정과 연결되고 있다.[38]

그렇다면 예언자 요나는 궁정 예언자였을까? 아니면 재야 예언자였을까? 결론적으로 말하면 예언자 요나가 어떤 유형의 예언자였는가는 분명하게 나오지 않는다. 그런데 구약성경 열왕기서와 요나서의 내용을 자세히 살펴보면 보면 예언자 요나가 어떤 유형의 예언자였을 것이라는 것이 짐작된다. 우선 예언자 요나가 어떤 예언을 했는지 살펴보도록 하겠다.

"이스라엘의 하나님 여호와께서 그의 종 가드헤벨 아밋대의 아들 선지자 요나를 통하여 하신 말씀과 같이 여로보암이 이스라엘 영토를 회복하

---

38) John H. Hayes, 「구약학 입문」, 241.

되 하맛 어귀에서부터 아라바 바다까지 하였으니 이는 여호와께서 이스라엘의 고난이 심하여 매인 자도 없고 놓인 자도 없고 이스라엘을 도울 자도 없음을 보셨고 여호와께서 또 이스라엘의 이름을 천하에서 없이 하겠다고도 아니하셨으므로 요아스의 아들 여로보암의 손으로 구원하심이었더라"(왕하 14:25-27)

예언자 요나는 이스라엘의 영토가 회복될 뿐 아니라 확장될 것을 예언했다. 와우! 영토가 확장된다고? 북이스라엘의 영토가 회복되고 확장되려면 어떤 일을 반드시 해야만 했다. 무엇일까? 그렇다. 그것은 전쟁이다. 전쟁을 하지 않고서는 영토를 회복하거나 확장할 수 없었다. 당시 여로보암 II세가 왕이었는데 전쟁을 하기 전에 고민을 했을까? 안 했을까? 이 질문은 하나마나이다. 당연히 고민과 고심을 하면서 왕과 관료들 그리고 장수들은 질문과 토론을 했을 것이다. "혹시 전쟁을 했다가 잘못되면 어떻게 해야 하나? 정말 우리는 이 전쟁에서 승리할 수 있을까?" 그런데 이때 여로보암 II세에게 강력한 확신을 심어준 사람이 나타났다. 누구일까? 그렇다. 그는 바로 예언자 요나이다. 요나는 하나님의 말씀을 받은 후, 여로보암 II세 앞에서 예언을 했다. "왕이시여. 이스라엘의 여호와 하나님께서 말씀하셨습니다. 과거 우리의 조상 다윗과 솔로몬 시대의 영토를 회복하게 하실 것입니다. 또 시리아에 속한 하맛 어귀부터 아라바 바다까지 모두 우리 이스라엘에게 허락하셨습니다."

만약 당신이 여로보암 II세라면 어떤 심정이었겠는가? 정말 기쓰고 기쁘고 또 기뻤을 것이다. 요나의 예언 이후 실제로 북이스라엘은 예언대로 영토를 회복하고, 확장하게 되었다. 그러면 여기에서 질문을 해 보자. 이스라엘의 장래 일을 예언했던 예언자 요나의 위상은 어떠했을까? 여로보암Ⅱ세는 예언자 요나를 어떻게 대우했을까? 우리는 충분히 짐작할 수 있다.

　예언자 요나는 왕과 국가의 절대 신임을 받는 인물이 되었을 것이다. 요나의 고향이 어디인가? 북쪽 갈릴리 지역 가드헤벨이다. 반면 북이스라엘의 수도는 이스라엘 중부에 위치한 사마리아이다. 그는 왕궁에서 여로보암Ⅱ세를 도우면서 예언자로서 이스라엘 국정에 어떤 모양으로든 관여했을 것이다. 그리고 그런 역할을 여로보암Ⅱ세 또한 요청했을 것이다. 그렇다면 이제 다소 엉뚱한 질문을 해 보도록 하겠다. 예언자 요나는 가난했을까? 아니면 부했을까? 그는 생활하는데 아무런 궁핍을 느끼지 않았을 것이다. 솔직하게 말하면 그는 북이스라엘 여로보암Ⅱ세로부터 많은 선물을 하사 받았을 것이고, 다른 재야 예언자들과는 달리 풍요로움 속에서 생활했을 것이다. 요나는 재야 예언자는 아니었다. 예언자 요나는 여로보암Ⅱ세 때 활동했던 궁정 예언자였을 가능성이 매우 높다.

6) 뱃삯을 지불한 요나

　올 여름에도 필자는 일본 오사카, 교토, 고베, 나라 일대 관서지역으로 비전트립을 간다. 최근에는 인천국제공항에서 오사카 간사이공항까지 비행기를 타고 이동한다. 몇 년 전만해도 부산항에서 오사카 항까지 약 18시간 정도 이동을 하는 크루즈를 이용했다. 한국과 일본 사이에 있는 대한해협을 통과할 때면 동서남북 모든 곳이 망망대해이다. 푸른 바다가 아니다. 검정색에 가까운 검푸른 바다를 바라보고 있다 보면 마치 사막의 모래 언덕과 비슷하다는 생각을 했다.

지금이야 해외를 나가려면 비행기가 있어서 이동이 수월하지만, 예언자 요나가 활동하던 고대에는 육로 이동이 아니라면 대부분 해상으로 이동해야만 했다. 예언자 요나는 앗수르 니느웨로 가서 하나님의 심판을 전하라는 명령을 받았다. "왜 하필이면 제게 그 명령을 내리시는 것입니까?" 예언자 요나에게 있어 다른 명령은 모두 순종하겠지만 앗수르 니느웨에 가서 하나님의 말씀을 전하라는 것은 죽었다가 깨어나도 못 할 일이라고 그는 생각했다. 결국 요나는 하나님의 명령을 거역하기로 결심했다. 그리고 도망 계획을 세웠다. 하나님의 명령을 거역한 요나는 동쪽 방향 니느웨가 아닌 서쪽 방향 다시스로 도망갈 준비를 했다.

요나가 도망가려고 했던 다시스는 어디일까? 대다수의 학자들은 스페인의 남서쪽 해변에 있는 타르테소스(Tartessos)라고 보고 있다.[39] 모든 준비를 마친 요나는 아마도 여로보암Ⅱ세에게 인사를 올린 후, 사마리아를 출발했을 것이다. 그리고 지중해 바다를 접하고 있는 팔레스타인 욥바(Joppa)라고 하는 작은 항구 도

---

39) 목회와신학 편집부, 「요나•하박국」 「두란노 HOW주석」, 29.

시로 내려갔다. 이제 질문을 하겠다. "여로보암Ⅱ세 때, 욥바는 이스라엘 땅이었을까? 아니었을까?" 정답은 아니다. 욥바는 구약시대에 이스라엘에 의해 한 번도 합병된 적이 없었다.[40] 당시 예언자 요나는 북이스라엘에서 매우 유명한 사람이었다. 하나님의 시선과 얼굴로부터 멀어지고 싶었던 요나가 다른 사람들의 시선이 매우 부담스러웠을 것이다. 그러나 욥바는 북이스라엘 땅이 아니었기 때문에 요나를 알아보는 사람이 없었을 것이다. 이제 요나의 도피 여행이 시작되려고 한다. 욥바에서 다시스까지 배를 타고 이동하면 며 칠 정도 걸릴까? 열흘이면 갈 수 있을까? 한 달이면 갈 수 있을까? 아니면 두세 달이면 다시스에 도착할 수 있을까? 구약성경에 다시스까지 배가 운항했던 기록이 있다. "솔로몬 왕이 마시는 그릇은 다 금이요 레바논 나무 궁의 그릇들도 다 순금이라 솔로몬의 시대에 은을 귀하게 여기지 아니함은 왕의 배들이 후람의 종들과 함께 다시스로 다니며 그 배들이 삼 년에 일 차씩 다시스의 금과 은과 상아와 원숭이와 공작을 실어옴이더라"(대하 9:20-21). 솔로몬 왕 시대에 다시스까지 배들이 운항했던 기록이 나온다. 이것을 통해 알 수 있는 것은 다시스까지 운항하는 배편이 오래 전부터 있었다는 것이다. 요나는 동쪽 900킬로미터 떨어진 니느웨로 가지 않고, 서쪽에 있는 다시스, 그 거리만 해도 약 3,000킬로미터나 되는 곳으로 배를 타고 도망쳤다. 그 기간은 얼마나 걸릴까? 송병현은 다음과 같이 말했다: "탈무드의 일부를

---

40) Douglas Stuart, 「호세아-요나」, 「WBC 성경주석」, 792.

구성하고 있는 미쉬나에 의하면 그 당시 바다로 다니던 배를 타고 목적지에 도달하는 데 경우에 따라 1년 이상도 걸렸다고 한다 (Baba Batra 3.2).[41] 지중해 기상 상황에 따라 다르겠지만 다시스까지 도착하려면 평균 1년 정도가 걸렸다고 예상할 수 있다.

그렇다면 이제 한 가지 추가적으로 질문을 해 보겠다. 예언자 요나가 타려고 했던 배의 뱃삯은 비쌌을까? 아니면 저렴했을까? 당연히 뱃삯은 비쌌을 것이다. 그런데 요나는 비싼 뱃삯을 지불했다. 이것은 예언자 요나가 가난한 사람이 아니라는 것을 증명하는 것이다. 즉 뱃삯을 비롯해 생활비까지 모두 감당할 수 있는 유력한 사람이었다는 것을 우리는 짐작할 수 있다. 당시 고대 이스라엘 사람 중에 다시스로 여행할 사람이 몇 명이나 있었겠는가? 계속 질문을 해 보겠다. 다시스로 가는 뱃삯이 비쌌다면 뱃삯은 얼마나 됐을까? 이 질문에 대한 답은 바벨론 탈무드에서 찾을 수 있다. 손진호는 다시스로 가는 뱃삯에 대해 다음과 같이 말했다.

> 요나서를 이해함에 있어서 요나서가 유대교 문헌에서 어떻게 이해되었는지를 살펴보는 것은 의미가 있다. 결국 이것은 초대교회 교인들이 요나서를 어떻게 해석했는지를 보여주는 것이기 때문이다. 바벨론 탈무드에 보면 자신이 받은 예언을 감춘 인물로 요나를 소개하고 그가 다시스로 가는 배를 타는데 전체 배를 금 4천 데나리 (denarii)를 주고 세를 내었다고 한다.[42]

---

41) 송병현, 「호세아·요엘·아모스·오바댜·요나」, 「엑스포지멘터리」, 768.
42) 손진호, 「구속사적 관점에서 본 요나서」 (서울: 도서출판 그리심, 2010), 101.

금 4천 데나리가 현대의 돈 가치로 어느 정도 되는지는 정확히 밝힐 수는 없지만 그 금액이 상당하다는 것은 확실히 알 수 있다. 예언자 요나가 타려고 했던 다시스행 뱃삯에 대해 설명한 다른 자료들도 살펴보도록 하겠다. 송병현은 뱃삯과 관련해서 다음과 같이 말했다.

> 이스라엘의 관점에서 다시스는 '세상 끝'이었다. 또한 다시스로 가는 뱃삯도 매우 비쌌다(Baldwin). 중세기 유태인 주석가는 요나가 선주에게 뱃삯을 지불했다는 말씀을 배 전체를 빌린 것으로 해석했다(Ginzberg, Youngblood, cf. Magonet). 이 경우 요나는 하나님에게서 도망가기 위해 정말 많은 돈이 필요했을 것이다. 이처럼 많은 돈을 지출할 수 있었던 것을 보면 요나는 상류층에 속한 사람이 아니었을까 싶다(Cary).[43]

예언자 요나가 지불한 뱃삯은 매우 큰 금액인 것은 분명하다. 여기에서 더 나아가 요나가 배 전체를 돈을 주고 빌린 것이라는 주장도 있다. IVP 성경배경주석은 뱃삯에 대해 다음과 같이 말했다: "사용된 언어로 미루어 많은 사람들은, 요나가 지불한 승선 요금이 배 전체를 혼자서 세 낸 값이라고 결론 내린다. 그 사실 여부를 떠나, 이 값은 상당한 액수였을 것이다."[44] 요나는 얼마나 급했던지 탑승하기도 전에 뱃삯을 모두 지불했다. 요나 당시에는 탑승

---

43) 송병현, 「호세아·요엘·아모스·오바댜·요나」, 「엑스포지멘터리」, 768.
44) John H. Walton, et al., 「IVP 성경배경주석」, 1130.

하지 않았는데 요금을 지불하는 경우는 없었다. 요나는 언제라도 출발할 준비가 되어 있었다. 그러나 요나만 타면 배가 출항하는가? 그렇지 않다. 다른 승객들도 탑승이 완료되고, 화물도 화물칸에 싣고 나면 그제야 출항하게 된다. 우리말 뱃삯으로 번역된 히브리어 '세카라흐'를 직역하면 '그녀의 값'이다. '세카라흐'는 단순한 요금지불을 의미하는 것이 아니다. 이것은 '배를 샀다' 또는 '통째로 배 한척을 빌렸다'는 뜻이다. 요나는 다른 승객들이 채워질 때까지 기다릴 시간이 없었다. 빨리 여호와 하나님의 시선과 얼굴을 피해서 도망가고 싶었다. 그래서 승객 모두의 뱃삯을 대신 지불하고 다시스로 가는 배를 통째로 빌린 것이다.[45]

요나가 뱃삯을 지불할 수 있었다는 것은 그가 경제적으로 충분한 부를 누리고 있었다는 것을 의미한다. 또 요나가 경제적으로 부했다면 비싼 뱃삯을 치르기 위해 전 재산을 투자했을 가능성도 있는 것이다.[46] 그렇지 않다면 자신의 뜻을 이해하고 도와줄 수 있는 든든한 후원자가 있었다는 것이다. 만약 요나는 청빈한데, 그가 말하는 것이라면 항상 묻지도 따지지도 않고 무조건적으로 후원자로서 도움을 줄 수 있는 인물이 있었다면 그 사람은 누구이었겠는가? 아마 이 글을 읽는 독자들도 필자와 같은 생각을 할 것이다. 그는 바로 북이스라엘의 왕 여로보암 II 세였을 것이다. 왜냐하면 예언자 요나의 예언 때문에 북이스라엘은 건국 이래 최고로 경제적, 정치적 황금기를 누릴 수 있었기 때문이다.

---

45) 변순복 편, 「회개로 인도하는 요나서」, 112.
46) 이용호, 「하나님의 자유」 (서울: 토비야, 2017), 59.

"이스라엘의 하나님 여호와께서 그의 종 가드헤벨 아밋대의 아들 선지자 요나를 통하여 하신 말씀과 같이 여로보암이 이스라엘 영토를 회복하되 하맛 어귀에서부터 아라바 바다까지 하였으니 이는 여호와께서 이스라엘의 고난이 심하여 매인 자도 없고 놓인 자도 없고 이스라엘을 도울 자도 없음을 보셨고 여호와께서 또 이스라엘의 이름을 천하에서 없이 하겠다고도 아니하셨으므로 요아스의 아들 여로보암의 손으로 구원하심이었더라"(왕하 14:25-27)

정리하면 예언자 요나는 재야 예언자들이 누릴 수 없는 재정적 풍부함이 있었고, 자신을 도와줄 수 있는 최고의 후원자인 북이스라엘 여로보암II세가 호의를 베풀었을 것이다. 그렇기 때문에 다시스로 도망가는 뱃삯에 대해 전혀 고민하지 않았던 것이다. 요나는 돈이 급한 것이 아니라 한시라도 빨리 도망갈 시간이 급했을 뿐이다.

예언자 요나는 앗수르 니느웨로 가서
하나님의 심판을 전하라는 명령을 받았다.
"왜 하필이면 제게 그 명령을 내리시는 것입니까?"
예언자 요나에게 있어 다른 명령은 모두 순종하겠지만
앗수르 니느웨에 가서 하나님의 말씀을 전하라는 것은
죽었다가 깨어나도 못 할 일이라고
그는 생각했다.

제II부

요나 전도의 신학적 연구

1. 성경론

1) 하나님의 감동으로 기록된 요나서

요나서는 하나님의 감동 즉 성령의 감동하심으로 기록된 성경이다. 사도 바울은 디모데에게 보낸 편지에서 성경에 대하여 다음과 같이 기록했다. "모든 성경은 하나님의 감동으로 된 것으로 교훈과 책망과 바르게 함과 의로 교육하기에 유익하니 이는 하나님의 사람으로 온전하게 하며 모든 선한 일을 행할 능력을 갖추게 하려 함이라"(딤후 3:16-17). 우리말 '모든 성경'은 헬라어 '파사 그라페'($\pi\tilde{\alpha}\sigma\alpha\ \gamma\rho\alpha\varphi\grave{\eta}$)이고 영어로 올 스크립처(All Scripture)라고 번역했다. 모든 성경 66권 안에는 요나서도 포함되어 있는 것이다. 또 사도 베드로는 로마교회 성도에게 보낸 편지에서 성경에 대하여 다음과 같이 썼다. "먼저 알 것은 성경의 모든 예언은 사사로이 풀 것이 아니니 예언은 언제든지 사람의 뜻으로 낸 것이 아니요 오직 성령의 감동하심을 받은 사람들이 하나님께 받아 말한 것임이라"(벧후 1:20-21). 예언자 요나는 성령의 감동하심을 받아 성경 기록에 참여한 다른 사람들과 같이 성경을 기록했다.

그렇다면 하나님의 감동하심을 받았다는 뜻이 무엇일까? '하나님의 감동으로 된 것으로'라는 말씀은 헬라어 데오프뉴토스($\theta\varepsilon\acute{o}\pi\nu\varepsilon\upsilon\sigma\tau o\varsigma$)이다. '데오스'는 하나님, '프네오'는 '호흡하다'라는 뜻이다. 쉽게 말하면 하나님께서 숨을 내 쉬셨다는 말이다. 하나님께서 숨을 내 쉬셨다? 성경 어디에서 본 것 같지 않은가? 그렇다. 창세기이다. 하나님께서 흙으로 사람을 만드실 때, 그 코에 생기를 불어넣으셨다. "여호와 하나님이 땅의 흙으로 사람을 지으시고 생기를 그 코에 불어넣으시니 사람이 생령이 되니라"(창 2:7). 흙으로 지어진 사람이 하나님의 호흡으로 생명을 얻게 된 것이다. 그런데 하나님의 호흡으로 만들어진 것이 또 하나가 있는데 그것이 바로 성경이다. 하나님의 말씀 즉 성경은 믿는 자에게 영원한 생명을 얻게 한다. "너희가 성경에서 영생을 얻는 줄 생각하고 성경을 연구하거니와 이 성경이 곧 내게 대하여 증언하는 것이니라"(요 5:39).

하나님의 감동하심을 받는 것을 신학용어로 성경의 영감이라고 한다. 그렇다면 성경의 영감은 무엇일까? 밀라드 J. 에릭슨(Millard J. Erickson)은 성경의 영감에 대해 다음과 같이 말했다: "성경의 영감은 성경의 저자들이 계시를 정확히 기록할 수 있게 하고, 그 결과로서 그들이 기록한 것이 실제적으로 하나님의 말씀이 되도록 하기 위하여 성경의 저자들에게 미친 초자연적인 영향력을 의미한다".[1] 이런 시각에서 요나서를 바라본다면 하나님께서 예언자로 선택하신 요나에게 초자연적인 영향력을 끼쳤다고 할 수 있는 것이다. 하나님께서 요나에게 초자연적인 영향력을 끼치셨다면 요나는 비서(amanuenses)처럼 하나님께서 하신 말씀을 받아 적은 것일까? "요나야, 지금부터 내가 하는 말을 하나도 빠짐없이 그대로 받아 적어라." 그런데 이런 주장을 하는 사람

---

1) Millard J. Erickson, 「복음주의 조직신학(상)」, 신경수 옮김 (서울: 크리스챤다이제스트, 2006), 227.

들이 있다. 이 사람들의 주장을 '구술설'(the dictation theory)이라고도 하고 기계론적 영감설이라고도 부른다.[2] 마치 윗사람이 자신의 비서에게 메시지를 불러주는 대로 받아 적도록 했다는 것이다. 물론 요나는 하나님의 대언자로서 비서 역할을 한 것은 사실이다. 결코 틀린 말이 아니다. 그러나 요나가 하나님의 감동을 받았다는 것과 영감을 받았다는 것은 하나님의 말씀을 전달하는 대언자의 역할을 했다는 것이지, 하나님의 영감을 어떻게 받았는가를 설명하는 것은 아니다. 이것을 우리는 구별할 수 있어야 한다. 그러나 우리가 요나서를 읽어보면 알겠지만 하나님께서 요나를 윗사람의 말을 그대로 받아 적게 하는 비서처럼 사용하지 않았다는 것을 발견할 수 있다.

그렇다면 하나님은 예언자 요나를 어떻게 감동시켜서 성경을 기록하게 한 것일까? 하나님의 영에 감동을 받은 성경 저자 요나는 생각까지도 성령의 지도를 받았다. 그 결과로 요나서에 기록한 한 단어, 한 문장, 한 어휘까지도 성령께서 이끄시는 대로 기록했다. 이때 하나님의 뜻을 가장 잘 전달할 수 있는 그 하나의 단어를 요나서에 사용하도록 성령께서 요나를 이끄셨다. 이것을 신학 용어로 '축자영감설'이라고 부른다. 개혁주의 신학자 R. C. 스프로울(R. C. Sproul)은 '축자영감설'을 다음과 같이 말했다.

교회는 역사적으로 '축자영감설'을 믿어왔다. 이 말은 영감의 범위

---

2) R. C. Sproul, 『모든 사람을 위한 신학』, 조계광 옮김 (서울: 생명의말씀사, 2022), 38.

가 인간 저자들이 전달한 정보의 대체적인 윤곽에만 국한되지 않고 글자 하나하나까지 미쳤다는 뜻이다. 교회가 가능한 한 신중하게 성경의 원본을 복원하려 애쓰고, 고대 히브리어와 헬라어의 의미를 연구하는 데 그토록 많은 관심을 기울여온 이유가 여기에 있다. 성경의 낱말 하나하나가 모두 신성한 권위를 지닌다. 광야에서 시험을 받으실 때 예수님은 사탄과 대화를 주고받으셨다. 양측 모두 성경구절을 인용하면서 논쟁을 벌였다, 예수님은 성경을 근거로 마귀와 바리새인들의 주장을 논박하셨고 율법의 일점일획도 없어지지 않고 다 이루어질 것이라고 강조하셨다(마 5:18). 이 말씀은 하나님의 율법에는 불필요한 말이나 타협의 여지가 있는 말이 단 한 글자도 없다는 뜻을 담고 있다.[3]

성령께서 성경 저자인 요나의 생각을 자극했고, 가장 적절하고 유일한 단어를 선택하게 하셨다는 증거이다.[4] 요나의 글쓰기와 문체 그리고 이야기 형식 내러티브 장르까지도 하나님께서 사

---

3) Ibid., 39.

4) 밀라드 J. 에릭슨(Millard J. Erickson)은 그의 저서에서 성령이 성경 저자에게 영감을 주어 하나의 특정 단어를 성경에 기록했다고 주장했다. 그리고 이것을 영감이 축자적이라고 표현했다. 그는 축자적 영감이 예수와 성경 저자들이 주장하고 가르쳤던 성경관이라고 말했다. (Millard J. Erickson, 「복음주의 조직신학(상)」, 244.) 마틴 로이드 존스(D. Martyn, Lloyd-Jones)도 성경의 권위를 교리강해설교에서 성경의 축자 영감을 '중대하고 특별한 주장들'이라는 표현을 사용했다. 그는 성경의 권위와 성경의 축자 영감을 인정하지 않는다면 필연적으로 예수 그리스도의 인격에 대한 어려움에 봉착하게 될 것이라고 말했다. (D. Martyn, Lloyd-Jones, 「성부 하나님, 성자 하나님」, 강철성 역 (서울: 기독교문서선교회, 2008), 46-9.) 그러나 현대 신학에서는 성경의 무오설과 축자영감설을 반박하는 학자들도 있다. 다니엘 L. 밀리오리(Daniel L. Migliore)는 성경의 무오성과 성경문자주의에 대해 다음과 같이 말했다. "성경의 무오성을 고집하는 것은 기독교적 확신의 참된 토대를 모호하게 만드는 결과를 가져온다. 성경의 권위를 성경문자주의적으로 이해하는 입장은 근대의 특징인 타율성 비판의 확실한 과녁이 된다. 성경문자주의적 견해는 성경의 권위를 인정하지만, 그릇된 기반 위에서 그렇게 한다....단순히 성경의 글자들이 무조건적으로 하나님의 말씀과 동일시된다는 모호한 확증 때문에 이런 식의 권위를 인정받는 것이다. 결과적으로 이런 동일시는 성경의 모든 텍스트 각각의 중요성을 획일화하는 경향이 있다." (Daniel L. Migliore, 「기독교 조직신학 개론」, 신옥수, 백충현 옮김 (서울: 새물결플러스, 2022), 104.)

용하신 것이다. 예수님이 성경에 대해 하신 말씀을 우리는 주목해야 한다. "내가 율법이나 선지자를 폐하러 온 줄로 생각하지 말라 폐하러 온 것이 아니요 완전하게 하려 함이라 진실로 너희에게 이르노니 천지가 없어지기 전에는 율법의 일점일획도 결코 없어지지 아니하고 다 이루리라"(마 5:17-18). 사람의 힘으로는 불가능하지만 하나님은 성경 저자 요나와 요나서의 한 단어, 한 문장, 한 어휘까지도 영감을 불어 넣으신 것이 확실하다. 그래서 성경 요나서는 수천 년이 지난 오늘도 교회와 성도에게 깊은 감동과 도전을 주고 있는 것이다.

2) 요나서에 나타난 일반계시

일반계시(general revelation)란 무엇일까? 계시는 하나님의 뜻을 열어서 보여준다는 뜻이다. 그러니 일반계시는 하나님께서 일반적인 방법으로 자신의 뜻을 열어 보여주신다는 뜻이다. 그렇다면 일반적이라는 것은 무슨 의미일까? 보통 우리가 일반적이라고 말할 때는 모든 때, 모든 장소, 모든 사람에게 적용되는 것을 뜻한다. 몇 가지 예를 들어 보겠다. "하늘에서 비가 내린다. 하나님은 세상 모든 사람들에게 공평하게 비를 내려주신다.", "때가 되면 사람들은 곡식과 과일을 추수한다. 하나님은 세상 모든 사람들이 땀 흘려 수고하며 기쁨의 수확을 하게 하신다." 이것은 특별한 것인가? 아니면 일반적인 것인가? 이것은 일반적인 현상이다. 인간은 자연법칙의 운행으로 비가 내린다고 생각하고, 가을 이 되면 수확을 한다고 생각한다. 이것을 신학적으로 하나님의 섭리, 하나님의 일반섭리라고 부른다.[5] 이렇게 당연한 원리를 동양 사상에서는 이치라고 말한다. 자연법칙 또는 자연의 이치에 따라 나타나는 현상들을 보면서 사람들은 보이지 않는 신이 자연법칙을 만들고 운행한다고 생각을 했다. 그러나 한 가지 부족한 것이 있는데 그것은 바로 그 신이 여호와 하나님이라는 것을 알 수 없다는 것이다. 웨인 그루뎀(Wayne Grudem)은 일반계시에 대해 다음과 같이 말했다.

> 피조물들로부터 모든 인류에게로 주어지는 하나님의 존재, 속성, 그리고 도덕적 율법에 대한 지식은 종종 '일반계시'라고 불린다(그 것은 모든 사람들에게 일반적으로 주어지기 때문이다). 일반계시 자연에 대한 관찰, 역사 속에서 영향을 미치시는 하나님의 섭리에 대한 관찰, 모든 인간들 안에 심어 놓으신 하나님의 존재와 율법에 대한 내적 감각을 통하여 주어진다.[6]

예수님도 악인과 선인 구분 없이 하나님께서 동일하게 비를 내려주신다고 말씀하셨다. "이같이 한즉 하늘에 계신 너희 아버지의 아들이 되리니 이는 하나님이 그 해를 악인과 선인에게 비추시며 비를 의로운 자와 불의한 자에게 내려주심이라"(마 5:45). 이 말씀을 풀어서 설명하면 하나님께서는 모든 시대, 모든 장소, 모

5) J. I, Packer, 「성경에 나타난 열 일곱 주제의 용어들」, 홍병창 옮김 (서울: 도서출판 엠마오, 1988), 28.
6) Wayne Grudem, 「성경핵심교리」, 김광열, 곽철근 역 (서울: CLC, 2004), 99.

든 사람 즉 일반적으로 그리고 자연을 통하여 하나님의 선하신 뜻을 나타내신다는 것이다. 성경은 일반계시에 대하여 다음과 같이 말하고 있다. "하늘이 하나님의 영광을 선포하고 궁창이 그의 손으로 하신 일을 나타내는도다 날은 날에게 말하고 밤은 밤에게 지식을 전하니 언어도 없고 말씀도 없으며 들리는 소리도 없으나 그의 소리가 온 땅에 통하고 그의 말씀이 세상 끝까지 이르도다 하나님이 해를 위하여 하늘에 장막을 베푸셨도다"(시 19:1-4). 사도 바울은 로마교회 성도에게 보낸 편지 서두에서 모든 만물 안에는 보이지 않는 하나님의 능력과 신성이 있다고 말했다. 이 말을 쉽게 표현하면 삼라만상, 모든 만물 안에는 보이지 않는 하나님의 능력과 신성이 깃들어 있는데, 사람들은 이 놀라운 자연을 보면서 위대한 신이 있다는 것을 조금은 느끼고 알 수 있다는 것이다. 이것이 바로 일반계시이다.

바울과 바나바는 루가오니아 성에서 복음을 전하고 성령의 능력을 행할 때, 사람들은 바나바를 제우스, 바울을 헤르메스 신이라고 칭송하면서 제사를 드리려고 했다. 바울은 사람들의 이런 행위를 저지하면서 다음과 같이 말했다.

"이르되 여러분이여 어찌하여 이러한 일을 하느냐 우리도 여러분과 같은 성정을 가진 사람이라 여러분에게 복음을 전하는 것은 이런 헛된 일을 버리고 천지와 바다와 그 가운데 만물을 지으시고 살아 계신 하나님께로 돌아오게 함이라 하나님이 지나간 세대에는 모든 민족으로 자기들의 길들을 가게 방임하셨으나 그러나 자기를 증언하지 아니하신 것이 아니니 곧 여러분에게 하늘로부터 비를 내리시며 결실기를 주시는 선한 일을 하사 음식과 기쁨으로 여러분의 마음에 만족하게 하셨느니라 하고 이렇게 말하여 겨우 무리를 말려 자기들에게 제사를 못하게 하니라"(행 14:15-18)

사람들에게 비를 내리시고 결실기를 주시는 선한 신이 있는데 세상 사람들은 그 신이 하나님이라는 것을 알지 못한다. 그것은 하나님께서 사람들에게 단지 신이 있다는 것을 아는 것까지 열어서 보여주신 것이다. 이것이 일반계시이다.

또 모든 사람들이 일반적으로 가지고 있는 것이 하나 있다. 바로 양심이다. "율법 없는 이방인이 본성으로 율법의 일을 행할 때에는 이 사람은 율법이 없어도 자기가 자기에게 율법이 되나니 이런 이들은 그 양심이 증거가 되어 그 생각들이 서로 혹은 고발하며 혹은 변명하여 그 마음에 새긴 율법의 행위를 나타내느니라"(롬 2:14). 사람들은 양심이 있기 때문에 잘못을 범하면 양심의 소리 즉 양심의 가책을 느끼게 된다. 이것 또한 하나님께서 행위에 대한 심판이 있다는 것을 사람들 안에 있는 양심을 통해 느끼게 하셨고, 이것을 비추어볼 때 잘못을 심판하는 신이 있다는 것을 사람들이 느낄 수 있게 하셨다. 그러나 그 심판의 신이 하나님이라는 것은 양심을 통해 알 수 없다. 단지 어떤 신이 존재한다는 것까지만 감지하게 하신 것이다. 이것은 모든 시대, 모든 장소, 모든 사람에게 동일하게 적용된다. 그래서 인간의 양심도 하나님께서 자신의 뜻을 나타내신 계시인데, 이것을 우리는 일반계시라고 부른다. 에릭슨은 일반계시의 방식을 다음과 같이 정리하여 말했다: "일반계시의 전통적인 양식은 세 가지이다:자연, 역사, 그리고 인간의 본질. 성경은 창조된 물체적 질서를 통해 하나님에 대한 지식이 가능하다고 제시한다."[7] 여기에서 일반계시의 중요한 특징이 하나 있다. 그것은 바로 일반계시는 말이 아닌 사물과 현상으로 나타난다는 것이다. 루이스 벌코프(Louis Berkhof)는 다음과 같이 말했다.

> 우리가 알고 있는 바와 같이 일반계시는 언어의 형태로 인간에게 주어지는 것이 아니다. 일반계시는 언어(verva)로 된 것이 아니라 사물(res)로 된 것이다. 그것은 인간 마음의 구성과 자연의 전체 구조 그리고 하나님의 섭리적인 다스리심의 과정으로 인간에게 오는, 인간의 지각과 의식을 향한 적극적인 나타남이다. 하나님의 생각들은 자연 현상들 속에, 인간의 의식 속에, 그리고 경험 및 역사의 사실에 나타나 있다.[8]

그렇다면 요나서 안에도 일반계시를 발견할 수 있을까? 당연히 찾을 수 있다. 요나를 태운 다시스로 가는 배는 바다에서 큰 폭풍을 만나게 되었다. 그때 사공들은 자신이 믿는 신의 이름을 부르며 도움을 요청했다. 자연현상 속에 불어 닥친 위기에서 모면하려

---

7) Millard J. Erickson, 「조직신학개론」, 나용화, 황규일 역 (서울: 기독교문서선교회, 2016), 46. Lloyd-Jones는 그의 저서에서 일반계시의 세 가지 국면이 있다고 말했다: 피조물, 섭리, 역사. (D. Martyn, Lloyd-Jones, 「성부 하나님, 성자 하나님」, 26-8.)
8) Louis Berkhof, 「조직신학」, 권수경, 이상원 옮김 (서울: 크리스챤다이제스트, 2001), 139.

고 안간힘을 쓰면서 신의 도움을 요청했던 것이다. "사공들이 두려워하여 각각 자기의 신을 부르고"(욘 1:5). 사공들은 바다와 폭풍을 일으키신 창조주 하나님을 알지 못했다. 그들이 가지고 있던 신지식은 일반계시로 알게 된 것이 전부였다. 예언자 요나는 바다와 폭풍뿐 아니라 모든 것을 창조하신 신이 있다는 것을 뱃사람들에게 다음과 같이 말했다. "그가 대답하되 나는 히브리 사람이요 바다와 육지를 지으신 하늘의 하나님 여호와를 경외하는 자로라 하고"(욘 1:9). 하나님은 어떤 분이신가? 바다와 육지를 지으신 하늘의 하나님 여호와이다. 요나는 뱃사람들이 알지 못하는 하나님의 더 깊은 지식을 가지고 있었다. 그러나 선장과 선원들은 그렇지 못했다. 그들이 가지고 있던 신지식은 하나님께서 모든 인간에게 보여주신 자연과 양심에 적용되는 일반계시였던 것이다. 요나서는 이런 일반계시를 잘 보여주는 구약성경의 예언서이다. 찬송가 79장은 하나님의 일반계시를 잘 표현하고 있다: "주 하나님 지으신 모든 세계 내 마음속에 그리어볼 때 하늘의 별 울려퍼지는 뇌성 주님의 권능 우주에 찼네 주님의 높고 위대하심을 내 영혼이 찬양하네 주님의 높고 위대하심을 내 영혼이 찬양하네."

3) 특별계시 요나서

성경에는 하나님의 말씀이 있는 것이 아니라 성경 그 자체가 하나님의 말씀이다. 그래서 성경은 일반적인 자연현상을 통해서 알려줄 수 없는 하나님의 특별한 뜻을 보여준다. 이것이 특별계시

(special revelation)이다. 여기에서 우리는 한 가지 질문을 해야
한다. "왜 특별계시가 필요한가?" 그 이유는 간단하다. 일반계시
로서는 불충분하기 때문이다.[9] 그렇다면 무엇이 불충분하다는 것
인가? 일반계시로는 하나님의 구원계획과 목적을 드러내는 것이
한계가 있고 불충분하다는 것이다. 그래서 특별계시가 필요한 것
이다. 특별계시는 하나님의 구원계획을 드러내는데, 예수 그리스
도의 성육신, 십자가, 부활, 승천, 재림에 관한 모든 진리를 알려
준다.[10] 특별계시를 가장 잘 소개한 성경은 히브리서이다.

> "옛적에 선지자들을 통하여 여러 부분과 여러 모양으로 우리 조상들에게
> 말씀하신 하나님이 이 모든 날 마지막에는 아들을 통하여 우리에게 말씀
> 하셨으니 이 아들을 만유의 상속자로 세우시고 또 그로 말미암아 모든 세
> 계를 지으셨느니라 이는 하나님의 영광의 광채시요 그 본체의 형상이시
> 라 그의 능력의 말씀으로 만물을 붙드시며 죄를 정결하게 하는 일을 하
> 시고 높은 곳에 계신 지극히 크신 이의 우편에 앉으셨느니라"(히 1:1-3)

옛적에 선지자들은 구약성경에 등장하는 예언자들을 뜻한다.
구약성경을 보면 하나님께서 다양한 방법으로 자신의 뜻을 말씀
하셨다. 직접 사람들에게 말씀하시기도 하셨고, 제사장의 우림과
둠밈, 제비뽑기, 꿈과 환상 등의 다양한 방법으로 하나님의 뜻을
열어 보여주셨다. 특별히 요나서는 제비뽑기 방법이 사용되었다.

---

9) Herman Bavinck, 「하나님의 큰 일」, 김영규 역 (서울: 기독교문서선교회, 1998), 53.
10) R. C. Sproul, 「모든 사람을 위한 신학」, 30.

기민석은 제비뽑기에 대해 다음과 같이 말했다.

> 성서에는 제비뽑기에 관한 기록이 다수 발견된다. 그 기록은 공동
> 체의 위기나 갈등 정황과 관련이 있다. 예상되는 분쟁과 위기를 방
> 지하기 위해서 공동체는 신의 뜻을 묻는 제비뽑기를 응용했다. 가
> 나안에서 땅을 나누고 분배할 때(수 18:10-11; 민 26:55), 친족 안
> 에 땅을 나눌 때(민 33:54), 군인을 뽑을 때(삿 20:9), 그들은 제비
> 뽑기를 했다. 더 나아가 죄인을 찾기 위해(수 7:14; 삼상 14:42), 속
> 죄제의 염소를 선택할 때(레 16:7-10), 특별한 정치문제나 노동문
> 제의 해결을 위해(삼상 10:20-21), 제사장의 직임을 위해서도 제
> 비를 뽑았다(눅 1:9).[11]

그런데 하나님의 가장 우월하고 탁월한 계시가 있는데 그것은
바로 예수 그리스도께서 사람의 몸을 입고 이 땅에 오신 것이다.
우리는 예수님께서 사람의 몸을 입고 이 땅에 오신 것을 성육신
사건이라고 부른다. 성육신 사건이 곧 특별계시이다. 또 성육신
하신 예수님의 모든 말씀과 행적을 기초로 하여 성경 기록자들이
각 교회에 예수님의 말씀의 의미를 재해석하고 적용하였다. "모든
성경은 하나님의 감동으로 된 것으로 교훈과 책망과 바르게 함과
의로 교육하기에 유익하니 이는 하나님의 사람으로 온전하게 하
며 모든 선한 일을 행할 능력을 갖추게 하려 함이라"(딤후 3:16-

---

11) 기민석, "평화 기제로서의 희생과 제비뽑기: 사사기 19-21장과 요나서 1장을 중심으로," 「복음과 실
천」 65집 (2020 봄): 12.

17). 예수님의 가르침을 각 교회에 해석하고 실천 가능한 적용을 기록한 책이 무엇일까? 그렇다. 기록된 말씀 곧 성경이다. 그래서 우리가 특별계시라고 말할 때 기록된 하나님의 말씀 즉 성경을 지칭하는 것이다.

그렇다면 특별계시가 문서로 기록된 이유는 무엇일까? 피영민은 특별계시인 성경이 문서화된 두 가지 목적에 대해 다음과 같이 말했다: "성경이 문서화된 두 가지 목적은 '진리를 더 잘 보존'하고 '진리를 더 잘 전파'하기 위해서입니다."[12] 그렇다. 하나님은 특별계시인 진리의 말씀을 보존하고 전파하기 위해 성경 기록자들에게 영감을 주어서 기록하게 하신 것이다. 특별계시의 핵심은 하나님의 구원 즉 하나님의 구속(救贖)이다.

에릭슨은 특별계시에 대해 다음과 같이 말했다: "특별계시는 특정한 시간, 특정한 장소에서 특정한 사람들에게 하나님께서 스스로를 드러내심으로써, 사람들이 그와 구속적인 관계를 맺을 수 있게 하시는 것을 의미한다."[13] 에릭슨도 특별계시의 핵심을 하나님의 구속과 구원이라고 말했다.

그렇다면 예언자 요나를 통해 기록하신 요나서는 하나님의 특별계시일까? 아닐까? 요나서는 하나님의 특별계시가 맞다. 그 이유는 요나서에서 하나님의 구원하심을 밝히 드러내고 있기 때문이다. 예언자 요나는 하나님의 명령을 거역하고 다시스로 도망을 가지만 하나님의 얼굴을 피할 수 없었다. 결국 그는 바다에 던져

12) 피영민, 「1689 런던 침례교 신앙고백서 해설」, 57.
13) Millard J. Erickson, 「조직신학개론」, 200.

졌고 삼일 동안 물고기 뱃속에 있었다. 요나는 물고기 뱃속에서 자신의 불순종의 죄를 회개하고 부르짖어 기도했다. 그리고 그는 하나님의 구원하심을 찬양했다. "내가 산의 뿌리까지 내려갔사오며 땅이 그 빗장으로 나를 오래도록 막았사오나 나의 하나님 여호와여 주께서 내 생명을 구덩이에서 건지셨나이다"(욘 2:6). 그리고 너무나 당연하지만 구원은 하나님께 속한 것이라고 고백했다. "나는 감사하는 목소리로 주께 제사를 드리며 나의 서원을 주께 갚겠나이다 구원은 여호와께 속하였나이다 하니라"(욘 2:9).

이와 동일한 신앙고백이 신약성경에 나온다. 바로 요한계시록이다. 사도 요한은 구원받은 하나님의 백성들이 자신들을 구원하신 하나님과 예수 그리스도께 신앙고백적인 찬양을 올려드리는 환상을 보았다.

"이 일 후에 내가 보니 각 나라와 족속과 백성과 방언에서 아무도 능히 셀 수 없는 큰 무리가 나와 흰 옷을 입고 손에 종려 가지를 들고 보좌 앞과 어린 양 앞에 서서 큰 소리로 외쳐 이르되 구원하심이 보좌에 앉으신 우리 하나님과 어린 양에게 있도다 하니 모든 천사가 보좌와 장로들과 네 생물의 주위에 서 있다가 보좌 앞에 엎드려 얼굴을 대고 하나님께 경배하여 이르되 아멘 찬송과 영광과 지혜와 감사와 존귀와 권능과 힘이 우리 하나님께 세세토록 있을지어다 아멘 하더라"(계 7: 9-12)

이 얼마나 놀랍고 영광스러운 모습인가! 구원하심이 보좌에 앉으신 하나님과 어린 양이신 예수 그리스도에게 속했다고 성도는 고백한다.

다시 요나서로 돌아가서 구원을 베푸시는 하나님의 모습을 살펴보겠다. 예언자 요나는 앗수르 니느웨 성으로 가서 하나님의 말씀을 전했다. 그가 선포한 말씀의 내용은 40일 후에 니느웨 성이 하나님의 심판으로 무너지게 된다는 것이었다. 요나의 전도를 들은 니느웨는 회개운동이 일어나게 되었고, 하나님은 뜻을 돌이키시고 심판을 거두셨다. 이런 하나님의 구원하심에 대해 요나는 화를 냈다. 그때 하나님은 요나에게 화를 내시기보다 오히려 그를 설득하셨다. "여호와께서 이르시되 네가 수고도 아니하였고 재배도 아니하였고 하룻밤에 났다가 하룻밤에 말라 버린 이 박넝쿨을 아꼈거든 하물며 이 큰 성읍 니느웨에는 좌우를 분변하지 못하는 자가 십이만여 명이요 가축도 많이 있나니 내가 어찌 아끼지 아니하겠느냐 하시니라"(욘 4:10-11). 앗수르 니느웨가 어떤 나라의 도시인가? 그들은 우상숭배의 땅이고 하나님의 백성과 주변 약소국들을 핍박하는 자들이었다. 그런 앗수르 니느웨는 마땅히 하나님의 심판을 받는 것이 당연한 것이었다. 그러나 하나님은 예언자 요나를 보내셔서 회개할 수 있도록 기회를 주셨다. 성경은 요나서를 통해 무엇을 말씀하려는 것일까? 분명하다. 요나서는 오직 여호와 하나님만이 온 세상의 창조주이시면서 구원자가 되신다는 것을 말하고 있는 것이다. 그렇다. 요나서는 하나님의 구원을 기록한 특별계시로서의 하나님의 말씀이다.

2. 신론

1) 요나서에 나타난 하나님의 이름 '엘로힘'

요나서에 하나님의 이름인 엘로힘(Elohim)이 기록되어 있다. 성경에서는 엘로힘을 하나님이라고 번역했다. 그렇다면 엘로힘은 무슨 뜻일까? 엘로힘은 히브리어의 힘 또는 능력을 의미하는 어근에서 유래되었고, 하나님의 초월성과 구별되심을 표현하는 호칭이다.[14] 그 뜻은 초자연자, 초능력자이다.[15] 초자연자, 초능력자라는 것은 모든 피조물보다 뛰어나며 무한한 능력을 소유했다는 것을 의미한다. 이 말을 다르게 표현하면 엘로힘은 창조와 섭리의 하나님, 최고의 신이라는 뜻이다.[16] 그런데 엘로힘은 단수가 아니라 복수형으로 기록되어 있다. 그 이유는 무엇일까? 첫째, 성부, 성자, 성령 삼위일체 하나님으로 존재하기 때문에 복수형으로 기록되었다. 둘째, 히브리어에서는 대단한 능력, 웅장하고 장엄하고 큰 위엄을 나타낼 때 복수형으로 사용한다.[17] 이런 표현법을 '장엄복수' (plural of majesty)라고 부른다.[18] 교회에서 애창되고 있는 찬양을 소개한다. 이 찬양은 엘로힘, 전능하신 하나님을 잘 표현하고 있다. 이 찬양의 제목은 '전능하신 주 나의 하

---

14) Eugene H. Merrill, 「구약신학」, 김상진, 성주진, 류근상 옮김 (서울: 크리스챤출판사, 2012), 73.

15) J. I, Packer, 「성경에 나타난 열 일곱 주제의 용어들」, 57.

16) T. C. Hammond, 「간추린 조직신학」, 나용화 역 (서울: 기독교문서선교회, 1994), 66.

17) D. Martyn, Lloyd-Jones, 「성부 하나님, 성자 하나님」, 117.

18) T. C. Hammond, 「간추린 조직신학」, 66.

나님은'이다.

> 전능하신 나의 주 하나님은 능치 못하실 일 전혀 없네 우리의 모든 간구도 우리의 모든 생각도 우리의 모든 꿈과 모든 소망도 신실하신 나의 주 하나님은 우리의 모든 괴로움 바꿀 수 있네 불가능한 일 행 하시고 죽은 자를 일으키시니 그를 이길 자 아무도 없네 주의 말씀 의지하여 깊은 곳에 그물 던져 오늘 그가 놀라운 일을 이루시는 것 보라 주의 말씀 의지하여 믿음으로 그물 던져 믿는 자에게 능치 못함 없네.

2) 요나서에 나타난 하나님의 이름 '여호와'

요나서에 등장하는 하나님의 또 다른 이름은 여호와(Yahweh)이다. 여호와는 히브리어로 야훼(YHWH)라고 말한다. 어떤 경우에는 야훼라고 부르기도 하고, 어떤 때는 여호와라고 부르는데 이유가 무엇일까? 우선 야훼와 여호와는 동일한 용어이다. 야훼는 히브리어이고, 여호와는 독일식 표현이다. 한글 성경은 독일식 표현법을 따라 여호와라고 번역한 것이다. 교회 안에서는 여호와라는 명칭을 주로 사용하지만 학술 세계에서는 야훼라는 명칭을 많이 사용하고 있다.[19] 그렇다면 여호와의 뜻은 무엇일까? 여호와는 '스스로 계신 분', '자비로우신 주권자'[20], '주', '내재하고 가까

---

19) 김상진, 「엘리야와 엘리사 기적이야기」 (서울: 에스라서원, 2020), 28.
20) J. I. Packer, 「성경에 나타난 열 일곱 주제의 용어들」, 57.

이 계시는 분'[21]이라는 뜻이다.

> "하나님이 모세에게 이르시되 나는 스스로 있는 자이니라 또 이르시되 너는 이스라엘 자손에게 이같이 이르기를 스스로 있는 자가 나를 너희에게 보내셨다 하라 하나님이 또 모세에게 이르시되 너는 이스라엘 자손에게 이같이 이르기를 너희 조상의 하나님 여호와 곧 아브라함의 하나님, 이삭의 하나님, 야곱의 하나님께서 나를 너희에게 보내셨다 하라 이는 나의 영원한 이름이요 대대로 기억할 나의 칭호니라"(출 3:14-15)

"나는 스스로 있는 자"라는 뜻이 무엇일까? 영어로 "I am that I am."이다. 스스로 있는 자라는 말은 과거에도 있었고, 지금도 있고, 미래에도 있는 존재라는 의미이다. "과거, 현재, 미래에도 있는 분이라고?" 이렇게 표현된 성경말씀을 들어 본 적이 있는가? 만약 들어 본 경험이 있다면 당신은 신약성경 요한계시록을 떠올렸을 것이다. 그렇다. 바로 이 말씀이다. "요한은 아시아에 있는 일곱 교회에 편지하노니 이제도 계시고 전에도 계셨고 장차 오실 이와 그의 보좌 앞에 있는 일곱 영과"(계 1:4). 구약성경에 나오는 여호와(YHWH)의 신약적 표현이 '이제도 계시고 전에도 계셨고 장차 오실 이'다. 이것은 출애굽기 3장에 근거한 것이며, 영원하신 하나님 즉 여호와를 가리킨다. 로버트 마운스(Robert H. Mounce)는 '이제도 계시고 전에도 계셨고 장차 오실 이'에 대해

---

21) Eugene H. Merrill, 『구약신학』, 73.

다음과 같이 말했다: "첫 번째 언급되는 것은 이제도 계시고 전에도 계셨고 장차 오실 이다. 하나님의 거룩한 이름(YHWH)을 바꾸어 말한 이 언급은 출애굽기 3장 14-15절에서 유래한 것이며, 모든 시간이 하나님의 영원한 현존 안에 붙잡혀 있다는 사실을 환기한다."[22]

이 말씀은 변증적 성격이 강하다. 헬라인들은 그리스의 주신 곧 최고의 신으로 여겨졌던 제우스를 신봉했다. 그들은 제우스에게 그들의 신앙고백이 담긴 찬송을 불렀다. "제우스는 있었고, 제우스는 있고, 제우스는 있을 것이다."[23] 사도 요한은 소아시아 일곱 교회 성도에게 영원한 신은 제우스가 아니라 구약성경에서 계시된 여호와 하나님만이 참된 주님이시며 구원자라는 것을 선언한 것이다. 그래서 요한은 엘로힘과 여호와라는 이름을 직, 간접적으로 요한계시록에 기록했다. "우리 주 하나님이여 영광과 존귀와 권능을 받으시는 것이 합당하오니 주께서 만물을 지으신지라 만물이 주의 뜻대로 있었고 또 지으심을 받았나이다 하더라"(계 4:11). 엘로힘은 능력이 많은 위대하신 하나님을 의미한다면 여호와는 자비롭고 자신의 택한 백성들과 하신 약속을 신실하게 지키시는 분이라는 뜻을 함유하고 있다. 교회 성도에게 널리 알려진 찬양이 있다. 이 찬양의 가사는 여호와 즉 야훼가 어떤 분이신가를 잘 표현하고 있다. 이 찬양의 제목은 '여호와 나의 목자'이다: "여호와 나의 목자 내게 부족 없네 푸르른 초장 위에 나의

---

22) Robert H. Mounce, 「요한계시록」, 「NICNT」, 장규성 옮김 (서울: 부흥과개혁사, 2019), 74.
23) 박수암, 「요한계시록」 (서울: 대한기독교서회, 1998), 44.

몸 누이시네 선한 목자 오 나의 목자여 생수가 넘치는 곳 날 인
도 하시네."

3) 요나서에 나타난 하나님의 성품

예언자 요나는 하나님의 성품을 다섯 가지로 표현했다. "여호
와께 기도하여 이르되 여호와여 내가 고국에 있을 때에 이러하겠
다고 말씀하지 아니하였나이까 그러므로 내가 빨리 다시스로 도
망하였사오니 주께서는 은혜로우시며 자비로우시며 노하기를 더
디하시며 인애가 크시사 뜻을 돌이켜 재앙을 내리지 아니하시는
하나님이신 줄을 내가 알았음이니이다"(욘 4:2). 요나의 신앙고백
은 독창적인 것이 아니라 벌써 다른 구약성경에서 사용했던 일반
적인 표현법이다. "여호와께서 그의 앞으로 지나시며 선포하시되
여호와라 여호와라 자비롭고 은혜롭고 노하기를 더디하고 인자
와 진실이 많은 하나님이라"(출 34:6). "그러나 주여 주는 긍휼히
여기시며 은혜를 베푸시며 노하기를 더디하시며 인자와 진실이
풍성하신 하나님이시오니"(시 86:15). 이제 요나서에 나오는 하
나님의 성품을 조금 더 구체적으로 살펴보도록 하겠다.

(1) 은혜로우신 하나님

예언자 요나는 은혜로우신 하나님이라고 말했다. 우리말 '은혜
로우시며'는 히브리어 형용사 한눈(ḥan·nūn)이고 영어로 그레이

셔스(gracious)이다. 그렇다면 '하나님의 은혜'와 '은혜로우신 하나님'이라는 뜻은 무엇일까? 결론적으로 말하면 하나님께서 죄인과 성도에게 아무런 조건 없이 과분하고 넘치는 일방적인 호의(favor)를 베푸시는 것이다.[24] 제임스 패커(J. I. Packer)는 은혜에 대해 다음과 같이 말했다: "은혜는 버림받아야 함에도 불구하고 주시는 하나님의 자비와 무가치한 자에게 주시는 그의 공로 없는 사랑을 말한다."[25] 여기에서 질문을 하나 해 보겠다. 요나는 자신의 고국 이스라엘이 하나님의 은혜를 받을 만한 존재라고 생각했을까? 당연히 언약 백성이고 택함 받은 선민으로서 하나님의 은혜를 받을만한 대상이라고 생각했다. 그렇다면 요나는 앗수르 니느웨 사람들은 하나님의 은혜를 받을 만한 존재라고 생각했을까? 절대 아니다. 요나는 앗수르 니느웨가 하나님의 은혜를 받을 만한 가치가 없는 존재라고 생각했다. 그리고 하나님의 은혜를 받아서도 안 되고 오히려 심판과 저주를 받아야 마땅하다고 여겼다. 왜 그렇게 생각했을까? 그들은 우상숭배자이고, 이스라엘과 주변국을 괴롭히는 악인 중의 악인이었기 때문이다. 그러한 앗수르 니느웨에 자신을 보내어 하나님의 심판을 선포하게 한다는 것이 이해가 되지 않았고 무조건적으로 싫었던 것이다. 그냥 40일 후에 소돔과 고모라와 같이 하나님의 심판으로 멸망하기를 원했다. 그런데 하나님의 말씀을 들은 니느웨성 사람들은 어떤 반응을 보였나? 그들은 하나님을 믿고, 금식하면서 회개했다. 정말 하나님의

---

24) Eugene H. Merrill, 「구약신학」, 105.
25) J. I. Packer, 「성경에 나타난 열 일곱 주제의 용어들」, 124.

은혜를 받을만한 가치가 없는 니느웨 사람들에게 은혜로우신 하나님은 구원을 베푸신 것이다. 그렇다. 앗수르 니느웨는 하나님의 심판을 받을 수밖에 없는 죄인이었지만 그 어떤 조건도 없이 하나님의 과분하고 넘치는 일방적인 호의를 받은 것이다. 성경은 이것을 은혜라고 말하고, 이런 하나님의 성품을 은혜롭다고 말하는 것이다. 앗수르 니느웨는 은혜로우신 하나님의 성품이 아니었다면 소돔과 고모라와 같은 심판을 받았을 것이다.

(2) 자비로우신 하나님

예언자 요나는 자비로우신 하나님이라고 말했다. 한글성경 '자비로우시며'는 히브리어 어근 레헴(rehem)이며, 이 낱말은 '태'(womb) 또는 '자궁'이다.[26] 고대 이스라엘 사람들은 '자궁'과 '자비' 사이에 상관관계가 있다고 생각했다. 자궁은 어떤 역할을 하는 기관인가? 자궁은 생명을 보호하고 양육하는 곳이다. 그런데 자궁은 잉태된 아이를 계속 잡아두지 않는다. 즉 소유하거나 지배하지 않는다. 때가 차면 생명을 세상으로 기꺼이 내어준다. 이 과정에서 자궁은 많은 희생을 치른다. 그렇지만 자신의 생명을 포기할지라도 새로운 생명을 위해서 온전히 희생한다. 그야말로 자궁은 어머니와 같은 모성적 기관이다.[27] 왜 자궁이라는 단어와 자비라는 단어의 히브리어 어원이 같은 것일까? 그 이유는 하나

---

26) James Limburg, 「호세아-미가」, 「현대성서주석」, 245.
27) "자비," 「청지기 성경사전」.

님의 자비가 인간과 피조물의 생명을 살리기 때문이다. 그리고 그들을 향한 관심과 사랑 그리고 희생을 하기 때문이다.[28]

　에릭슨은 자비에 대해 다음과 같이 말했다: "하나님의 자비는 자기 백성들을 향한 하나님의 동정적이고, 사랑하시는 연민의 마음이다. 이것은 가난한 사람들을 향한 마음의 온유함이다. 만약 은혜가 사람을 죄인이고, 범죄하고, 구원받을 수 없는 존재로 생각한다면 자비는 인간을 불쌍하고 가난한 존재로 본다."[29] 시편의 시인은 이렇게 기도했다. "나는 가난하고 궁핍하오나 주께서는 나를 생각하시오니 주는 나의 도움이시요 나를 건지시는 이시라 나의 하나님이여 지체하지 마소서"(시 40:17). 시인은 하나님의 자비하심을 간구했던 것이다. 위의 내용을 종합하면 하나님의 자비로우심은 자녀를 불쌍히 여기는 어머니의 심정인 것이다. 그렇다면 왜 요나는 하나님이 자비로우시다고 말을 한 것일까? 그 이유는 하나님께서 앗수르 니느웨 백성들과 동물들을 불쌍히 여기셨기 때문이다. 하나님은 니느웨 백성들이 멸망하는 것을 결코 기뻐하지 않으셨다. 왜냐하면 하나님은 이스라엘의 하나님이시면서 이방인 니느웨 백성들의 하나님이시기 때문이다. 이스라엘은 하나님의 언약백성이고 택함 받은 백성들이 맞지만 그렇다고 해서 하나님을 자신들의 하나님으로만 독점할 수 없었던 것이다. 니느웨는 하나님의 자비로움이 없었다면 심판을 면하지 못했을 것이 분명하다. "하물며 이 큰 성읍 니느웨에는 좌우를 분변하지

---

28) 송병현, 「호세아·요엘·아모스·오바댜·요나」, 「엑스포지멘터리」, 818.
29) Millard J. Erickson, 「조직신학개론」, 334.

못하는 자가 십이만여 명이요 가축도 많이 있나니 내가 어찌 아끼지 아니하겠느냐 하시니라"(욘 4:11).

(3) 노하기를 더디 하시는 하나님

예언자 요나는 노하기를 더디 하시는 하나님이라고 말했다. '노하기를 더디 하시며'는 히브리어로 에레크 압파임(erek appay-im)이다. 송병현은 노하기를 더디 하시는 하나님에 대해 다음과 같이 말했다.

> 이 문구를 해석하면 '긴 코를 가지다'라는 뜻이다(잠 14:29, 15:18, 16:32). 히브리 사람은 화가 나면 코에서 열이 나는 것으로 이해했다. 그러므로 코가 길면 그만큼 열을 식힐 수 있는 공간이 많아서 화를 더디 낸다고 생각했다. 그러므로 하나님을 긴 코를 가진 분으로 묘사하는 것은 하나님은 다정하고 자비가 많으신 분이라는 의인법이다.[30]

구약성경에 기록된 '노하기를 더디 하시며'라는 표현은 주로 신약성경에 '오래 참으심'으로 번역되었다. 그렇다면 하나님께서 오래 참으신 대표적인 사건이 있을까? 창세기에 나오는 노아의 홍수가 대표적이다. 온 세상을 물로 심판하시기까지 하나님은 오래

---

30) 송병현, 「호세아·요엘·아모스·오바댜·요나」, 「엑스포지멘터리」, 818.

참으셨다. 사도 베드로는 로마교회 성도에게 오래 참으신 하나님에 대해 말했다. "그들은 전에 노아의 날 방주를 준비할 동안 하나님이 오래 참고 기다리실 때에 복종하지 아니하던 자들이라 방주에서 물로 말미암아 구원을 얻은 자가 몇 명뿐이니 겨우 여덟 명이라"(벧전 3:20). 그 이유는 무엇일까? 베드로는 그 이유를 이렇게 말했다. "주의 약속은 어떤 이들이 더디다고 생각하는 것 같이 더딘 것이 아니라 오직 주께서는 너희를 대하여 오래 참으사 아무도 멸망하지 아니하고 다 회개하기에 이르기를 원하시느니라"(벧후 3:9). "또 우리 주의 오래 참으심이 구원이 될 줄로 여기라"(벧후 3:15). 하나님께서 오래 참으시는 이유는 믿지 않는 사람들이 회개하고 구원을 얻을 수 있도록 기회를 주기 위해서이다. 그렇다면 요나서에는 노하기를 더디 하시는 하나님의 모습을 찾아볼 수 있을까? 당연할 뿐 아니라 분명하게 나온다. 하나님은 예언자 요나에게 니느웨에 대한 심판을 말씀하셨다. 그러나 앗수르 니느웨의 심판이 결코 하나님의 뜻은 아니었다. 하나님은 니느웨 사람들에게 사십 일의 시간을 주었다. 니느웨 사람들은 요나의 전도를 듣고 회개했다. 사람들을 구원하기 위해 오래 참으시는 하나님의 성품이 요나서에 잘 나타난다.

(4) 인애가 크신 하나님

예언자 요나는 인애가 크신 하나님이라고 말했다. '인애가 크시사'는 히브리어 '웨라브 헤세드'(wərab ḥeseḏ)로서 하나님의 사랑을 의미한다.[31] 우리말 인애로 번역된 헤세드를 인자라고 번역하기도 한다. 헤세드라는 단어가 나오면 제일 먼저 생각할 것이 있는데 그것은 바로 언약 혹은 계약이다.[32] 하나님께서 인애가 크신 분이라고 할 때, 하나님의 백성 이스라엘과 맺으신 언약을 신실하게 지키신다는 의미를 내포하고 있는 것이다. 더 나아가 혹시 이스라엘 백성들이 언약관계를 성실하게 지키지 못하고 깨뜨렸다 할지라도 하나님께서는 그들을 용서하셔서 언약관계를 유지하셨다.

요나서를 읽어보면 하나님의 인애와 심판이 연관되어 있다는 것을 발견할 수 있다. 앗수르 니느웨 사람들은 요나의 전도를 듣고 하나님의 인애로 심판에서 벗어나 구원을 받게 되었다. 요나서에 나타난 여호와 하나님은 어떤 분이신가? 하나님은 죄인이 회개하면 기꺼이 용서하시는 분이시다. 다르게 표현하면 용서하시겠다고 언약하셨다. 만약 니느웨 사람들이 회개하지 않았다면 니느웨는 하나님의 말씀대로 무너졌을 것이다. "요나가 그 성읍에 들어가서 하루 동안 다니며 외쳐 이르되 사십 일이 지나면 니느웨가 무너지리라 하였더니"(욘 3:4). 우리말 '무너지리라'는 히브리어 네흐파케트(nehpāket)이다. 이 단어는 창세기의 소돔과 고모라 심판 사건에 나온다. 제임스 림버그(James Limburg)는 '무너지리라'에 대해 다음과 같이 말했다: "요나의 메시지는 40일 안에 니느웨가 무너지리라는 것이었다. '무너진다'(overthrown)

---

31) Millard J. Erickson, 「조직신학개론」, 330.
32) James Limburg, 「호세아-미가」, 「현대성서주석」, 245.

는 낱말은 성서에서 소돔과 고모라, 곧 주께서 유황과 불을 비처럼 내려 엎으신(overthrew) 악한 성읍들과 관련하여 사용된다(창 19:24-25: 29절 참조)."[33] 하나님은 소돔과 고모라 심판 중에도 롯의 가정을 기억하시고 구원하셨다. 그 이유는 아브라함과 맺은 언약 때문이었다. 하나님은 아브라함과 맺은 언약을 신실하게 이행하신 것이다. 이것이 가능했던 근본적인 이유는 바로 인애 즉 헤세드 때문이다. 이 원리는 요나서에도 동일하게 적용되었다. 비록 이방인이라 할지라도 여호와 하나님께 회개하고, 하나님을 믿는 자는 구원을 받게 되는 것이다(욘 3:5). 이 모든 것의 근저에는 하나님의 인애, 헤세드가 있다. 찬송가 279장은 인애하신 하나님을 잘 표현하고 있다: "인애하신 구세주여 내가 비오니 죄인 오라 하실 때에 날 부르소서 주여 주여 내가 비오니 죄인 오라 하실 때에 날 부르소서."

(5) 재앙을 내리지 아니하시는 하나님

예언자 요나는 재앙을 내리지 아니하시는 하나님이라고 말했다. '재앙을 내리지 아니하시는'은 히브리어 '웨니함 알 하라아'(wəniḥam al haraah)이다. 요나서에서 재앙을 내리지 아니하시는 하나님은 죄인들에게 내리려고 했던 재앙을 거두시는 하나님이다. 우리가 잘 알고 있듯이 요나서는 예언서이다. 예언서는

---

33) Ibid., 241.

주로 이스라엘이 종교적, 도덕적으로 타락했을 때, 죄인들을 회개시키려는 목적으로 경고하는 말씀이다.[34] 만약 하나님께서 회개시키려는 의도가 없었다면 예언자들을 보내지도 않았을 것이다. 그렇다. 하나님의 뜻은 죄인들에게 심판과 재앙을 내리는 것이 아니라 말씀을 듣고 뉘우치고 돌이키는 것이다. 특별히 요나서는 요나를 통해 앗수르 니느웨를 향해 경고의 말씀을 선포하게 했다. 요나는 억지로 니느웨 사람들에게 하나님의 말씀을 전했다. 그런데 요나는 니느웨 백성들이 회개하지 않고 심판받기를 원했다. 그러나 요나의 전도를 들은 니느웨 사람들은 회개했고, 하나님은 계획하셨던 심판을 취소하셨다. 요나서는 택함 받은 이스라엘뿐 아니라 이방국가까지도 회개하고 심판을 받지 않기를 원하시는 하나님의 성품에 대해 말하고 있는 것이다.

3. 기독론

1) 예수님과 요나의 연관성

요나서는 구약성경에 속한 예언서이다. 이 말은 요나서에서 예수 그리스도에 관한 직접적인 내용을 발견할 수 없다는 것이다. 그렇다면 요나서는 예수 그리스도와 아무런 상관이 없는가? 결코

---

34) 권종선, 「해석과 비평」, 143.

그렇지 않다. 그 해답은 신약성경 복음서에서 찾을 수 있다. "너희가 성경에서 영생을 얻는 줄 생각하고 성경을 연구하거니와 이 성경이 곧 내게 대하여 증언하는 것이니라"(요 5:39). 우리가 구약성경을 연구하는 것은 구약성경이 예수 그리스도에 대해 증언하기 때문이다. 이 말은 구약성경 요나서 안에도 예수 그리스도의 예표가 있다는 것을 의미한다. 마태복음과 누가복음을 보면 요나에 대한 예수님의 말씀이 기록되어 있다.

"그 때에 서기관과 바리새인 중 몇 사람이 말하되 선생님이여 우리에게 표적 보여주시기를 원하나이다 예수께서 대답하여 이르시되 악하고 음란한 세대가 표적을 구하나 선지자 요나의 표적 밖에는 보일 표적이 없느니라 요나가 밤낮 사흘 동안 큰 물고기 뱃속에 있었던 것 같이 인자도 밤낮 사흘 동안 땅 속에 있으리라 심판 때에 니느웨 사람들이 일어나 이 세대 사람을 정죄하리니 이는 그들이 요나의 전도를 듣고 회개하였음이거니와 요나보다 더 큰 이가 여기 있으며 심판 때에 남방 여왕이 일어나 이 세대 사람을 정죄하리니 이는 그가 솔로몬의 지혜로운 말을 들으려고 땅 끝에서 왔음이거니와 솔로몬보다 더 큰 이가 여기 있느니라"(마 12:38-42)

"무리가 모였을 때에 예수께서 말씀하시되 이 세대는 악한 세대라 표적을 구하되 요나의 표적 밖에는 보일 표적이 없나니 요나가 니느웨 사람들에게 표적이 됨과 같이 인자도 이 세대에 그러하리라 심판 때에 남방 여왕이 일어나 이 세대 사람을 정죄하리니 이는 그가 솔로몬의 지혜로운 말을 들으려고 땅 끝에서 왔음이거니와 솔로몬보다 더 큰 이가 여기 있으며 심판 때에 니느웨 사람들이 일어나 이 세대 사람을 정죄하리니 이는 그들이 요나의 전도를 듣고 회개하였음이거니와 요나보다 더 큰 이가 여기 있느니라"(눅 11:29-32)

예수님은 요나의 표적과 예수님의 죽음과 부활을 연결해서 말씀했다.[35] 이 말씀에 근거해서 요나서 안에 나타난 기독론을 우리는 찾을 수 있다. 그렇다면 기독론이란 무엇인가? 스탠리 그랜즈(Stanley J. Grenz)는 기독론에 대해 다음과 같이 말했다: "기독론은 그리스도인들이 나사렛 예수라고 선포하는 그리스도의 정체성 및 사역(mission)에 관한 연구이다."[36] 이제 요나서에 나타난 예수 그리스도의 신성, 인성, 사역을 살펴보도록 하겠다.

2) 요나서에 예표로 나타난 예수 그리스도의 신성

요나는 사흘 동안 큰 물고기 뱃속에 있었다. 이것은 이적 즉 표적이다. 그래서 예수님은 요나의 표적이라고 말씀하셨다. 표적이란 무엇일까? 표적은 선포된 말씀이 거짓이 아니라 참된 것이라는 것을 증명하는 기적을 의미한다.[37] 요나의 표적은 예수 그리스도의 죽음과 부활에 대한 예표인 것이다. 예수님의 표적은 하나님의 능력으로 가능하다. 하나님의 아들이신 예수님께서 신성을 가

---

35) Douglas R. A. Hare, 「마태복음」, 「현대성서주석」, 최재덕 역 (서울: 한국장로교출판사, 2001), 209.
36) Stanley J. Grenz, 「조직신학」, 신옥수 옮김 (서울: 크리스챤다이제스트, 2003), 367.
37) John A. Martin, 「마태복음」, 「BKC강해주석」, 정민영 옮김 (서울: 두란노, 2011), 105.

지신 분이라는 것을 표적으로 계시하신 것이다. 우리는 사복음서를 알고 있다. 사복음서의 중심에는 예수님이 계신다. 마태복음은 왕으로 오신 예수님, 마가복음은 종으로 오신 예수님, 누가복음은 사람의 아들 즉 인자로 오신 예수님, 요한복음은 하나님이신 예수님을 중심주제로 기술했다. 특히 요한복음에는 예수님께서 표적을 행하신 내용이 나온다. 예수님은 이 땅에 계실 때 몇 번 표적을 행하셨을까? 사도 요한은 예수님의 행하신 일을 모두 기록한다는 것은 불가능하다고 말했다. "예수께서 행하신 일이 이 외에도 많으니 만일 낱낱이 기록된다면 이 세상이라도 이 기록된 책을 두기에 부족할 줄 아노라"(요 21:25). 예수님께서 행하신 표적은 매우 많았다는 뜻이다. 그런데 이 많은 표적들 중에서 몇 개가 요한복음에 기록되어 있을까? 요한복음에 나타난 표적은 총 일곱 개다. 요한복음에 나타난 예수님의 일곱 가지 표적들의 내용은 다음과 같다.[38] 첫째 가나에서 물로 포도주를 만드심(2:1-11), 둘째, 가버나움에서 왕의 신하의 아들을 치유하심(4:46-54) 셋째, 예루살렘의 베데스다 못가에서 환자를 치유하심(5:1-18) 넷째, 갈릴리 바닷가에서 5000명을 먹이심(6:5-14) 다섯째, 갈릴리 바다 위를 걸으심(6:16-21) 여섯째. 예루살렘에서 소경을 치유하심(11:1-45) 일곱째, 베다니에서 죽은 나사로를 일으키심(11:1-45)이다.

그렇다면 예수님의 표적을 성경에 기록한 목적은 무엇일까? 그 이유는 예수님께서 신성을 가지신 하나님의 아들이라는 것을 성

---

38) Edwin A. Blum, 「요한복음」, 「BKC강해주석」, 임성빈 옮김 (서울: 두란노, 1996), 10.

경 독자들에게 알려주기 위함이다. 그렇다면 요나의 표적은 독자
들에게 어떤 의미를 주는 것일까? 그것은 요나의 표적이 하나님
으로부터 왔듯이 예수 그리스도의 표적도 하나님께로부터 온 것
이라는 것을 성경 독자들에게 알려주기 위함이다.

3) 요나서에 예표로 나타난 예수 그리스도의 인성과 사역

요나서는 인간의 이성을 초월한 이야기들이 있다. 그 대표적인
것이 큰 물고기 뱃속에서 삼일 동안 있었던 요나 이야기다. 어떤
사람들은 요나서를 신화라고 말하고 어떤 사람들은 비유와 상징
이라고 말한다. 요나서 자체만 놓고 본다면 이런 주장들이 어느
정도 설득력이 있을 수 있다. 그러나 마태복음과 누가복음에 기록
된 예수님의 말씀과 연관 지어 본다면 요나서는 결코 신화, 비유,
상징일 수 없다. 그 이유가 무엇일까? 예수님이 분명하게 말씀하
셨다. "요나가 밤낮 사흘 동안 큰 물고기 뱃속에 있었던 것 같이
인자도 밤낮 사흘 동안 땅 속에 있으리라"(마 12:40). 요나가 삼일
동안 물고기 뱃속에 있었던 내용이 신화, 비유, 상징이라면 예수
님께서 삼일 동안 무덤에 장사된 것도 신화, 비유, 상징이 되어야
한다. 그러나 예수님의 죽음과 부활은 신화, 비유, 상징이 아니라
역사적 사실이다. 예수님의 죽음과 부활이 역사적 사실이라는 것
은 인간의 몸을 입고 이 땅에 오셨기 때문에 가능하다.

이 땅에 인간의 몸을 입고 오신 것을 우리는 성육신이라고 부르

고, 영어로 인카네이션(Incarnation)이라고 부른다.[39] 성육신이란 로고스 즉 말씀이신 하나님이 참 인간이 되었다는 의미이다. "말씀이 육신이 되어 우리 가운데 거하시매 우리가 그의 영광을 보니 아버지의 독생자의 영광이요 은혜와 진리가 충만하더라"(요 1:14). 예수님의 죽음과 부활이 역사적 실제라는 것은 동정녀 마리아를 통해 탄생하셨고 삼 년 반 동안 공생애 사역을 제자들과 함께 로마시대 역사 속에서 실제로 행하였다는 사실을 증명하는 것이다. 더 나아가 예수님의 승천도 실제 사실이며, 아직 성취되지 않은 주님의 다시 오심 즉 재림도 역사적 사실이 될 것이라는 것을 말해주는 것이다. 알리스터 맥그래스(Alister E. McGrath)는 성육신에 대해 다음과 같이 말했다: "성육신(Incarnation)이란 하나님이 우리를 천국으로 인도하시려고 우리가 사는 세상과 우리의 역사 속에 우리 가운데 한 분으로 들어오신 것을 말한다."[40] 종합하면 예수 그리스도는 참 인간이 되셔서 인성을 가지고, 이 땅에 성육신하셔서 탄생, 유아기, 유년기, 청소년기, 공생애 사역, 십자가의 수난과 죽음, 장사되시고 삼일 후에 부활하심과 승천까지 그리스도로서 모든 사역들을 완수했다.[41] 예수 그리스도는 장래에 재림까지도 완수하실 것이다.

---

39) 김용복, 「회중주체적 조직신학」 (대전: 하기서원, 2017), 294.

40) Alister E. McGrath, 「한 권으로 읽는 기독교」, 전의우 옮김 (서울: 생명의말씀사, 2014), 259.

41) Millard J. Erickson, 「조직신학개론」, 401-7. 에릭슨은 그리스도의 사역의 단계들을 크게 두 개로 나누어서 설명했다. 하나는 비하(The Humiliation)로써 ①성육신(Incarnation) ②죽음(Death)에 대해 기술했다. 다른 하나는 승귀(The Exaltation)로써 ①부활(Resurrection) ②승천과 아버지 우편에 앉으심(Acsension and Session at the Father's Right Hand) ③재림(Second Coming)에 대해 말했다.

4. 성령론

1) 구약성경에 나타난 성령

삼위일체 하나님의 제3위이신 성령에 대한 내용은 구약성경보다 신약성경에서 자세하게 나타난다. 그렇다고 구약성경이 성령에 대해 간과하는 것은 아니다. 다음의 성경구절은 구약성경에 나타난 성령에 대한 말씀이다.

"모세가 이스라엘 자손에게 이르되 볼지어다 여호와께서 유다 지파 훌의 손자요 우리의 아들인 브살렐을 지명하여 부르시고 하나님의 영을 그에게 충만하게 하여 지혜와 총명과 지식으로 여러 가지 일을 하게 하시되"(출 35:30-31)

"모세가 그에게 이르되 네가 나를 두고 시기하느냐 여호와께서 그의 영을 그의 모든 백성에게 주사 다 선지자가 되게 하시기를 원하노라"(민 11:29)

"내가 붙드는 나의 종, 내 마음에 기뻐하는 자 곧 내가 택한 사람을 보라 내가 나의 영을 그에게 주었은즉 그가 이방에 정의를 베풀리라"(사 42:1)

"주 여호와의 영이 내게 내리셨으니 이는 여호와께서 내게 기름을 부으사 가난한 자에게 아름다운 소식을 전하게 하려 하심이라 나를 보내사 마음이 상한 자를 고치며 포로된 자에게 자유를, 갇힌 자에게 놓임을 선포하며"(사 61:1)

"또 새 영을 너희 속에 두고 새 마음을 너희에게 주되 너희 육신에서 굳은 마음을 제거하고 부드러운 마음을 줄 것이며 또 내 영을 너희 속에 두어 너희로 내 율례를 행하게 하리니 너희가 내 규례를 지켜 행할지라"(겔 36:26-27)

"그 후에 내가 내 영을 만민에게 부어 주리니 너희 자녀들이 장래 일을 말할 것이며 너희 늙은이는 꿈을 꾸며 너희 젊은이는 이상을 볼 것이며 그 때에 내가 또 내 영을 남종과 여종에게 부어 줄 것이며"(욜 2:28-29)

"그가 내게 대답하여 이르되 여호와께서 스룹바벨에게 하신 말씀이 이러하니라 만군의 여호와께서 말씀하시되 이는 힘으로 되지 아니하며 능력으로 되지 아니하고 오직 나의 영으로 되느니라"(슥 4:6)

존 맥아더(John MacArthur)는 구약성경에 나타난 성령에 대해 다음과 같이 말했다.

히브리어 '루아흐'는 구약성경에 378회 나오고, 그중 79회는 구체적으로 성령을 가리킨다. '루아흐'에 해당하는 아람어는 11회 나온다(다니엘서에만). 이 단어는 일차적으로 "영"(삼상 16:14), "바람"(출 10:13), "숨"(출 10:13)을 의미한다. 이 단어가 어떤 의미로 사용되었는지는 거의 언제나 문맥에 의해 결정된다. 예컨대 문맥에 따라 이 단어는 하나님의 영(창 6:3), 인간의 영(욥 10:12), 정신적인 태도(잠 16:18), 인간의 비물질적인 부분(시 31:5)을 가리킨다. 성령은 창조의 때로부터(창 1:2) 구약성경의 마지막 책(말 2:15)까지 지속적으로 언급된다. 하나님의 영은 이사야서(15회), 에스겔서(15회), 민수기(7회), 사사기(7회), 사무엘상(7회), 시편(5회)에 자주 나온다.[42]

요나서에는 하나님의 영, 여호와의 신, 성령이라는 직접적인 표현은 없다. 그러나 요나서 속에는 성령의 나타남과 역사하심을 발견할 수 있다.

2) 성령과 여호와의 말씀

요나서를 보면 하나님의 말씀이 요나에게 임했다고 두 번 기록되어 있다. "여호와의 말씀이 아밋대의 아들 요나에게 임하니라 이르시되"(욘 1:1). "여호와의 말씀이 두 번째로 요나에게 임하니라 이르시되"(욘 3:1). '여호와의 말씀'은 히브리어로 '예호와 떼바르'(Yahweh dəḇar)이고, 요나서에 총 7번 등장한다.[43] 여호와

---

42) John MacArthur, 「쉽게 읽는 핵심성경교리」, 김태곤 옮김 (서울: 생명의말씀사, 2023), 295-6.

43) 바이블허브, "də·ḇar" [온라인자료] https://biblehub.com/hebrew/devar_1697.htm, 2024년 7월 19일 접속.

의 말씀이 예언자 요나에게 임했다는 것은 성령이 임했다고 말할 수 있는 것일까? 그렇다. 당연히 예언자 요나에게 여호와의 말씀이 임했다는 것은 성령의 나타남이고 역사하심이다. 구약성경 이사야서를 참고하면 이해가 될 것이다. "주 여호와의 영이 내게 내리셨으니 이는 여호와께서 내게 기름을 부으사 가난한 자에게 아름다운 소식을 전하게 하려 하심이라 나를 보내사 마음이 상한 자를 고치며 포로된 자에게 자유를, 갇힌 자에게 놓임을 선포하며"(사 61:1). 예언자 이사야는 여호와의 영 즉 성령을 받고 하나님의 말씀을 전하고, 선포했다. 이것은 이사야에게만 해당하는 것이 아니라 성경에 등장하는 모든 예언자들에게 동일하게 적용되는 하나님의 일하시는 방법이고 원리이다. 이사야 61장 1절 말씀을 예수님께서 인용하신 내용이 신약성경에 나온다.

"예수께서 그 자라나신 곳 나사렛에 이르사 안식일에 늘 하시던 대로 회당에 들어가사 성경을 읽으려고 서시매 선지자 이사야의 글을 드리거늘 책을 펴서 이렇게 기록된 데를 찾으시니 곧 주의 성령이 내게 임하셨으니 이는 가난한 자에게 복음을 전하게 하시려고 내게 기름을 부으시고 나를 보내사 포로 된 자에게 자유를, 눈 먼 자에게 다시 보게 함을 전파하며 눌린 자를 자유롭게 하고 주의 은혜의 해를 전파하게 하려 하심이라 하였더라"(눅 4:16-19)

예수님은 동일한 성경구절을 가지고 회당에서 말씀하셨다. 그런데 중요한 차이점이 있다. 무엇일까? 그것은 바로 '주 여호와의 영'을 '주의 성령'이라고 표현한 것이다. 이 말은 여호와의 영이 곧 성령이라는 뜻이다. 성령이 예언자 이사야에게 임했던 것이다. 그리고 성령의 감동을 받은 이사야는 복음을 전하고, 선포할 수 있었다. 물론 예언자 요나도 동일하다. 요나도 성령의 감동을 받고 하나님의 말씀을 니느웨 사람들에게 선포했다. 그래서 예수님은 이런 요나의 행위를 요나의 전도라고 말씀하셨다. 성경이 무엇인가? 성령의 감동하심을 입은 사람들이 기록한 하나님의 말씀이다. 모든 성경은 하나님의 감동으로 기록되었다고 바울서신 디모데후서에 기록되어 있다. 비록 요나의 불순종이 있었지만 그에게 하나님의 말씀이 임했을 때, 성령의 나타남과 일하심이 있었던 것은 분명하다.

3) 성령과 요나의 전도

요나서에는 요나의 전도가 등장한다. 예언자 요나는 앗수르 니느웨에 가서 복음을 전파했다. 요나는 하나님의 심판으로 니느웨 성이 히브리어 '네흐파케트'(neh·pā·ket) 즉 '무너지리라'고 외쳤다. 그가 실제적으로 니느웨 사람들에게 선포한 복음의 메시지는 다섯 단어에 불과했다.[44] 그러나 요나의 외침 전도는 상상할 수 없는 결과를 가져왔다. 니느웨 사람들과 심지어는 동물들까지 회개하여 하나님의 구원을 얻게 되었다. 예수님은 제자들에게 다음

---

44) 송병현, 「호세아·요엘·아모스·오바댜·요나」, 「엑스포지멘터리」, 808.

과 같이 말했다. "오직 성령이 너희에게 임하시면 너희가 권능을 받고 예루살렘과 온 유대와 사마리아와 땅 끝까지 이르러 내 증인이 되리라 하시니라"(행 1:8). 예수님은 복음전도와 성령은 긴밀한 관계가 있다는 것을 말했다. 예언자 요나가 능력이 있었던 것은 아니다. 요나의 전도를 통해 니느웨 사람들이 회심할 수 있었던 이유는 성령이 요나와 함께 하셨기 때문이다.

4) 성령과 니느웨의 회개운동

요나서에 니느웨 사람들의 회개운동이 기록되어 있다. 니느웨 사람들이 하나님의 말씀을 믿고 회개한 것은 그들 속에 성령이 회개할 수 있도록 역사했다는 증거이다. 그렇다면 회개는 성령과 관련이 있는가? 예수님은 제자들에게 다음과 같이 말했다. "그러나 내가 너희에게 실상을 말하노니 내가 떠나가는 것이 너희에게 유익이라 내가 떠나가지 아니하면 보혜사가 너희에게로 오시지 아니할 것이요 가면 내가 그를 너희에게로 보내리니 그가 와서 죄에 대하여, 의에 대하여, 심판에 대하여 세상을 책망하시리라"(요 16:7-8). 보혜사는 헬라어 파라클레토스(παράκλητος)를 번역한 것이다.

보혜사가 무엇인가? 보혜사는 변호자, 위로자, 격려자라는 뜻을 가지고 있으며, 한자 성경은 파라클레토스를 보혜사로 번역했다. 쉽게 풀이하면 보혜사는 성도를 보호하시는 분, 성도에게 은

혜를 베푸시는 분, 성도를 가르치시는 분이라는 뜻이다.[45]

그렇다면 보혜사는 누구인가? 보혜사는 성령이다. 보혜사 성령은 인간의 죄, 의, 심판에 대해 말씀하시는 분이다. 성령은 예언자 요나의 전도를 들은 니느웨 사람들의 마음속에 역사하셔서 죄와 의와 심판에 대해 믿고 깨닫게 하셨다. 니느웨 사람들이 어떻게 회개할 수 있었는가? 그것은 성령께서 '은총과 간구하는 심령을 부어주셨기 때문에 가능했다(슥 12:10). 그것도 한 개인이 아닌 니느웨 성읍의 모든 사람들이 하나님의 말씀을 믿고 회개했다. 이것을 니느웨의 회개운동 또는 니느웨의 부흥이라고 부른다.

5. 인간론

1) 하마르티아

인간은 하나님의 형상을 따라 창조되었다. 그러나 아담의 범죄로 인해 타락하게 되었다. 죄 없이 창조되었던 아담으로 인해 모든 사람이 원죄를 가지고 태어난다. 이것은 모든 사람이 죄성을 가지고 태어난다는 것이다. 그래서 성경은 다음과 같이 말한다. "모든 사람이 죄를 범하였으매 하나님의 영광에 이르지 못하더니"(롬 3:12). "그러므로 한 사람으로 말미암아 죄가 세상에 들어

---

45) R. C. Sproul, 「모든 사람을 위한 신학」, 217-8.

오고 죄로 말미암아 사망이 들어왔나니 이와 같이 모든 사람이 죄를 지었으므로 사망이 모든 사람에게 이르렀느니라"(롬 5:12). 죄의 문제는 하나님의 심판과 책망으로 이어진다. 그렇다면 죄가 무엇인가? 죄는 히브리어로 '핫타'(ḥaṭ·ṭāt)이고, 헬라어는 '하마르티아'(ἁμαρτία)이다. 이 단어는 '과녁에서 벗어나다', '표적을 빗나가다', '실패하다'의 뜻을 가지고 있다.[46] 즉 하나님의 뜻에서 벗어난 모든 생각과 행위를 의미하는 것이다.

2) 라아탐

요나서에 등장하는 예언자 요나는 하나님 말씀에 불순종했다. 이것은 하나님께 죄를 범한 것이다. 요나의 불순종은 죄의 대가를 치르게 되었다. 죄의 대가가 무엇이었나? 바다에 던져지게 되었다. 바다에 던져졌다는 것은 궁극적으로 죽음을 당하게 된 것이다. 요나는 하나님의 도우심이 아니었다면 죽음의 바다에서 생명이 끊어졌을 것이다. 요나서를 보면 등장하는 또 한 부류의 사람들이 있다. 그들은 니느웨 백성들이다. 니느웨는 하나님의 심판을 받게 되었다. 예언자 요나가 이 사실을 알려주지 않았다면 그들은 소돔과 고모라 성과 같이 하나님의 심판으로 멸망하게 되었을 것이다. 왜 하나님은 니느웨 성읍을 심판하려고 하셨나? 그 이유는 앗수르 제국의 죄 때문이었다. "너는 일어나 저 큰 성읍 니느웨로

---

46) "죄." 「아가페 성경사전」.

가서 그것을 향하여 외치라 그 악독이 내 앞에 상달되었음이니라 하시니라"(욘 1:2). 그 악독은 히브리어로 '라아탐'(ra ā·tām)으로, 라(ra)는 악이란 의미로 가장 널리 사용된 단어이다. 라아탐은 그들의 잔혹함, 그들의 사악함이라는 뜻이다.[47]

니느웨 사람들의 악독이라는 것이 무엇일까? 니느웨 사람들의 악독이란 어떤 특정한 범죄를 의미하는 것이 아니라 니느웨 사람들이 저지른 모든 죄악을 포괄적으로 의미하는 것이다. 그들의 범죄행위는 앗수르 제국 내부뿐 아니라 주변국들까지 악영향을 주었다. 그래서 앗수르 주변 국가 사람들은 항상 긴장과 두려움을 가지고 있었다. 특히 앗수르는 자신들이 가진 힘을 과시하면서 주변 국가 사람들의 생명과 물질을 위협했고, 내부적으로는 사회적 강자가 약자를 억압하고 도덕적 타락을 일삼았다. 요나서는 이런 니느웨를 악하다고 평가했다.

6. 구원론

1) 구원

요나서는 하나님의 구원에 대해 말하고 있다. 이 말의 뜻은 요나서 안에는 성경이 말하는 구원의 원리가 내포되어 있다는 것이

---

47) "악,"「아가페 성경사전」.

다. 안토니 A. 후쿠마(Anthony A. Hoekema)는 구원론에 대해 다음과 같이 말했다: "이 구원사역이 하나님의 백성들에게 어떻게 적용되는가를 다루는 분야가 구원론(soteriology)이며, 그 말은 구원의 교리라는 의미를 갖는 헬라어 소테리아(soteria)와 로고스(logos)라는 말에서 연유된다."[48] 하나님의 명령에 불순종한 요나는 큰 물고기 배속에서 힘든 시간을 보내야만 했다. 삼일 동안 물고기 배속에 있던 요나는 자신의 잘못을 회개하면서 기도했다. 요나서 2장은 이런 요나의 기도를 소개한다.

2) 하나님께 속한 구원

요나는 고난의 시간을 보내면서 구원은 하나님께 속했다는 것을 다시 한번 확신했고, 자신의 입으로 고백했다. "나는 감사하는 목소리로 주께 제사를 드리며 나의 서원을 주께 갚겠나이다 구원은 여호와께 속하였나이다 하니라"(욘 2:9). '구원은 여호와께 속하였나이다'는 히브리어 '예슈아타 라야웨'를 번역한 것이다. 히브리어 예슈아(yeshua)의 뜻은 구원 또는 구출이다.[49] '예슈아'를 신약성경에서는 예수라고 표기했다. "아들을 낳으리니 이름을 예수라 하라 이는 그가 자기 백성을 그들의 죄에서 구원할 자이심이라 하니라"(마 1:21). 요나에게 구원은 생명과 직결되었기 때문에 가장 중요하고 필요한 것이었다. 이것을 확대해서 적용한다면 모

---

48) Anthony A. Hoekema, 「개혁주의 구원론」, 류호준 역 (서울: 기독교문서선교회, 1999), 11.
49) James Limburg, 「호세아-미가」, 「현대성서주석」, 238.

든 사람에게 가장 중요한 문제는 구원인데, 이런 관점에서 생각해 볼 때 구원론은 인간에게 특별한 중요성이 있다.

에릭슨은 구원론에 대해 다음과 같이 말했다: "그러므로 그리스도를 먼저 연구하는 것이 더 바람직하지만, 그럼에도 불구하고 구원론은 특별한 중요성을 지니고 있는데, 그 이유는 이것이 인간 존재의 가장 중요한 문제들을 다루고 있기 때문이다. 이것은 죄에 대한 성경의 가르침을 이해하는 사람들에게는 특별히 명백하다."[50] 구원의 문제는 인간에게 시급하기 때문에 가장 중요한 것이다. 마치 응급실에 있는 환자에게 심정지가 왔을 때 가장 중요한 것은 심폐소생술(CPR)이다. 왜 심폐소생술을 하는가? 환자를 살리기 위해 즉 구원하기 위해 행하는 것이다. 요나서는 사람의 힘으로는 자신의 생명을 구원할 수 없다는 것을 보여준다. 구원은 오직 여호와 하나님께 속한 것이다. 구원을 위해 인간의 노력이 단 몇 퍼센트라도 들어가는 것이 아니다. 구원은 전적으로 하나님께 속한 주권의 영역이다. 달리 표현하면 구원은 하나님의 절대주권이다.

7. 교회론

1) 에클레시아

---

50) Millard J. Erickson, 「복음주의 조직신학(하)」, 신경수 옮김 (서울: 크리스챤다이제스트, 2005), 62.

교회라는 단어는 신약성경에 등장한다. 이 말은 구약성경에는 교회라는 단어가 등장하지 않는다는 뜻이다. 그렇다면 구약시대에는 교회가 있었을까? 아니면 없었을까? 정답을 말한다면 구약시대에도 교회가 있었다. "이스라엘 자손에 대하여 하나님이 너희 형제 가운데서 나와 같은 선지자를 세우리라 하던 자가 곧 이 모세라 시내 산에서 말하던 그 천사와 우리 조상들과 함께 광야 교회에 있었고 또 살아 있는 말씀을 받아 우리에게 주던 자가 이 사람이라"(행 7:37-38). 이 성경구절은 예루살렘 교회 일곱 집사 중 한 사람이었던 스데반이 복음전도할 때 했던 말이다. 스데반은 모세의 인도로 이집트를 탈출했던 이스라엘 사람들을 '광야교회'라고 말했다. 구약성경은 교회라는 표현을 직접적으로 언급하고 있지는 않지만 교회의 의미는 신약시대 이전부터 있었다는 것을 시사한다.

구약성경 히브리어 두 단어 '카할'(qahal)과 '에다'(eddaah)를 신약성경에서는 교회라고 번역해서 사용했다. 12지파 이스라엘 백성들 전체를 총회라고 부른다. 카할은 총회에 대한 소집과 소집하는 행동을 지칭한다. 에다는 하나님께 예배하기 위해 성막 앞에 모여 있는 이스라엘 백성들을 뜻한다. 이 두 단어는 최초로 히브리어를 헬라어로 번역한 칠십인경에서는 에클레시아(ἐκκλησία)와 수나고게(συναγωγή)로 번역되었다.[51] 우리말 성경에서는 수나고게를 주로 회당이라고 번역했고, 에클레시아를 교회라고 번

51) Millard J. Erickson, 「복음주의 조직신학(하)」, 222-3.

역했다. 그래서 교회라고 할 때 우리에게 가장 친숙한 단어가 에클레시아다. 교회 즉 에클레시아는 항상 하나님을 믿는 사람들을 의미할 때 사용되었다. 이 말은 건물을 교회라고 말하지 않았다는 뜻이다.[52]

2) 하나님의 백성

그렇다면 요나서에서 교회라는 단어를 찾을 수 있을까? 요나서에서 직접적인 교회라는 단어를 찾을 수 없다. 그러나 교회라는 단어를 사용하지 않았지만 하나님의 백성이라는 교회의 의미를 충분하게 발견할 수 있다. 요나는 비록 하나님 말씀에 불순종했지만 그는 하나님을 믿는 사람이었다. 즉 하나님의 백성이었다. 요나는 물고기 배속에 있을 때, 하나님께 기도했다. 그는 하나님의 성전을 바라보고 기도했다. "내 영혼이 내 속에서 피곤할 때에 내가 여호와를 생각하였더니 내 기도가 주께 이르렀사오며 주의 성전에 미쳤나이다"(욘 2:7). 이것은 요나만이 했던 것은 아니다. 솔로몬의 기도에서도 하나님의 성전이 등장한다. "주께서 전에 말씀하시기를 내 이름을 거기에 두리라 하신 곳 이 성전을 향하여 주의 눈이 주야로 보시오며 종이 이 곳을 향하여 비는 기도를 들으시옵소서 주의 종과 주의 백성 이스라엘이 이 곳을 향하여 기도할 때에 주는 그 간구함을 들으시되 주께서 계신 곳 하늘에서 들

52) T. C. Hammond, 「간추린 조직신학」, 231.

으시고 들으시사 사하여 주옵소서"(대하 6:20-21).

또 다니엘의 기도에서도 그 예를 찾을 수 있다. "다니엘이 이 조서에 왕의 도장이 찍힌 것을 알고도 자기 집에 돌아가서는 윗방에 올라가 예루살렘으로 향한 창문을 열고 전에 하던 대로 하루세 번씩 무릎을 꿇고 기도하며 그의 하나님께 감사하였더라"(단 6:10). 요나, 솔로몬, 다니엘은 하나님을 믿는 사람들을 의미한다. 즉 이들은 교회를 뜻한다고 할 수 있다.

신약성경에서 하나님의 백성들이 성전에 계신 하나님과 어린 양이신 예수님께 예배를 드리는 모습을 발견할 수 있다. "이 일 후에 내가 보니 각 나라와 족속과 백성과 방언에서 아무도 능히 셀수 없는 큰 무리가 나와 흰 옷을 입고 손에 종려 가지를 들고 보좌앞과 어린 양 앞에 서서 큰 소리로 외쳐 이르되 구원하심이 보좌에 앉으신 우리 하나님과 어린 양에게 있도다 하니"(계 7:9-10). 요한계시록은 하나님의 보좌가 있는 곳을 이렇게 표현했다. "하나님의 종 모세의 노래, 어린 양의 노래를 불러 이르되 주 하나님 곧 전능하신 이시여 하시는 일이 크고 놀라우시도다 만국의 왕이시여 주의 길이 의롭고 참되시도다 주여 누가 주의 이름을 두려워하지 아니하며 영화롭게 하지 아니하오리이까 오직 주만 거룩하시니이다 주의 의로우신 일이 나타났으매 만국이 와서 주께 경배하리이다 하더라 또 이 일 후에 내가 보니 하늘에 증거 장막의성전이 열리며"(계 15:3-5). 사도 요한이 보았던 보좌는 하늘에 있는 증거 장막의 성전이었다. 증거 장막의 성전이란 증거의 장막 곧 성전이라는 뜻이다. 그 성전의 보좌를 바라보면서 구원받은 하나님의 백성들 즉 교회는 경배와 찬양을 올려드렸다. 성전의 핵심이 무엇인가? 성전의 핵심은 하나님과 구원받은 하나님의 백성 즉 교회이다. 물고기 배속에 있던 요나는 성전을 향해 기도하는 교회를 상징한다.

또 요나의 전도를 듣고 회개한 니느웨 백성들도 교회이다. "요나가 그 성읍에 들어가서 하루 동안 다니며 외쳐 이르되 사십 일이 지나면 니느웨가 무너지리라 하였더니 니느웨 사람들이 하나님을 믿고 금식을 선포하고 높고 낮은 자를 막론하고 굵은 베 옷을 입은지라"(욘 3:4-5). 니느웨 백성들은 하나님을 믿었다. 그 결과로 그들은 하나님의 구원을 얻게 되었다. 니느웨 백성들은 비록 이방인들이었지만 하나님을 믿고 구원받은 백성이 되었다. 그들은 요나의 전도를 듣고 하나님의 백성 곧 교회가 된 것이다.

8. 종말론

1) 두 가지 종말

신학에서 종말론이라고 말할 때는 크게 두 가지로 나누어서 말한다. 하나는 예수 그리스도의 재림으로 온 세상이 하나님의 심판을 받는 우주적인 종말이 있다. "세상 끝에도 이러하리라 천사들이 와서 의인 중에서 악인을 갈라내어 풀무 불에 던져 넣으리니 거기서 울며 이를 갈리라"(마 13:49-50). 이것을 우주적 종말론이라고 부른다. 다른 하나는 인간 개개인이 자신의 생애를 다하고 생명이 거두어지는 죽음을 피할 수 없다. 이것은 개인의 종말이다. "한번 죽는 것은 사람에게 정해진 것이요 그 후에는 심판이 있으리니"(히 9:27). 이것을 개인적 종말론이라고 말한다. 에릭슨은 우주적 종말론과 개인적 종말론에 대해 다음과 같이 말했다.

> 종말론에 관하여 말할 때, 우리는 개인적 종말론과 우주적 종말론, 즉 한편으로 개인의 미래에, 다른 한편으로는 인류와 사실상 전 피조물의 미래에 놓여 있는 경험들을 구분해야 한다. 전자는 사람이 죽을 때, 각 개인에게 일어나게 될 것이다. 후자는 우주적인 사건들, 특별히 그리스도의 재림과 관련하여 모든 사람들에게 동시에 일어나게 될 것이다.[53]

요나서는 우주적 종말론이 아닌 개인적 종말론을 자세하게 보여주고 있다. 그렇다고 개인적 종말론만 시사하는 것은 아니다. 요나서는 독자들에게 개인적 종말이 우주적 종말의 암시와 예표라는 것을 상기시킨다. 요나서에 세 부류의 중요한 등장인물들이 나온다. 그들은 요나, 선원들, 니느웨 백성들이다. 이 세 부류의 인물들의 공통점은 생명의 위기와 죽음의 문턱까지 경험했다. 달리 표현하면 개인적인 종말과 공동체적 종말의 위기에 처해있었다는 것이다.

---

53) Millard J. Erickson, 「복음주의 조직신학(하)」, 368.

그렇다면 이 사람들이 종말을 두려워했던 이유는 무엇 때문이었을까? 바로 재앙으로 나타난 하나님의 심판과 개인적인 종말 즉 죽음 때문이었다. 선원들은 바다의 재앙을 경험할 때 죽음의 공포에 사로잡혔다. "무리가 여호와께 부르짖어 이르되 여호와여 구하고 구하오니 이 사람의 생명 때문에 우리를 멸망시키지 마옵소서 무죄한 피를 우리에게 돌리지 마옵소서 주 여호와께서는 주의 뜻대로 행하심이니이다 하고"(욘 1:14). 선원들이 이런 생각을 했을까? "그래. 나는 충분하게 오래 살았어. 이제 죽어도 여한이 없어." 선원들 중에 이렇게 생각한 사람은 한 명도 없었다. 그들은 죽음을 맞이할 준비가 전혀 되어 있지 않았다. 개인적인 종말이 올 것이라고 상상도 못 했다. 그래서 그들은 하나님께 멸망시키지 말 것을 간구했다. 선원들의 기도는 응답되었다. 선원들은 죽음 곧 종말을 경험했던 것이다.

요나 역시 죽음의 문턱까지 갔다. "이르되 내가 받는 고난으로 말미암아 여호와께 불러 아뢰었더니 주께서 내게 대답하셨고 내가 스올의 뱃속에서 부르짖었더니 주께서 내 음성을 들으셨나이다"(욘 2:2). 요나는 바다에 던져지는 순간에 "나는 죽는구나"라고 생각했을 것이다. 요나 역시 선원들처럼 죽음 곧 개인적인 종말을 경험했다. 그래서 요나는 스올을 떠올렸다. 스올이 무엇일까? 스올을 음부라고 말한다. 구약성경에서는 무덤, 땅 밑 세계, 죽음의 상태를 의미할 때 사용했던 용어로써 죽은 자들이 들어가

는 곳을 뜻한다.[54]

2) 최종목표는 구원

니느웨 백성들 또한 죽음 직전까지 가는 위기에 처했다. 그들
이 회개하지 않았다면 요나가 사용했던 단어, 스올에 들어가야만
했을 것이다. "하나님이 뜻을 돌이키시고 그 진노를 그치사 우리
가 멸망하지 않게 하시리라 그렇지 않을 줄을 누가 알겠느냐 한
지라 하나님이 그들이 행한 것 곧 그 악한 길에서 돌이켜 떠난 것
을 보시고 하나님이 뜻을 돌이키사 그들에게 내리리라고 말씀하
신 재앙을 내리지 아니하시니라"(욘 3:9-10). 니느웨 왕은 재앙
과 멸망이라는 단어를 말했다. 하나님의 은혜와 구원이 없는 종말
은 재앙과 멸망이다. 요나서는 독자들에게 이것을 말하는 것이다.
그렇다면 왜 요나서는 종말론을 말하고 있는 것일까? 그 이유는
종말론이 구원론과 관련되어 있기 때문이다. 선원들의 주된 관심
은 종말이 아니었다. 선원들의 절대적인 관심은 구원이었다. 요나
의 중요 관심도 스올이 아니라 구원이었다. "나는 감사하는 목소
리로 주께 제사를 드리며 나의 서원을 주께 갚겠나이다 구원은 여
호와께 속하였나이다 하니라"(욘 2:9). 니느웨 백성들의 최대 관
심은 멸망과 재앙이 아니었다. 오직 그들의 생각은 멸망하지 않는
것과 하나님이 뜻을 돌이키시고 재앙을 거두시는 것이었다. 그들

---

54) "스올," 「IVP 성경사전」.

의 최대 관심은 구원이었다. 이렇듯 많은 학자들이 종말론을 구원론과 때로는 종말론을 교회론과 함께 연관 지어 연구했다. 물론 이러한 신학적 노력과 연구는 지속될 것이다.

요나서는 우주적 종말론이 아닌
개인적 종말론을 자세하게 보여주고 있다.
그렇다고 개인적 종말론만 시사하는 것은 아니다.
요나서는 독자들에게 개인적 종말이
우주적 종말의 암시와 예표라는 것을 상기시킨다.
요나서에 세 부류의 중요한 등장인물들이 나온다.
그들은 요나, 선원들, 니느웨 백성들이다.
이 세 부류의 인물들의 공통점은
생명의 위기와 죽음의 문턱까지 경험했다.
달리 표현하면 개인적인 종말과
공동체적 종말의 위기에 처해있었다는 것이다.

제Ⅲ부

요나 전도의 역사적 연구

이번 장에서는 역사적 관점에서 요나서를 연구할 것이다. 예언자 요나가 활동했을 당시 내부적으로는 북이스라엘 여로보암 II 세가 통치하던 시대이다. 그리고 외부적으로는 앗수르 제국이 오리엔트의 맹주로 주름잡던 시대이다. 요나서와 관련된 역사적 상황을 살펴보도록 하겠다.

1. 북이스라엘의 당시 상황

이스라엘은 솔로몬 통치 이후 분열하게 되었다. 예루살렘을 중심으로 한 왕국을 남유다, 사마리아를 중심으로 한 왕국을 북이스라엘이라고 불렀다. 이제 예언자 요나의 활동시기, 여로보암 II 세, 여로보암 II 세가 통치하던 시대의 북이스라엘 정치 환경에 대해 알아보도록 하겠다.

1) 예언자 요나의 활동시기

요나는 주전 8세기 전반기에 북이스라엘을 중심으로 활동했던 예언자였다. 이 당시 북이스라엘을 통치하던 왕은 여로보암 II 세였다. 그렇다면 예언자 요나에 대한 기록은 오직 요나서뿐일까? 그렇지 않다. 여로보암 II 세가 왕이기 때문에 이스라엘 왕들에 관한 내용이 기록된 성경을 찾아보면 요나의 또 다른 행적을 찾을 수 있다. 이스라엘 왕들의 행적에 관한 내용은 어떤 성경에 기록되어 있을까? 그 기록은 열왕기서이다. 열왕기는 역대 왕들을 나열한 기록이다. 열왕기서는 요나에 대해 어떻게 말하고 있을까? "이스라엘의 하나님 여호와께서 그의 종 가드헤벨 아밋대의 아들 선지자 요나를 통하여 하신 말씀과 같이 여로보암이 이스라엘 영토를 회복하되 하맛 어귀에서부터 아라바 바다까지 하였으니"(왕하 14:25). 이 성경구절을 보면 요나는 앗수르 니느웨로 가기 전부터 이미 북이스라엘에서 활동했던 예언자라는 것을 우리는 알 수 있다. 그는 북이스라엘의 영토가 회복되고 확장될 것을 예언했다. "왕이시여! 하나님께서 우리나라의 영토를 확장시켜 주실 것입니다." 요나의 예언은 실제로 성취되었다. 정리하면 요나가 활동했던 시기는 북이스라엘이 영토를 확장하고, 부강한 국가의 위상을 갖추었던 때이다.

2) 주전 9세기의 이스라엘과 앗수르

요나서를 읽다보면 예언자 요나가 앗수르 니느웨를 정말 싫어했다는 것을 알 수 있다. 왜 요나는 앗수르 니느웨를 그렇게 싫어했을까? 도대체 요나가 살던 시대 이전에 무슨 일이 있었기에 요나가 하나님의 말씀을 거역할 만큼 앗수르를 미워했던 것일까? 요나가 활동했던 시기는 주전 8세기이다. 요나가 살던 시대보다 앞선 주전 9세기의 앗수르 제국은 주변 국가들에게 두려움을 주는 존재였다. 이스라엘은 앗수르 서쪽에 위치해 있었다. 앗수르는 영토 확장을 위해 서진을 하려고 했다. 당시 앗수르를 상대해서 전쟁을 한다는 것은 마치 다윗과 골리앗의 싸움과 같았다. 이 제 질문을 하겠다. 앗수르보다 힘이 약한 이스라엘은 어떻게 앗 수르에 대항했을까?

방법은 단 하나였다. 뭉치면 살고 흩어지면 죽는다는 정신으로 서쪽 지역에 있던 여러 나라들이 힘을 합쳐서 앗수르의 위협에 맞서게 된 것이다. "우리 앗수르에 맞서 싸웁시다. 우리 땅은 우리가 함께 지킵시다. 우리 이제 함께하기로 맹세했으니 반드시 우리가 승리할 것입니다." 이것을 우리는 동맹이라고 부른다. 그렇다면 몇 개 나라가 연합을 했을까? 12개 나라가 함께하기로 맹세를 했다. 주전 853년 앗수르 왕 살만에셀 3세가 군대를 이끌고 아람을 위협했고, 북부 시리아의 오론테스(the Orontes) 지역에 있는 도시 카르카르(Qarqar)에서 앗수르 군대와 12개 나라 연합군이 치열하게 전쟁을 치렀다. 연합군의 저항은 강력했다. 그러나 서서히 연합군의 동맹이 느슨해지면서 전쟁의 승기는 앗수르 군대 쪽으로 넘어가게 되었다.[1] 연합군은 앗수르와 여섯 번 전쟁을 치렀다.[2] 앗수르 쿠르크 석비(Kurkh Monolith)를 보면 당시 앗수르가 상대했던 적군의 병력에 대해 알 수 있다.

아람-다메섹의 아다드-이드리의 병거 1,200, 기병 1,200, 보병 20,000; 하맛의 이르훌레니의 병거 700, 기병 700, 보병 10,000;

---

1) John H. Walton, et al., 「IVP 성경배경주석」, 550.
2) Jonathan S. Greer. et al., 「고대 근동 문화와 구약의 배경」, 김은호, 우택주 옮김 (서울: 기독교문서선교회, 2020), 471.

이스라엘의 아합의 병거 2,000, 보병 10,000…이 열두 왕을 그의 동맹국으로 모았다. 그들은 나에게 대적하여 전투를 벌였다. 나는, 나의 주님, 아수르(Ashur)가 주신 놀라운 힘과 항상 나를 앞서 행하시는 네르갈(Nergal)이 허락하신 강한 무기로 그들과 싸웠다. 나는 그들을 카르카르부터 길자우까지 대파했다. 나는 무기로 그들의 군인 1만 4천 명을 살해하였고, 아닷 신처럼 파괴하는 홍수를 그들에게 쏟아 부었다.[3]

결국 앗수르는 전쟁에서 승리했다. 자연스럽게 12개 연합군은 와해되었다. 이런 상황에 놓인 북이스라엘은 선택을 해야만 했다. 왕과 궁정의 대신들은 깊은 고민에 빠졌다. 한쪽에서는 이렇게 말했다. "우리는 어떤 경우에도 앗수르에 맞서 싸워야 합니다. 비록 죽더라도 비굴하게 죽을 수는 없습니다. 우리 결사 항전합시다." 다른 한쪽에서는 이렇게 말했다. "아닙니다. 비록 수치스럽고 억울해도 지금은 앗수르에게 머리를 숙여야 합니다. 그래야만 더 이상 백성들의 희생이 없을 것입니다. 지금은 후일을 도모하는 것이 지금으로서는 상책입니다." 결국 북이스라엘 왕 예후는 앗수르 왕 살만에셀 3세에게 저항한다는 것이 무모하다고 생각했다. 그래서 예후는 주전 841년에 앗수르 왕에게 공물을 바치면서 머리를 숙였다.

이날 북이스라엘 왕 예후가 항복과 함께 조공을 바친 사실이 앗

---

3) Lester L. Grabbe, 「고대 이스라엘 역사」, 류광현, 김성천 옮김 (서울: 기독교문서선교회, 2012), 225.

수르 역사에 기록되었다. 어디에 기록되었을까? 파피루스일까? 아니면 양피지에 기록했을까? 정답은 파피루스도 아니고 양피지도 아니다. 정답은 돌에 기록했다. 예후가 살만에셀 3세에게 항복을 하고 공물을 바친 사실을 살만에셀 3세의 치적을 찬양하는 검은 돌기둥에 기록했다. 기록에는 북이스라엘 왕 예후가 앗수르 왕에게 비굴하게 엎드린 모습이 자세하게 묘사되어 있다.[4] 길을 지나가는 모든 사람들이 볼 수 있도록 돌기둥에 기록을 남겼던 것이다. 이 모든 굴욕과 치욕을 예후와 북이스라엘은 현실로 받아들여야만 했다. 정말 앗수르는 말로 다할 수 없는 치욕을 북이스라엘에 안겨주었다. 생각해보라. 북이스라엘 사람들은 앗수르를 어떻게 생각했겠는가? 원수의 나라, 반드시 때가 되면 그날의 치욕을 되갚아주어야 하는 나라였던 것이다. 이런 역사적 사실을 누구보다 잘 아는 사람이 있었다. 그 사람이 누구였을까? 그렇다. 그 사람이 바로 예언자 요나였던 것이다.

3) 북이스라엘 왕 여로보암 II세와 국가 환경

구약성경이 익숙하지 않는 사람은 반복되는 왕의 이름으로 혼란스러울 때가 있다. 솔로몬이 죽고 이스라엘 왕은 르호보암이 되었다. 르호보암의 통치에 반발한 이스라엘 사람들은 유다와 베냐민 지파를 제외하고 새로운 왕을 세웠다. 그 사람이 바로 여로보

---

4) Ibid., 572.

암이다. 그래서 이 사람을 여로보암 I 세라고 부른다. 여로보암 I 세는 분열왕국 시대의 북이스라엘 초대 왕으로 등극했다. 그리고 자신과 아들 나답이 이스라엘의 왕이 되어 통치했던 시기를 여로보암가(家) 통치시대라고 부른다. 그 이후 북이스라엘은 바아사가, 오므리가, 예후가, 므나헴가로 이어졌다. 그 중에서 예후 가문이 북이스라엘을 통치할 때 한 왕이 있었다. 그가 바로 북이스라엘 제13대 왕 여로보암 II 세이다. 여로보암 I 세와 II 세의 공통점은 북이스라엘의 왕이었다. 이것을 제외하고서는 두 왕은 별다른 관계가 없었다.[5]

북이스라엘 제 13대 왕이었던 여로보암 II 세는 주전 793부터 753년까지 41년 동안 장기 통치했다. "유다의 왕 요아스의 아들 아마샤 제십 오년에 이스라엘의 왕 요아스의 아들 여로보암이 사마리아에서 왕이 되어 사십일 년간 다스렸으며 여호와 보시기에 악을 행하여 이스라엘에게 범죄하게 한 느밧의 아들 여로보암의 모든 죄에서 떠나지 아니하였더라"(왕하 14:23-24). 그의 가장 큰 치적이라고 한다면 그것은 잃었던 영토를 회복하고 확장한 일이었다. 열왕기서는 여로보암 II 세가 이스라엘 영토를 회복하고 하맛 어귀에서부터 아라바 바다까지 영토를 확장했다고 기록했다. 정말 누구도 이룩하지 못했던 위대한 일을 했던 것이다. 그런데 이 일이 가능하도록 기폭제의 역할을 했었던 한 사람이 있었다. 누구였을까? 그렇다. 그가 바로 예언자 요나였다. 요세푸스는

5) John William Dran, 「구약이야기」, 이중수 옮김 (서울: 두란노서원, 1985), 107.

여로보암Ⅱ세와 요나의 예언에 대해 다음과 같이 말했다.

> 아마샤의 재위 제 15년에 요아스의 아들 여로보암(Jeroboam)이
> 사마리아에서 이스라엘의 왕이 되어 40년간을 다스렸다. 이 왕은
> 하나님께 오만 무례하게 대적했으며 우상을 숭배했을 뿐 아니라 말
> 할 수 없는 기괴한 일들을 많이 저질렀다. 그는 또한 이스라엘 백성
> 의 수만가지 불행의 화근이었다. 이 때 선지자 요나가 와서 "왕은 수
> 리아와 전쟁하여 그들을 정복하고 국경을 북으로는 하맛(Hamath)
> 시, 남으로는 아스팔티티스 호수(the lake Asphaltitis)까지 넓히
> 도록 해야 합니다. 옛날 여호수아 장군이 결정한 바에 따르면 이것
> 이 원래 가나안 땅의 경계이기 때문입니다"라고 말했다. 이에 여로
> 보암은 수리아를 공격하고 그 땅을 정복하기에 이르렀으니 모두가
> 요나 선지자의 예언대로 성취되었다.[6]

　여로보암Ⅱ세가 통치하는 북이스라엘은 물질적 번영을 누렸다.
경제적으로 부한 나라가 되었고, 군사적으로는 강력한 군대를 보
유했다. 그뿐 아니라 기존의 도시들을 수리, 정비, 확장을 했다.
이렇게 주거 환경이 개선된 결과로 나타난 한 가지 현상이 있었
다. 이 현상은 무엇일까? 그것은 바로 인구 증가이다.[7] 국내외적
으로 풍요로운 세상을 만든 여로보암Ⅱ세의 왕권은 그야말로 하
늘을 찔렀고 두려울 것이 없었다. 문희석은 여로보암Ⅱ세 때의 이

---

6) Flavius Josephus, 「요세푸스 Ⅰ」, 김지찬 역 (서울: 생명의말씀사, 1987), 603.
7) Hershel Shanks, 「고대 이스라엘」, 김유기 역 (서울: 한국신학연구소, 2005), 240.

스라엘 상황을 다음과 같이 말했다.

> 여로보암Ⅱ세의 치하에서 북 왕국은 그 물질적 세력과 번영의 정상
> 에 도달했고, 북쪽으로 다메섹과 하마스를 희생시키고 남쪽으로는
> 유다를 희생시켜 국토를 확대하였다. (중략) 이스라엘은 이스라엘
> 에서 생산되는 제품들을 인구가 조밀한 베니게 해안 평야에 수출함
> 으로써 그리고 자본과 노동력을 직접 베니게의 기업들에 투자함으
> 로써 그 나라로부터 상당 한 재물을 얻어 들일 수 있었다. 아라비아
> 로부터 이스라엘을 통과하는 대상(隊商)들에게서 받아내는 통행세
> 도 아마 중요한 수입 항목이었을 것이다.[8]

   그러면 여기에서 질문을 하도록 하겠다. 앗수르는 북이스라엘
이 영토를 확장할 때 무엇을 하고 있었나? 여로보암Ⅱ세가 통치하
고 있을 때, 앗수르는 대내외적으로 혼란했다. 전쟁에서 패배하고
지진, 가뭄, 개기 일식과 같은 불길한 자연의 징조 등으로 북이스
라엘 문제를 신경 쓸 겨를이 없었다. 당연히 여로보암Ⅱ세가 통치
하던 때는 앗수르와 대립할 일이 없었던 것이다.[9]
   그렇다면 물질적 풍요로움과 발전을 이룩했던 북이스라엘에 어
떤 문제가 있었을까? 우선적으로 극심한 빈부의 격차가 나타났
다. 또 도덕적 해이와 윤리적 타락이 만연해졌다. 무엇보다도 영
적 타락현상이 심각했다. 북이스라엘에 성행했던 우상숭배를 여

---

8) 문희석, 「구약성서배경사」 (서울: 대한기독교출판사, 1990), 187.
9) John H. Walton, et al., 「IVP 성경배경주석」, 1130.

로보암Ⅱ세는 막지 않았다. 북이스라엘 백성들은 여호와 하나님을 믿는다고 하면서 바알 숭배도 같이 했다. 바알 숭배는 단순한 종교의 문제가 아니었다. 여호와 하나님을 경외할 때는 자녀들이 태어나면 그의 이름에 하나님과 관련된 이름을 붙여주었다. 그런데 바알을 숭배하다보니 자연스럽게 자녀들에게 바알과 관련된 이름을 지어주는 경향이 늘어났다.

주전 778-770년경, 북이스라엘 수도 사마리아에서 만들어진 기록물이 발견되었다. 이 기록물이 오스트라카(the Ostraca)이다. 오스트라카에 나오는 사람들의 이름을 면밀하게 살펴보니 여호와와 관련된 이름이 11이었고, 바알과 관련된 이름이 7이었다.[10] 이 말은 바알과 관련된 이름을 사용하는 것이 전혀 어색하거나 이상한 일이 아니었다는 증거이다. 종합해보면 열왕기서는 여로보암Ⅱ세의 공적도 간략하게 소개했다. 그러나 결론적으로는 성경은 여로보암Ⅱ세에 대하여 여호와 하나님 보시기에 악한 왕이었다고 평가를 내렸다.

4) 사관(史觀)에 대하여

요나서를 포함한 예언서가 어떤 역사적 관점으로 기록되었을까? 또 예언자 요나의 일부 행적이 담긴 열왕기서는 어떤 역사적 관점으로 바라보아야 할까? 역사를 해석하는 관점은 매우 중요하

---

10) 문희석, 「구약성서배경사」, 188.

다. 구약성경을 살펴보면 두 가지 사관 즉 역사적 관점이 있다는 것을 발견하게 된다. 그 두 가지 사관은 신명기적 관점과 역대기적 관점이다. 그런데 신약성경은 새로운 관점으로 구약성경을 해석했다. 예수님을 비롯한 제자들 그리고 성경 기록자들은 구약성경의 역사와 사건들을 예수 그리스도 중심으로 재해석했다. 이러한 관점을 구속사라고 부른다.

(1) 신명기적 관점

모세오경의 다섯 번째 성경은 신명기이다. 신명기는 모세가 출애굽 2세대 즉 가나안 땅에 들어갈 이스라엘 백성들에게 하나님의 계명과 언약을 상기시키는 내용이다. 그 내용이 무엇인가? 쉽게 말하면 "계명과 율법을 지켜 순종하면 복을 받고, 그렇지 않으면 저주를 받게 될 것이다"이다. 더 간략하게 표현하면 "순종하면 복, 불순종하면 저주를 받는다"이다.

"이 율법의 말씀을 실행하지 아니하는 자는 저주를 받을 것이라 할 것이요 모든 백성은 아멘 할지니라 네가 네 하나님 여호와의 말씀을 삼가 듣고 내가 오늘 네게 명령하는 그의 모든 명령을 지켜 행하면 네 하나님 여호와께서 너를 세계 모든 민족 위에 뛰어나게 하실 것이라 네가 네 하나님 여호와의 말씀을 청종하면 이 모든 복이 네게 임하며 네게 이르리니 성읍에서도 복을 받고 들에서도 복을 받을 것이며 네 몸의 자녀와 네 토지의 소산과 네 짐승의 새끼와 소와 양의 새끼가 복을 받을 것이며 네 광

주리와 떡 반죽 그릇이 복을 받을 것이며 네가 들어와도 복을 받고 나가
도 복을 받을 것이니라"(신 27:26-28:6)

이런 역사적 관점으로 구약성경에 등장하는 인물과 사건을 해
석한 성경책을 신명기적 역사서라고 부른다. 그렇다면 어떤 성경
이 신명기적 역사서일까? 신명기적 역사서는 여호수아, 사사기,
사무엘, 열왕기 네 권이다.[11] 메릴은 신명기적 역사에 대해 다음
과 같이 말했다.

신명기 역사는 가나안 정복으로부터 바벨론 포로까지 기간의 개관
을 이스라엘이 신명기의 언약 요구사항에 어느 정도 순응하였는가
또는 순응하지 못했는가에 대한 역사적 반성의 관점으로 제시하고
있다. 많은 학자들의 언어로 이것은 거룩한 역사(sacred history),
또는 이 책에서 신학적 역사(theological history)라고 부르는 것
을 선호하는데, 이 기록의 목적이 단지 오랜 기간의 주요 사건의 기
록이 아니라 해석적 관점으로 기록한 것이었기 때문이다.[12]

그렇다면 예언자 요나에 관한 내용이 기록되어 있는 성경책은
두 개다. 하나는 열왕기서이고 다른 하나는 요나서이다. 열왕기서
는 예언자 요나에 대해 어떤 평가도 내리지 않았다. 왜냐하면 열
왕기서는 이스라엘 왕들에 대한 신명기적 관점에서 평가했기 때

---

11) Werner H. Schmidt, 「구약성서입문Ⅰ」, 차준희, 채홍식 옮김 (서울: 대한기독교서회, 2004), 197.
12) Eugene H. Merrill, 「구약신학」, 612.

문이다. 요나는 아니지만 요나가 활동했던 시대의 통치자 여로보암II세에 대한 역사적 평가가 기록되어 있다. "유다의 왕 요아스의 아들 아마샤 제십 오년에 이스라엘의 왕 요아스의 아들 여로보암이 사마리아에서 왕이 되어 사십일 년간 다스렸으며 여호와 보시기에 악을 행하여 이스라엘에게 범죄하게 한 느밧의 아들 여로보암의 모든 죄에서 떠나지 아니하였더라"(왕하 14:23-24). 만약 여로보암II세를 정치적, 경제적 관점에서 평가를 했다면 그는 높이 평가를 받았을 것이 분명하다. 그러나 성경은 하나님과의 언약적 관계인 신명기적 관점에서 여로보암II세를 평가했기 때문에 그를 악하다고 평가했다.

(2) 역대기적 관점

국가를 이루는 3요소를 기억하는가? 국민, 주권, 영토이다. 북이스라엘은 주전 722년에 멸망했다. 많은 사람들이 앗수르 포로로 끌려갔다. 그리고 남유다는 주전 586년에 패망했다. 남유다 사람들은 바벨론으로 포로가 되어 끌려갔다. 바벨론은 페르시아 제국에 의해 멸망당했다. 페르시아 왕 고레스는 포로로 끌려 온 사람들이 원한다면 자신의 본국으로 돌아갈 수 있도록 길을 열어주었다. 일부 이스라엘 백성들도 본토 이스라엘로 돌아갔다. 그런데 본국으로 귀환한다고 해서 더 이상 자신들의 나라가 아니었다. 엄밀히 말하면 자신들은 혈통적인 것 말고는 페르시아의 지배를 받는 사람들이었던 것이다. 당연히 주권이 있었겠는가? 주권은 상실되었고, 영토는 자신들의 땅이 아니었다. 주권도 없고, 영토도 없는 나라를 생각할 수 있는가? 이스라엘은 더 이상 과거의 이스라엘이 아니었던 것이다. 정체성의 혼란이 오기 시작했다. "우리는 지금도 이스라엘인가? 아니면 옛날에 우리는 이스라엘이었던 것인가?" 페르시아로부터 독립을 하지 않는 이상 이스라엘은 지구상에 존재하지 않았다. "아 옛날이여." 이런 혼돈과 좌절 속에 빠져있던 이스라엘 백성들을 위해 이스라엘 영적 지도자들과 역사가들이 움직이기 시작했다.

"무엇이 이스라엘이고, 누가 진정한 이스라엘인가?" 비록 주권과 영토는 상실했지만 이스라엘의 핵심은 주권도 영토도 아니라고 말했다. 그렇다면 누가 진정한 이스라엘이라고 말한 것일까? 지도자들과 역사가들은 성전 예배를 드리는 사람만이 진정한 이스라엘이라고 말했다. 그러면서 수천 년 동안 흘러온 이스라엘의 역사를 풀어놓기 시작했다. 이스라엘 역사의 시작은 누구일까? 믿음의 조상 아브라함일까? 아니다. 아담으로 시작해서 페르시아 시대까지 총망라해서 이스라엘의 역사를 설명했다. 믿음의 선진들은 제단을 쌓고, 성막에서, 성전에서 여호와 하나님께 예배를 드렸다는 것을 상기시켰다. 이 사람들이 언약관계에 있는 백성이고, 진정한 이스라엘이라고 해석했다. 이런 역사적 관점을 역대기적 관점이라고 부른다. 그리고 역대기적 관점으로 기록된 구약성경은 역대기, 에스라, 느헤미야이다. 왕대일은 역대기적 관점에 대해 다음과 같이 말했다.

역대기 사가의 시대는 페르샤의 세계 통치와 함께 열린 유다 백성의 포로 후기 시대이다. 그 당시 유다 사람들에게 있어서 최대 관심사는 성전을 다시 세우고, 그것을 합법화하는 일이었다. 왕이나 왕국은 이젠 과거의 일이었다. 역대기사가는 과거의 일을 묘사하는데 관심을 쏟지 않는다. 포로 후기 시대 당시 유다 사람들에게는 유다 땅에 다시 세운 성전과 그 성전을 중심으로 뭉쳐야 될 공동체밖에 없었다. 역대기 역사서는 바로 이런 정치적 상황에 대한 응답으로 기록되었다. 포로후기 시대 유대 성전 공동체의 정당성을 증언하고자 유다 백성의 '오늘'을 하나님의 뜻으로 풀이하고 있는 책이 바로 역대기의 역사 이야기이다.[13]

본국으로 돌아온 이스라엘 백성들의 최대 과제는 성전을 재건하는 일이었다. 솔로몬 성전은 이미 사라진 지 오래되었다. 당연히 본국으로 돌아온 이스라엘의 지도자들은 성전 건축을 독려했다. 이스라엘 백성들에게 성전 건축을 말할 때, 빠뜨리지 않고 반드시 언급해야 할 두 인물이 있었다. 다윗과 솔로몬이다. 다윗은 성전 건축을 통한 성전 예배의 모든 기틀을 마련한 왕이었다. 솔로몬은 성전 건축을 완성하고 비로소 성전 예배의 시대를 연 위대한 왕이었다. 성전 건축과 성전 예배의 관점으로 이스라엘 역사를 바라볼 때 다윗과 솔로몬은 영웅들이었다. 그러다 보니 다윗과 솔로몬의 행적 가운데 하나님의 말씀에 불순종해서 심판을

---

13) 왕대일, 「구약신학」 (서울: 감신대성서학연구소, 2002), 193-4.

받았던 내용들은 역대기에 전혀 기록되지 않았다. 왜냐하면 역대기의 관점은 성전 건축과 성전 예배의 관점으로 이스라엘 역사를 해석했기 때문이다.

페르시아에서 이스라엘 본국으로 귀환한 이스라엘 백성들은 지도자 총독 스룹바벨과 대제사장 여호수아의 지도력에 따라 성전 건축을 완성했다. 그래서 이 성전을 스룹바벨 성전이라고 부른다.

"예루살렘에 있는 하나님의 성전에 이른 지 이 년 둘째 달에 스알디엘의 아들 스룹바벨과 요사닥의 아들 예수아와 다른 형제 제사장들과 레위 사람들과 무릇 사로잡혔다가 예루살렘에 돌아온 자들이 공사를 시작하고 이십 세 이상의 레위 사람들을 세워 여호와의 성전 공사를 감독하게 하매 이에 예수아와 그의 아들들과 그의 형제들과 갓미엘과 그의 아들들과 유다 자손과 헤나닷 자손과 그의 형제 레위 사람들이 일제히 일어나 하나님의 성전 일꾼들을 감독하니라 건축자가 여호와의 성전의 기초를 놓을 때에 제사장들은 예복을 입고 나팔을 들고 아삽 자손 레위 사람들은 제금을 들고 서서 이스라엘 왕 다윗의 규례대로 여호와를 찬송하되 찬양으로 화답하며 여호와께 감사하여 이르되 주는 지극히 선하시므로 그의 인자하심이 이스라엘에게 영원하시도다 하니 모든 백성이 여호와의 성전 기초가 놓임을 보고 여호와를 찬송하며 큰 소리로 즐거이 부르며 제사장들과 레위 사람들과 나이 많은 족장들은 첫 성전을 보았으므로 이제 이 성전의 기초가 놓임을 보고 대성통곡하였으나 여러 사람은 기쁨으로 크게 함성을 지르니 백성이 크게 외치는 소리가 멀리 들리므로 즐거이 부르는 소리와 통곡하는 소리를 백성들이 분간하지 못하

였더라"(스 3:8-13)

주권과 영토가 없던 페르시아 피정복민 시대를 살았던 이스라엘은 민족의 정체성에 대해 심각하게 고민했고, "진정한 이스라엘이 누구인가?"에 대한 해답을 찾으려고 몸부림쳤다. 그래서 그들이 찾은 새로운 역사적 관점이 바로 성전 건축과 성전 예배가 중심이 된 역대기적 관점 혹은 제사장적 관점인 것이다.

(3) 구속사적 관점

필자가 중학생 때의 일이다. 주일이 되면 어른들과 함께 예배를 드렸다. 주일학교에서 예배를 드릴 때와는 분위기가 정말 달랐다. 가장 큰 차이점은 찬송이었다. 주일학교에서 부르던 찬양은 즐겁고 경쾌했다. "예수님 찬양 예수님 찬양 예수님 찬양합시다", "하나님이 세상을 이처럼 사랑하사 독생자를 주셨으니", "돈으로도 못가요 하나님 나라 지식으로 못가요 하나님 나라" 이런 찬양을 부르다가 어른들과 함께 예배를 드리는데 찬양이 무겁고 무슨 의미인지 잘 와 닿지도 않았다. 그래서 재미도 없고 짜증이 나서 주일 예배 시간에 머리를 숙이고 눈을 감고 잠을 잤다. 옆 자리에 있던 어머니는 그 때마다 필자를 깨웠다. "주원아 눈떠. 그리고 찬송도 불러라." 이렇게 예배 시간을 견디고 버티다가 목사님께서 축도할 때면 기쁨과 희망이 다시 생겼다.

목사님의 설교 중에 구속이라는 단어가 나왔다. "예수님은 여러분과 저를 구속하셨습니다." 예배에 참석한 성도는 "아멘"으로 화답했다. 나는 이해할 수 없었다. 왜냐하면 어젯밤 9시 뉴스 때문이었다. 뉴스 앵커는 이렇게 말했다. "가수 A씨가 대마초 사건으로 경찰에 구속되었습니다." 그런데 예배 설교시간에 예수님이 우리를 구속하셨다는 말을 들은 것이다. 예배시간에 찬송가 28장도 불렀다. "복의 근원 강림하사 찬송하게 하소서. 한량없이 자비하심 측량할 길 없도다. 천사들의 찬송가를 내게 가르치소서. 구속하신 그 사랑을 항상 찬송합니다". 나는 이해가 되지 않았다. '구속하신 그 사랑을 항상 찬송합니다?'. "아니 구속되었는데 찬송이 가능할까? 예수님을 믿으면 구속된 것도 풀어주셔야지 구속을 시켜버리는데 예수님을 왜 믿는 것일까?" 지금은 필자의 중학생 시절에 있었던 즐거운 추억이지만 그 당시에는 정말 심각한 고민으로 머리가 아팠다.

구속(Redemption)이란 무엇일까? 구속(救贖)은 한자로 구원할 구, 속죄할 속이다. 예수님께서 우리를 구원하기 위해 사람들의 죄를 속죄 즉 용서하신다는 뜻이다. 경찰에 구속되었다고 할 때의 구속(拘束)은 한자로 잡을 구, 묶을 속이다. 죄인의 신체를 강제적으로 묶어서 감옥에 가두는 것을 의미한다. 두 단어가 똑같은 발음이지만 그 의미는 전혀 다르다. 이것을 우리는 동음이의어라고 부른다.

그렇다면 구속사란 어떤 의미일까? 구속사 혹은 구속사적 관점이란 성경의 모든 시대 속에 등장하는 인물과 역사를 하나님의 구원사역의 시각으로 해석하는 것이다. 사람이 하나님의 형상을 따라 지음 받았지만, 아담과 하와의 불순종으로 모든 인류 속에 죄가 들어오게 되었다. 그 결과는 비참했고 모든 사람이 죄로 인해 죽게 되었다. 이것을 타락이라고 부른다. 인간의 타락은 영원한 죽음이지만 창조주 하나님은 타락한 인간을 구원할 계획을 세우셨다. 그리고 그 계획을 이루시기 위해 이스라엘 백성들을 중심으로 수천 년 동안 구원사역을 점진적으로 진행시켜 오셨다. 그 모든 구원사역을 완성할 인자, 메시아, 그리스도를 소망하게 했다. 하나님께서 계획하신 구원사역의 완성자는 누구일까? 그렇다. 예수 그리스도이다. 구약성경의 역사는 이런 내용을 담고 있다. 달리 표현하면 창조, 타락, 구속의 틀로 이루어져 있다는 것이다. 그리고 그 해석 틀의 중심은 예수 그리스도이다. "모세를 믿었더라면 또 나를 믿었으리니 이는 그가 내게 대하여 기록하였음이라 그러나 그의 글도 믿지 아니하거든 어찌 내 말을 믿겠느냐 하시니라"(요 5:46-47).

예수님은 모세 오경을 거론하시면서 모세 오경이 예수님에 대해 기록한 것이라고 해석했다. 이것은 구약성경 모세 오경을 예수 그리스도 중심으로 해석해야 한다는 것을 시사한다. 사도 요한은 성경 기록의 목적에 대해 말했다: "예수께서 제자들 앞에서 이 책에 기록되지 아니한 다른 표적도 많이 행하셨으나 오직 이것을 기록함은 너희로 예수께서 하나님의 아들 그리스도이심을 믿게 하려 함이요 또 너희로 믿고 그 이름을 힘입어 생명을 얻게 하려 함이니라"(요 20:30-31). 요한은 신자들이 성경을 어떤 관점으로 해석해야 하는지 잘 설명했다. 성경의 핵심은 예수 그리스도를 통한 사람들의 구원 즉 구속이다. 그래서 예수 그리스도 중심적 관점과 해석 그리고 구속사적 관점으로 성경을 이해하는 것은 성경 기록자들이 지향했던 관점, 지지했던 해석의 틀이다. 시드니 그레이다누스(Sidney Greidanus)는 구약성경에 나타난 구속사에 대해 다음과 같이 말했다.

> 구약은 창조로부터 그리스도의 초림 직전까지 이르는 역사 가운데, 하나님의 구속 행위들을 드러내 보여 준다. 구약은 인간 타락 이후 어떻게 하나님이 자기의 백성을 구원하시고자 하셨으며, 어떻게 피조 세계에 대한 자신의 다스림 곧 하나님의 왕국을 복원하시고자 했는가를 보여 준다. 구약은 하나님의 약속들과 이들의 성취는 물론, 수 세기에 걸친 하나님의 구속 행위들을 나타내 보인다. 우리는 이러한 하나님의 구속 행위들의 오랜 역사를 신약 속에서 발견하는 것이 아니다. 신약은 단순히 이런 역사들을 전제하고, 이 긴 역사 위에 세워져 있다. 오직 구약만이 이러한 구속사를 드러내 보이기에, 구약은 기독교 교회에 필수 불가결하다.[14]

그렇다면 요나서는 구속사적 관점으로 해석해도 되는 성경인가? 당연히 구속사적 관점으로 해석해도 되는 성경이면서, 구속사적 관점으로 해석해야 하는 말씀이다. 그 이유는 예수님께서 요나의 전도를 말씀하셨고, 십자가에서 죽으시고 삼일 동안 장사되신 후, 부활하실 것을 요나의 물고기 뱃속 사건을 예로 들어 설명

---

14) Sidney Greidanus, 「구약의 그리스도」 (서울: 이레서원, 2003), 63.

하셨다. 이것을 예표 혹은 모형이라고 부른다. 권종선은 구속사적 해석과 그리스도 중심적 해석이 초대교회 시대의 주된 성경 해석이었다고 말했다.

> 이처럼 초기의 그리스도인들은 자신들의 신앙을 위해서 그리고 전도를 위해서 구약성서를 그리스도 중심으로 새롭게 해석하게 되었는데 사실상 후에 신약성서에서 인용되거나 사용된 구약성서의 구절들은 대부분 이러한 방법으로 해석되었다. 이렇게 볼 때에 초기 기독교와 신약성서의 구약해석은 근본적으로 "그리스도 중심적"이며 "모형론적"(유형론적, typological) 해석이었다고 할 수 있다.[15]

종합하면 성경은 하나님의 구원과 구속을 위해 기록된 계시이다. 계시인 성경은 성경 전체를 관통하는 통일된 원리가 있다. 그리고 각 시대마다 여러 인물과 사물 그리고 사건을 통해 역사 속에서 구원을 이루어 가는 하나님의 일하심이 다양하게 기록되어 있다. 이런 관점으로 성경을 해석하는 것이 구속사적 관점이다.

2. 앗수르 제국의 당시 상황

하나님께서 예언자 요나를 앗수르 니느웨로 보내실 때는 분명

---

15) 권종선, 「해석과 비평」, 45.

한 이유가 있었다. 요나는 분명 탁월한 예언자였고, 북이스라엘 인재 중의 한 사람이었다.[16] 그는 앗수르 백성들에게 외국어로 복음을 전했다. 그만큼 외국어도 잘 구사할 수 있는 언어적 능력을 가지고 있었다. 그러나 결코 그의 능력으로 앗수르 니느웨 성읍 백성들이 회개했던 것은 아니다. 그러면 누구 때문에 또 무엇 때문에 회개했던 것일까? 그렇다면 우리는 이 질문에 대한 해답을 어디에서 찾을 수 있을까? 그 해답은 하나님께 찾아야 한다. 왜냐하면 구원자는 하나님 한분 이시기 때문이다. 그래서 당시 앗수르 제국의 상황을 면밀하게 살펴보고 이해할 필요가 있는 것이다. 하나님은 구속사뿐 아니라 세계사 속에 역사하시는 역사의 주관자이시다. 요나가 니느웨를 방문하기 전에 하나님께서 크고 두려운 일을 그곳에 행하셨다는 것을 역사 속에서 발견할 수 있다.

1) 앗수르 제국의 왕과 정치 환경

혹시 비옥한 초승달 지역을 들어 본 적이 있는가? 세계사 수업 시간에 들었던 기억이 있을 것이다. 비옥한 초승달 지역이라고 할 때 반드시 등장하는 두 개의 강이 있다. 하나는 티그리스 강, 다른 하나는 유프라테스 강이다. 이 두 개의 강 사이를 중심으로 고대 메소포타미아 문명이 발생했다. 고대 문명이 발생했다는 것은 무슨 뜻일까? 쉽게 말하면 문명을 만들어 낼 수 있는 사람들이 있

---

16) Douglas Stuart, 「호세아~요나」, 「WBC 성경주석」, 760.

었다는 것이다. 그것도 매우 많은 사람들이 함께 거주했다는 뜻이다. 그래서 자연스럽게 도시가 형성되었다. 그 당시에는 도시가 곧 국가이었기 때문에 이런 도시를 세계사에서는 도시국가라고 부른다. 그 도시국가 중 하나가 앗수르였다. 많고 많은 이름 중에 왜 도시 이름이 앗수르였을까? 고대인들은 자신들을 지켜주는 수호신이 있다고 믿었다. 그리고 그 수호신에게 제사를 드렸다. 앗수르 역시 마찬가지이다. 앗수르는 태양을 수호신으로 숭배했다. 앗수르라는 도시 이름도 태양신 앗수르에서 비롯된 것이다.[17]

예언자 요나가 앗수르에 가서 하나님의 말씀을 선포했을 당시, 앗수르 제국은 아슈르단(Ashurdan)III세가 통치하고 있었다. 그는 주전 772년부터 756년까지 17년 동안 앗수르를 다스렸다. 아슈르단III세가 앗수르를 통치할 때, 국정은 매우 불안정했다. 심각할 정도로 군사력의 손실을 입었고, 경제적으로도 어려움을 당했다. 고대 국가 우라르투(Urartu) 왕국과 아슈르단III세의 앗수르 제국이 여러 차례 전쟁을 했다. 누가 이겼을까? 우라르투 왕국이 군사적 대결에서 모두 승리를 거두었다. 아슈르단III세의 위상이 어떠했을 것인가는 우리가 충분히 예상할 수 있을 것이다. 설상가상으로 또 다른 악재가 발생했다. 이번에는 큰 지진이 일어났다. 엄청난 지진으로 인해 인명과 재산상의 큰 피해를 입게 되었다. 이러다보니 아슈르단III세가 앗수르의 왕으로서 제대로 된 통치행위를 한다는 것이 불가능했다. 이런 국가적인 문제가 심각해지면

---

17) 이보영 엮음, 「이야기 세계사」 (서울: 아이템북스, 2007), 56.

서 반정부폭동까지 일어났다. 문제는 아슈르단III세가 효과적으로 반정부폭동을 제압하지 못했다는 것이다. 그래서 왕의 거처를 임시적이지만 안전한 곳으로 옮길 수밖에 없었다. 보통 사극에서 이런 말을 하지 않는가? "아니 왕이 어찌 도성을 버린단 말이오."

전쟁과 지진만 해도 너무나 고통스러운데 불길한 징조가 하늘에서 나타났다. 아주 특이한 자연현상이 앗수르 니느웨에 주전 763년 6월 15일에 발생했던 것이다. 특이한 자연현상은 무엇이었을까? 바로 개기 일식이었다. 당시 매우 미신적이었던 앗수르 사람들은 개기 일식을 보면서 신이 매우 노여워한다고 생각하면서 몹시 두려워했다. 개기 일식은 앗수르 제국에 벌어질 아주 흉한 조짐이라고 인식했다. 당연히 아슈르단III세는 약한 왕, 무능력한 왕, 지도력이 없는 왕으로 백성들에게 인식되었다. 앗수르 백성들은 전쟁으로 몹시 지치고, 기근까지 덮쳐서 생존의 위협을 심각하게 느끼고 있던 중에 불길한 징조의 대명사 개기 일식까지 하늘에서 나타나니 민심이 더욱 불안할 수밖에 없었다. 이런 상황이다 보니 앗수르 왕 아슈르단III세는 요즘 표현으로 종이호랑이에 불과했다.

바로 이 시기에 북이스라엘 예언자 요나가 아슈르단III세의 왕궁이 있던 니느웨에 온 것이다. 그는 예언자 요나의 말을 듣고 두려워했다. 그래서 니느웨 성읍 모든 백성들에게 금식을 선포하고 회개하도록 왕의 직인이 찍힌 공문서 즉 조서를 내려서 성읍 전체에 붙이도록 했다. 일부 사람도 아니고 전 국민이 금식할 이유가 무엇일까? 앗수르의 예언 문서(omen text)를 보면 제국의 네 가지 경우에 왕과 백성들이 금식하고 애통하는 일이 있었다는 것을 발견할 수 있다. 그 네 가지 경우란 무엇일까? 첫째, 적군의 침입. 둘째, 개기 일식. 셋째, 기근과 심각한 질병의 발생. 넷째, 큰 홍수이다.[18] 그래서 아슈르단III세는 요나의 말을 듣고 니느웨 성읍 모든 사람들과 심지어는 동물들까지 금식하고 회개하도록 선포했다. 그런데 여기에서 질문 하나를 해보겠다. 국가의 중차대한 사안이 있어서 조서 즉 공문서를 모든 백성들에게 내려 보낼 때 누구의 이름으로 작성할까? 이 질문은 어떻게 보면 어리석은 질문이다. 당연히 왕의 이름과 직인으로 조서가 발송된다. 그런데 요나가 앗수르 니느웨 성에 가서 하나님의 말씀을 선포했을 때, 누구의 조서가 니느웨 성읍에 내려졌을까? "왕과 그의 대신들이 조서를 내려 니느웨에 선포하여 이르되 사람이나 짐승이나 소 떼나 양 떼나 아무것도 입에 대지 말지니 곧 먹지도 말 것이요 물도 마시지 말 것이며"(욘 3:7). 요나서는 이렇게 기록했다. '왕과 그의 대신들이 조서를 내려'. 일반적으로는 왕의 이름으로 조서가 내려졌다. 그러나 요나서에는 '왕과 그의 대신들'이라고 말하고 있다. 이상하지 않은가? 이 말은 왕과 대신들이 협치를 잘했다는 뜻일까? 결코 그런 뜻이 아니다. 아슈르단III세가 비록 앗수르의 왕이었지만 그의 권위와 지도력은 벌써 땅에 떨어졌다는 것을 의미한다.[19] 그래서 이 시기의 특징을 "약한 통치자, 강한 관리들"이

18) D. A. Carson, et al. 「IVP 성경주석 구약」, 1127.
19) Douglas Stuart, 「호세아-요나」, 「WBC 성경주석」, 859-60.

라고 말하는 것이다.[20]

2) 앗수르의 주요 도시 니느웨

하나님은 예언자 요나를 앗수르 니느웨로 보내셨다. 요나가 니
느웨로 갔을 때는 니느웨가 앗수르의 수도가 아니었다.[21] 니느웨
가 앗수르의 수도로 지정된 것은 요나 활동 시대 이후이다. 이 말
은 니느웨는 앗수르의 수도가 아니었지만 고대 도시로서 중요한
역할을 하고 있었다는 뜻이다. 제임스 림버그는 니느웨에 대하여
다음과 같이 말했다.

> 니느웨가 위치한 곳은 오늘날의 북부 이라크에 있는 티그리스 강
> 변으로서, 아주 오래된 곳이다. 고고학자들은 그리스도께서 세상에
> 오시기 수천년 전에 이미 그곳에 사람들이 거주하고 있었다고 말한
> 다. 주전 8세기에 니느웨는 절정에 달했다. 그러다가 니느웨는 산
> 헤립(Sennacherib, 주전 704-681년) 통치시기에 앗수르 제국의
> 수도가 되었으며, 제국이 망할 때까지 수도로 남아 있었다. 앗수르
> 바니팔(Assurbanipal, 주전 668-627년) 왕의 유명한 도서관이 있
> 는 곳도 니느웨였다. 주전 612년에 니느웨는 메대(Medes)와 바벨
> 론 연합군에게 함락되었다. 고고학 안내서들은 니느웨 자리의 폐허
> 에 현재 두 개의 흙무더기가 있다고 말한다. 그 하나는 '새끼 양'이

---

20) Lester L. Grabbe, 「고대 이스라엘 역사」, 228.
21) Joachim Gartz, 「세계사」, 우호순 옮김 (경기도: 혜원출판사, 2008), 33.

라는 뜻을 가진 쿠윤직(Kuyunjik) 무더기이고, 다른 하나는 네비 유누스(Nebi Yunus)라 불리는 무더기로서, '예언자 요나'라는 뜻을 가지고 있다. 후자는 그 유명한 요나의 무덤을 포함하고 있다.[22]

당시 기준으로 볼 때, 니느웨 성읍에 사는 사람의 수는 매우 많았다. 말 그대로 거대한 도시였다. 요나서는 니느웨 성읍의 인구 가운데 어린이가 12만 명 이상이라고 기록했다.[23] "하물며 이 큰 성읍 니느웨에는 좌우를 분변하지 못하는 자가 십이만여 명이요 가축도 많이 있나니 내가 어찌 아끼지 아니하겠느냐 하시니라"(욘 4:11). 앗수르 학자들은 니느웨 성읍이 앗수르의 수도였을 당시에는 최대 30만 명에 다다랐을 것이라고 추정했다.[24]

---

22) James Limburg, 「호세아-미가」, 「현대성서주석」, 224.
23) 도날드 수누키얀 외 4인, 「아모스·오바댜·요나·미가·나훔」, 「BKC 강해주석」, 김영헌 옮김 (서울: 두란노, 2016), 186.
24) D. A. Carson, et al. 「IVP 성경주석 구약」, 1134.

기근까지 덮쳐서 생존의 위협을 심각하게
느끼고 있던 중에 불길한 징조의 대명사
개기 일식까지 하늘에서 나타나니
민심이 더욱 불안할 수밖에 없었다.
이런 상황이다 보니 앗수르 왕 아슈르단Ⅲ세는
요즘 표현으로 종이호랑이에 불과했다.
바로 이 시기에 북이스라엘 예언자 요나가
아슈르단Ⅲ세의 왕궁이 있던 니느웨에 온 것이다.

제IV부

요나 전도의 실천적 연구

성경 안에는 수많은 인물들이 등장한다. 특히 구약성경 속 여러 인물들은 하나님의 말씀을 전하는 전도자의 직무를 감당했다. 대표적으로 하나님의 홍수 심판을 예언했던 노아의 전도를 우리는 알고 있다. 이집트의 파라오에게 하나님의 말씀을 전했던 모세의 전도와 아합 왕에게 하나님의 예언을 담대하게 전했던 엘리야의 전도도 우리는 알고 있다. 그런데 예수님은 구약의 전도 중에서 왜 하필이면 요나의 전도를 말씀하셨을까? 하나님 말씀에 불순종한 전도자 요나, 대충 복음을 전파한 전도자 요나, 하나님께 고집을 부리고 죽기를 요구한 전도자 요나를 왜 예수님은 말씀하신 것일까?

> "심판 때에 니느웨 사람들이 일어나 이 세대 사람을 정죄하리니 이는 그들이 요나의 전도를 듣고 회개하였음이거니와 요나보다 더 큰 이가 여기 있으며"(마 12:41)

> "심판 때에 니느웨 사람들이 일어나 이 세대 사람을 정죄하리니 이는 그들이 요나의 전도를 듣고 회개하였음이거니와 요나보다 더 큰 이가 여기 있느니라"(눅 11:32)

그런데 신기한 것은 예수님께서 요나에 대해 비판하신 적이 없다는 것이다. 오히려 요나의 전도는 매우 의미 있고 중요한 내용을 담고 있다고 말씀하셨다. 그 내용의 핵심은 곧 복음의 핵심인 예수님의 십자가와 부활이다. 예수님께서 말씀하신 요나의 전도

안에는 우리가 배워야 할 복음전도의 원리가 있다. 그래서 이번 장에서는 요나의 전도에 나타난 복음 전도의 원리를 살펴보도록 하겠다.

1. 복음전도와 말씀

요나의 복음전도는 여호와의 말씀으로부터 시작되었다. 하나님께서 요나를 부르시고 그에게 예언의 말씀을 주신 것이다.

"여호와의 말씀이 아밋대의 아들 요나에게 임하니라 이르시되"(욘 1:1)

"여호와의 말씀이 두 번째로 요나에게 임하니라 이르시되"(욘 3:1)

예언자 요나는 구약성경 중 일부분 특히 모세오경을 잘 알고 있었을 것이다. 그는 매일 말씀을 묵상하면서 말씀 중심의 신앙생활을 했고 말씀을 의지하면서 기도했다. 비록 하나님의 말씀을 듣고도 불순종하기는 했지만, 마침내 회개하고 니느웨에 가서 하나님의 복음을 전했다. 요나의 복음전도 시작은 하나님의 말씀이 임하게 되면서 시작되었다. 마찬가지로 오늘날 전도자의 복음전도는 하나님의 말씀으로부터 시작된다. "또 이르시되 너희는 온 천하에 다니며 만민에게 복음을 전파하라"(막 16:15). 예수님은 제자들에게 복음을 전파하라고 명령하셨다. 이 명령을 지상명령(至上

命令, the Great Commission)이라고 부른다. 마태복음은 예수님의 지상명령을 다음과 같이 기록했다.

> "예수께서 나아와 말씀하여 이르시되 하늘과 땅의 모든 권세를 내게 주셨으니 그러므로 너희는 가서 모든 민족을 제자로 삼아 아버지와 아들과 성령의 이름으로 세례를 베풀고 내가 너희에게 분부한 모든 것을 가르쳐 지키게 하라 볼지어다 내가 세상 끝날까지 너희와 항상 함께 있으리라 하시니라"(마 28:18-20)

예수님은 승천하시면서 제자들에게 복음전파 사명을 당부하셨다. 이것은 제자들의 열정에 기초한 것이 아니라 말씀에 기초한다는 것을 분명하게 시사하고 있는 것이다. 말씀은 히브리어로 '다바르'(dabar)이다. 히브리어 다바르는 헬라어 성경 70인 역(LXX)에서 '로고스'(λόγος)와 '레마'(ῥῆμα)로 번역되었다. 신약성경에서 로고스는 300번 이상, 레마는 70번 이상 사용되었다.[1] 여기에서 우리가 오해하지 말고 정확하게 알고 가야 할 한 가지 사실이 있다. 보통 목회와 선교 현장에서 말씀을 성도에게 가르칠 때, 쉐마의 말씀, 로고스의 말씀, 레마의 말씀이라는 표현을 자주 사용한다. 쉐마는 히브리어로 '들으라'는 뜻이다. 즉 하나님의 말씀, 계명을 잘 귀담아서 경청하고 순종하라는 말이다.

---

1) "말씀," 「신학사전」.

"이스라엘아 들으라 우리 하나님 여호와는 오직 유일한 여호와이시니 너는 마음을 다하고 뜻을 다하고 힘을 다하여 네 하나님 여호와를 사랑하라 오늘 내가 네게 명하는 이 말씀을 너는 마음에 새기고 네 자녀에게 부지런히 가르치며 집에 앉았을 때에든지 길을 갈 때에든지 누워 있을 때에든지 일어날 때에든지 이 말씀을 강론할 것이며 너는 또 그것을 네 손목에 매어 기호를 삼으며 네 미간에 붙여 표로 삼고 또 네 집 문설주와 바깥 문에 기록할지니라"(신 6:4-9)

로고스는 기록된 말씀이다. 성도는 기록된 성경을 통해 하나님의 말씀을 듣는다. 그래서 우리는 성경을 하나님의 말씀으로 믿고 성경을 통해 구원자 예수님을 믿고, 구원의 원리를 배우게 된다. "너희가 성경에서 영생을 얻는 줄 생각하고 성경을 연구하거니와 이 성경이 곧 내게 대하여 증언하는 것이니라"(요 5:39). 사도 바울은 고린도교회에게 보낸 편지에서 기록된 말씀 밖으로 넘어가지 말라고 주의를 당부했다. "형제들아 내가 너희를 위하여 이 일에 나와 아볼로를 들어서 본을 보였으니 이는 너희로 하여금 기록된 말씀 밖으로 넘어가지 말라 한 것을 우리에게서 배워 서로 대적하여 교만한 마음을 가지지 말게 하려 함이라"(고린도전서 4:6). 반대로 말하면 기록된 말씀 밖으로 넘어가는 행위는 신앙생활에 위기를 초래할 수 있다는 것이다. 성도의 신앙생활에 위기를 초래하는 것 중 가장 대표적인 것은 무엇일까? 그것은 바로 이단에 미혹되는 것이다.

그렇다면 레마의 말씀은 무엇일까? 목회 사역 현장에서 레마의 말씀은 특별한 의미로 사용되는 경향이 있다. 다음과 같이 말하는 목회자, 성경교사들이 많이 있다. "로고스는 기록된 성경 말씀입니다. 그런데 우리는 기록된 로고스의 말씀이 아니라 나 자신에게 주시는 '그 말씀'을 하나님께로부터 받아야 합니다. 바로 '그 말씀'이 레마의 말씀인 것입니다. 성령님께서 오늘 내게 주시는 그 말씀을 우리는 듣고 받아야 합니다." 한홍은 레마의 말씀에 대해 다음과 같이 말했다: "전에는 건성건성 듣던 말씀이 고통 속에서는 하나하나 불꽃같은 레마의 말씀이 되어 심령에 새겨진다."[2] 필자 역시도 교회에서 이렇게 가르침을 받아서 한 동안 레마의 말씀을 받으려고 눈을 감고 묵상을 했던 경험이 있다. 토미 테니(Tommy Tenney)는 레마와 로고스에 대해 다음과 같이 말했다.

> "레마"는 하나님의 구체적이고 개인적인 계시의 말씀이다. 예수 그리스도는 로고스, 하나님의 살아 있는 화신, "육신이 된 말씀", 하나님의 "신적 표현"이셨다. 레마와 로고스가 하나가 될 때, 산이 움직이고 병든 사람이 치유되고 죽은 사람이 다시 살아났다.[3]

테니는 레마를 성령께서 각 개인에게 주관적으로 주시는 말씀으로 이해했다. 테니와 같이 레마를 개인에게 주시는 하나님의 특별한 '그 말씀'으로 이해하고 가르치는 사역자들이 많이 있다. 그렇다면 여기에서 우리는 질문을 해 봐야 한다. "정말 레마는 개인

2) 한홍, 「하나님이 내시는 길」 (서울: 규장, 2017), 101.
3) Tommy Tenney, 「하나님의 유턴」, 마영례 옮김 (서울: 생명의말씀사, 2007), 261.

적이고 주관적 말씀일까? 그리고 성경은 레마와 로고스의 말씀을 구분할까?" 결론적으로 말하면 로고스와 레마는 같은 의미로서 서로 구별하기 어렵다.[4]

실제로 신약성경에서는 로고스와 레마가 동일한 뜻으로 사용됐고, 두 단어는 같은 의미로 혼용되어 성경에 기록되었다. 특히 일부 사역자들이 거리낌없이 사용하는 레마의 말씀은 성령이 각 개인에게 주시는 '그 말씀'이라는 의미를 가지고 있지 않다. 다음의 성경구절을 보고 로고스와 레마를 구분해 보길 바란다.

> "예수께서 대답하여 이르시되 기록되었으되 사람이 떡으로만 살 것이 아니요 하나님의 입으로부터 나오는 모든 말씀으로 살 것이라 하였느니라 하시니"(마 4:4)

마태복음 4장 4절의 말씀은 로고스일까? 아니면 레마일까? 언뜻 보기에 '모든 말씀'이라고 했기 때문에 로고스에 더 가깝지 않을까라고 생각할 수 있다. 그러나 마태복음 4장 4절의 말씀은 레마이다.

> "예수께서 모든 말씀을 백성에게 들려 주시기를 마치신 후에 가버나움으로 들어가시니라"(눅 7:1)

---

4) "말씀," 「새성경사전」.

누가복음 7장 1절에 말씀이 있다. 로고스일까? 아니면 레마일까? 여기에서도 모든 말씀이라고 했고, 백성 즉 다수의 사람들에게 공개적으로 하신 말씀이니까 로고스에 가깝다는 생각이 들 것이다. 그런데 누가복음 7장 1절도 레마이다.

> "이 말을 너희 귀에 담아 두라 인자가 장차 사람들의 손에 넘겨지리라 하시되 그들이 이 말씀을 알지 못하니 이는 그들로 깨닫지 못하게 숨긴 바 되었음이라 또 그들은 이 말씀을 묻기도 두려워하더라"(눅 9:44-45)

여기에 예수님의 말과 말씀이 있다. 로고스일까? 레마일까? "이 말(로고스)을 너희 귀에 담아 두라 인자가 장차 사람들의 손에 넘겨지리라 하시되 그들이 이 말씀(레마)을 알지 못하니 이는 그들로 깨닫지 못하게 숨긴 바 되었음이라 또 그들은 이 말씀(레마)을 묻기도 두려워하더라" 여기에서 레마는 특정 개인에게 주어지지 않았다. 제자들 모두에게 주신 말씀이다.

> "사람이 내 말을 듣고 지키지 아니할지라도 내가 그를 심판하지 아니하노라 내가 온 것은 세상을 심판하려 함이 아니요 세상을 구원하려 함이로라 나를 저버리고 내 말을 받지 아니하는 자를 심판할 이가 있으니 곧 내가 한 그 말이 마지막 날에 그를 심판하리라"(요 12:47-48)

여기에서 예수님의 말이 나온다. 로고스일까? 레마일까? "사람이 내 말(레마)을 듣고 지키지 아니할지라도 내가 그를 심판하지 아니하노라 내가 온 것은 세상을 심판하려 함이 아니요 세상을 구원하려 함이로라 나를 저버리고 내 말(레마)을 받지 아니하는 자를 심판할 이가 있으니 곧 내가 한 그 말(로고스)이 마지막 날에 그를 심판하리라". 에베소서 6장 17절과 19절에 말씀이 나온다.

> "구원의 투구와 성령의 검 곧 하나님의 말씀을 가지라. …또 나를 위하여 구할 것은 내게 말씀을 주사 나로 입을 열어 복음의 비밀을 담대히 알리게 하옵소서 할 것이니"(엡 6:17, 19)

하나님의 말씀은 로고스일 것 같아 보이고, 내게 말씀을 주사는 개인에게 주시는 말씀인 것을 보니 레마일 것 같아 보인다. "구원의 투구와 성령의 검 곧 하나님의 말씀(레마)을 가지라. …또 나를 위하여 구할 것은 내게 말씀(로고스)을 주사 나로 입을 열어 복음의 비밀을 담대히 알리게 하옵소서 할 것이니." 베드로전서 1장 23절과 25절의 말씀은 로고스일까? 아니면 레마일까?

> "너희가 거듭난 것은 썩어질 씨로 된 것이 아니요 썩지 아니할 씨로 된 것이니 살아 있고 항상 있는 하나님의 말씀으로 되었느니라 그러므로 모든 육체는 풀과 같고 그 모든 영광은 풀의 꽃과 같으니 풀은 마르고 꽃은 떨어지되 오직 주의 말씀은 세세토록 있도다 하였으니 너희에게 전한 복음이 곧 이 말씀이니라"(벧전 1: 23-25)

이 성경구절 안에도 로고스와 레마가 있다. "너희가 거듭난 것은 썩어질 씨로 된 것이 아니요 썩지 아니할 씨로 된 것이니 살아 있고 항상 있는 하나님의 말씀(로고스)으로 되었느니라 그러므로 모든 육체는 풀과 같고 그 모든 영광은 풀의 꽃과 같으니 풀은 마르고 꽃은 떨어지되 오직 주의 말씀(레마)은 세세토록 있도다 하였으니 너희에게 전한 복음이 곧 이 말씀(레마)이니라" 사도 베드로가 로마교회 성도에게 전한 복음은 개인에게 주신 주관적인 말씀이 아니었다. 그런데 신약성경 원어에는 레마라고 기록되어 있다.

이제 정리하면 신약성경의 말씀은 로고스와 레마를 구분하지 않고 혼용해서 사용하고 있다. 즉 로고스의 말씀과 레마의 말씀이 따로 있는 것이 아니다. 기록된 성경이 하나님의 말씀이고, 하나님의 음성인 것이다. 성령의 감동으로 기록된 성경을 읽고, 듣고, 보고, 연구할 때, 성도는 성령의 감화와 감동을 받게 된다. 그리고 말씀의 감화와 감동을 받은 성도는 사람들에게 복음을 전파하는 복음 전도자가 되는 것이다. 이것이 복음 전도의 시작이고 첫 단추이다.

2. 복음전도와 소명

소명이라는 단어를 들을 때면 청년 시절 군복무 때의 일이 생각난다. 부대 안에 교회가 있었다. 군복무 중에도 주일이 되면 신앙을 잘 지켜가려는 군인들이 같이 예배하고, 교제를 나누었다.

그 때 나와 비슷한 또래의 병사들 가운데 입대 전, 신학대학교를 다니다가 입대한 군종병 현석주와 석성원이 있었다. 나는 그들에게 이렇게 말했다. "석주 형제와 성원이 형제는 어떻게 신학생이 되었어요?" 그들은 내게 이렇게 대답했다. "하나님의 소명을 받고 신학교에 입학했습니다." 나는 이해가 되지 않았고 솔직히 부러웠다. "정말 하나님의 소명이라는 것이 있나요? 나는 소명을 받아 본 적이 없어서 솔직히 이해가 잘 안 돼요." 그들은 웃으면서 내게 말했다. "때가 되면 하나님께서 주원 형제에게도 소명을 주실 거예요." 난 그들에게 대답했다. "아마 제 인생에서 그런 일은 없을 거예요." 필자는 하나님의 특별한 소명을 받은 사람만이 신학교에 가서 신학을 공부한 후, 목사와 선교사가 된다고 배웠다. 그래서 하나님의 소명은 필자와 아무런 상관이 없는 것이라고 생각했다.

이제 몇 가지 질문을 하겠다. 첫 번째 질문은 이것이다. "당신은 예수님을 나의 구주, 나의 하나님으로 믿는가?" 두 번째 질문이다. "당신은 그리스도인인가? 세 번째 질문이다. "당신은 하나님의 소명을 받았나?" 스스로 대답해 보길 바란다. 이제 다음 질문을 해 보겠다. "그리스도인은 소명을 받은 사람인가? 아니면 그리스도인 중에 일부 사람만 소명을 받는 것인가?" 이 질문에 대해 가톨릭은 특별한 사람만이 소명을 받는다고 가르친다. 가톨릭의 주교와 신학자들은 교회에 '두 가지 생활 방식'이 있다고 주장했다. 하나는 '완전한 삶'이고. 다른 하나는 '허용된 삶'이 있다고 신자들에게 가르쳤다. 완전한 삶은 사제, 수도사, 수녀에게 해당되고,

이 사람들이 하나님의 소명자라고 말했다. 반면 농사짓는 사람, 장사하는 사람, 군인, 정치가는 허용된 삶을 사는 존재라고 생각했다. 이것을 다르게 표현하면 관조적인 삶(vita contemplativa)과 활동적인 삶(vita activa)인데 관조적인 삶이 일류이고 활동적인 삶은 이류로 간주되었다. 당연히 교회와 수도원은 성스럽지만, 교회와 수도원 밖은 세상적, 세속적이라고 여겨졌다.[5] 이러한 가톨릭적 소명관이 개신교 안에도 여전히 자리를 잡고 있기 때문에 소명자와 비소명자를 구분하게 되는 것이다.

그렇다면 예수 그리스도를 믿는 그리스도인은 소명자일까? 아닐까? 성경은 그리스도인이라면 누구나 하나님의 부르심을 받은 소명자라고 말한다. "평강의 하나님이 친히 너희를 온전히 거룩하게 하시고 또 너희의 온 영과 혼과 몸이 우리 주 예수 그리스도께서 강림하실 때에 흠 없게 보전되기를 원하노라 너희를 부르시는 이는 미쁘시니 그가 또한 이루시리라"(살전 5:23-24). 사도 바울은 하나님의 부르심이 데살로니가교회 성도에게 있다고 말했다. 이 말은 모든 그리스도인이 하나님의 부르심 즉 소명을 받은 사람이라는 뜻이다. 성경에서 부르심을 받았다고 말할 때, 가장 우선적인 것은 구원으로 부르심이다. "너희는 가서 내가 긍휼을 원하고 제사를 원하지 아니하노라 하신 뜻이 무엇인지 배우라 나는 의인을 부르러 온 것이 아니요 죄인을 부르러 왔노라 하시니라"(마 9:13).

---

5) Os Guinness, 「소명」, 홍병룡 옮김 (서울: 한국기독학생회출판부, 2000), 54-7.

죄인에게 호의를 베푸는 것을 은혜라고 말한다. 하나님의 은혜는 죄인이 하나님 앞에 나아올 수 있도록 이끄신다. 이것을 신약 성경에서 클레시스(κλησις), 즉 부르심이라고 부른다.[6] 이렇게 부르심을 받은 사람은 그리스도인, 제자, 성도, 교회라는 이름으로 불린다. 이것을 1차적 소명이라고 부를 수 있을 것이다. 그런데 1차적 소명을 받은 그리스도인에게 하나님은 각자의 상황과 기질, 성격, 은사 등에 따라 다양한 역할을 주신다. 우리는 이것을 사명이라고 부른다. 그래서 그리스도인의 사명은 사람마다 다양한 것이다. 하나님은 그리스도인에게 사명을 감당하도록 부르신다. 즉 사명자에게 소명을 주신다. 이 소명은 구원을 위한 소명이 아니라 구원받은 하나님의 백성으로서 사명을 감당하도록 특별한 임무를 맡기시는 소명이다. 이 소명을 2차적 소명이라고 부를 수 있다. 오스 기니스(Os Guinness)는 1차적인 소명과 2차적인 소명에 대해 다음과 같이 말했다.

그리스도를 따르는 자로서의 일차적인 소명은 그분에 의한, 그분을 향한, 그분을 위한 것이다. 무엇보다 일차적으로 우리는 누군가(하나님)에게 부름받은 것이지, 무엇인가(어머니의 역할이나 정치나 교직)로나 어디엔가(도시 빈민가나 몽고)로 부름받은 것이 아니다. 우리의 이차적인 소명은, 모든 것을 다스리시는 주권적인 하나님을 기억하고 모든 사람이, 모든 곳에서, 모든 것에서 전적으로 그

6) R. Paul Stevens, 「21세기를 위한 평신도 신학」, 홍병룡 옮김 (서울: 한국기독학생회출판부, 2001), 103.

분을 위하여 생각하고, 말하고 살고 행해야 한다는 것이다. 따라서 가정 주부나 법조인으로 혹은 교직으로 부름받았다고 말하는 것은 이 이차적인 소명으로서 적절한 표현이다. 하지만 이와 같은 것들은 어디까지나 이차적일 뿐 일차적인 소명은 아니다. 그것들은 여러 '소명들'(callings)이지 바로 그 '소명'(the calling)은 아니다.[7]

소명이라는 주제를 가지고 요나의 전도를 살펴보려고 한다. 정말 요나는 소명자일까? 그렇다. 요나는 소명자이다. 요나가 예언자로서 활동을 했다는 것은 하나님께서 그를 부르셨다는 증거이다. 즉 소명을 받았다는 것이다. 요나가 하나님의 소명을 받은 것은 하나님의 택한 백성 즉 하나님의 자녀로 부르심을 받은 것이다. 이것이 요나의 주된 부르심이다. 이런 요나에게 하나님은 사명을 맡겨주셨다. 그리고 그를 사명자로 불러서 사역하게 하셨다. 그래서 우리는 알지 못하지만 하나님께서 지정하고 임명하신 어떤 사람으로부터 요나는 기름부음을 받았을 것이다. 왜냐하면 구약시대에는 왕, 대제사장, 예언자가 기름부음 의식을 통해 공식적인 권위를 인정받았기 때문이다. 이것이 요나의 2차 소명인 것이다. 정리하면 모든 그리스도인은 하나님의 소명자이다. 하나님의 소명을 받지 않은 그리스도인은 단 한 사람도 없다. 그리고 모든 그리스도인은 복음전도자로 부르심을 받았다. 아래의 찬송가《온 세상 위하여》는 모든 그리스도인이 복음전도자로서 하나님의 소

---

7) Os Guinness, 「소명」, 53.

명을 받았다는 내용이 잘 묘사되어 있다.

1. 온 세상 위하여 나 복음 전하리 만백성 모두 나와서 주 말씀 들으라
죄 중에 빠져서 헤매는 자들아 주님의 음성 듣고서 너 구원받으라

2. 온 세상 위하여 이 복음 전하리 저 죄인 회개하고서 주 예수 믿으라
이 세상 구하려 주 돌아가신 것 나 증거하지 않으면 그 사랑 모르리

3. 온 세상 위하여 주 은혜 임하니 주 예수 이름 힘입어 이 복음 전하자
먼 곳에 나가서 전하지 못해도 나 어느 곳에 있든지 늘 기도 힘쓰리

〈후렴〉
전하고 기도해 매일 증인 되리라 세상 모든 사람 다 듣고 그 사랑 알도록

3. 복음전도와 선포

필자는 2014년에 주원침례교회를 개척했다. 예수님의 명령에
순종하기 위해 복음전도와 선교에 힘쓰는 교회가 되고 싶었다. 개
척 4개월 후에 모든 성도가 필리핀 라유니온 발라오안으로 갔다.
그 때 주원교회 성도는 복음을 전파할 충분한 준비가 되어 있었을
까? 그렇지 못했다. 가장 큰 두려움은 낯선 필리핀 사람들을 만난
다는 것이었다. 그리고 영어는 서툴고 현지어 일로카노(Ilokano)

어를 알지도 못했다. 분명히 필리핀에 가서 복음전도를 못 할 이유가 가야 할 이유보다 훨씬 많았다. 그 때 성도와 나는 단 한 가지만 생각했다. 가라(go)! 모든 민족을 제자 삼고, 세례(침례)를 주고, 가르쳐 지키게 하는 것까지는 못해도 일단 가라고 하셨기에 순종하는 심정으로 일어나 갔다.

광주광역시에서 인천국제공항까지 버스를 타고 이동했다. 그리고 비행기를 타고 마닐라까지 이동했다. 마닐라국제공항을 나와서 예약한 버스를 타기 위해 움직였다. 새벽인데도 날씨는 덥고, 매연 냄새가 진동했다. 우리는 약 여섯 시간 동안 버스를 타고 이동했다. 드디어 발라오안 농촌 지역에 도착했다. 드넓은 밭에는 옥수수와 농작물들이 자라고 있었다. 버스에서 내리는 성도의 얼굴은 기쁨보다 피곤과 걱정이 가득해 보였다. 아침이 되어 마을 주민 집을 방문했다. 그들은 낯선 우리를 반겨주었다. 저녁에 마을 주민 초청 복음전도집회를 준비했다. "몇 사람이나 올까?" 복음전도를 위해 음악과 드라마를 준비했다. 사리사리(Sari-Sari)[8] 마당에 마을 주민들이 한 사람씩 오기 시작했다. 나중에는 마당에 들어올 수가 없어서 사리사리 울타리 밖에서 우리의 노래와 드라마를 지켜보는 사람들이 많았다. 약 400명의 마을 주민들이 그 밤에 사리사리에 모였다. 그리고 현지 사역을 하는 필리핀 목사가 나와서 복음을 열정적으로 전했다. 물론 우리는 무슨 말인지 알아들을 수 없었다. 열정적인 복음 전파가 끝난 후, 복음을 영접하고

---

8) 필리핀에서 흔히 볼 수 있는 잡화점으로서 한국으로 말하면 동네 마트에 해당한다.

결신하겠다고 결심한 사람들을 무대 앞으로 초청했다.

선교팀원 모두는 매우 놀랐다. 성인부터 아이들까지 자발적으로 자리에서 일어나 앞으로 걸어 나왔다. 어떤 사람들은 머리를 숙인 채 자신의 두 손을 가슴에 대고 울고 있었다. 그들은 영접 기도를 따라했고, 우리들은 그들의 손을 잡고 기도했다. 언어를 뛰어 넘는 감격과 감동이 밀려왔다. 선교팀원들은 전혀 예상하지 못한 복음전도의 기쁨을 체험했다. 단지 우리가 그토록 전하고 싶었던 복음 곧 기쁜 소식이 우리를 더욱 기쁘게 했다. 짧은 기간이었지만 필리핀에서 복음전도를 하고 기쁜 마음으로 귀국했다. 귀국후, 월례회를 했다. 그리고 우리는 결의했다. "지금부터 일 년 동안 준비합시다." 그렇게 시작된 필리핀 해외 복음전도사역을 우리는 매년 실시하고 있다. 결코 준비가 많이 되어서 시작한 것이 아니다. 그렇다고 준비를 소홀히 해도 된다는 것은 아니다. 중요한 것은 예수님의 명령을 따라 복음전도의 첫 단추, 첫걸음인 '가는 것'이다.

하나님은 예언자 요나에게 '일어나 가서 외치라'고 명령하셨다. "너는 일어나 저 큰 성읍 니느웨로 가서 그것을 향하여 외치라 그 악독이 내 앞에 상달되었음이니라 하시니라"(욘 1:2). 요나는 하나님의 명령에 불순종했다. 그러나 큰 물고기 뱃속에서 회개한 이후 요나에게 두 번째 하나님의 말씀이 임했다. "여호와의 말씀이 두 번째로 요나에게 임하니라 이르시되 일어나 저 큰 성읍 니느웨로 가서 내가 네게 명한 바를 그들에게 선포하라 하신지라"(욘 3:2). 하나님의 명령은 '일어나 가서 선포하라'였다. 요나의 전도의 특징은 일어나 가서 외치는 것이다. 이런 요나 전도를 예수님은 잘 알고 계셨다. 예수님도 제자들에게 복음전도의 사명을 맡겨 주었다. 예수님은 승천하시면서 제자들에게 다음과 같이 말씀하셨다.

> "예수께서 나아와 말씀하여 이르시되 하늘과 땅의 모든 권세를 내게 주셨으니 그러므로 너희는 가서 모든 민족을 제자로 삼아 아버지와 아들과 성령의 이름으로 세례를 베풀고 내가 너희에게 분부한 모든 것을 가르쳐 지키게 하라 볼지어다 내가 세상 끝날까지 너희와 항상 함께 있으리라 하시니라"(마 28:18-20)

예수님은 제자들에게 가라고 명령하셨다. 그리고 세례(침례)를 주고, 가르쳐 지키게 하라고 말씀하셨다. 이 세 가지 실천으로 예수님의 궁극적인 전도의 목표인 제자를 삼도록 명령하셨다. 제자들은 예수님의 이 명령을 마음속에 새기고 복음전도에 전념했다. 한번은 성령께서 베드로에게 다음과 같이 말씀하셨다.

> "베드로가 그 환상에 대하여 생각할 때에 성령께서 그에게 말씀하시되 두 사람이 너를 찾으니 일어나 내려가 의심하지 말고 함께 가라 내가 그들을 보내었느니라 하시니"(행 10:19-20)

성령은 베드로에게 명령하셨다. 무엇이라고 명령하셨나? 일어나 가라고 말씀하셨다. 말씀에 순종한 베드로는 고넬료의 집을 방문하여 복음을 전파했다. 이처럼 복음전도자들은 하나님의 명령에 순종하여 일어나 가서 외치고 선포했다. 우리가 요나의 전도에서 발견할 수 있는 전도의 원리는 일어나 가서 외치는 것이다. 이렇게 명령한 것은 하나님께서 복음전도자보다 앞서 복음전도의 환경을 조성하시기 때문이다.

4. 복음전도와 코람 데오

요나는 하나님의 명령을 거역했다. 이런 요나의 행위를 요나서는 이렇게 표현했다. "그러나 요나가 여호와의 얼굴을 피하려고 일어나 다시스로 도망하려 하여 욥바로 내려갔더니 마침 다시스로 가는 배를 만난지라 여호와의 얼굴을 피하여 그들과 함께 다시스로 가려고 배삯을 주고 배에 올랐더라"(욘 1:3). 요나가 하나님의 얼굴을 피했다는 것은 하나님을 등지고 하나님으로부터 멀어졌다는 뜻이다. 요나는 하나님의 종으로 기름부음을 받은 거룩한 예언자였다. 그러나 그는 하나님의 명령에 따르고 싶지 않았기 때문에 하나님 앞을 피했다.

전도자 요나가 항상 유지하고 있어야 할 자세는 하나님 앞에 자기 자신이 있다는 코람 데오 의식이었다. 코람 데오(coram Deo)란 무엇일까? 코람 데오는 라틴어로써 두 개 단어가 합성된 것이다. 코람(coram)은 얼굴 앞에서, 직면하여, 목격하고, 고려하여, 관점에서라는 뜻이고, 데오(Deo)는 하나님이다. 즉 코람 데오는

'하나님 앞에서' 혹은 '하나님 얼굴 앞에서'라는 뜻이다.[9] 특별히 코람 데오는 루터, 쯔빙글리, 칼빈 등과 같은 종교개혁자들의 중요한 신학사상이었다.

예언자 요나가 하나님 얼굴 앞에 자신이 서 있다는 것을 외면한 순간, 그의 말, 생각, 행동은 자아 중심적이 되어 버렸다. 하나님의 뜻보다는 자신의 신념이 더 중요해졌다. "하나님은 내게 이렇게 말씀하셨지만 나는 그렇게 생각하지 않아." 하나님의 명령을 거역하고 불순종했다. 마치 에덴동산의 아담과 하와가 하나님의 말씀에 불순종했을 때와 같은 행동을 했다. 하나님께서 먹지 말라고 금지하신 선악을 알게 하는 나무의 열매를 먹었다. 이제 질문을 하겠다. 하나님의 명령을 거역한 아담과 하와가 한 행동은 무엇일까? 그들이 한 행동은 하나님의 얼굴을 피했다. "그들이 그 날 바람이 불 때 동산에 거니시는 여호와 하나님의 소리를 듣고 아담과 그의 아내가 여호와 하나님의 낯을 피하여 동산 나무 사이에 숨은지라"(창 3:8). 아담과 하와는 하나님의 얼굴을 피하고 숨었다. 그들이 코람 데오를 상실한 순간, 하나님의 얼굴을 피하고 나무 사이로 숨어버렸다. 이 모습이 예언자 요나의 모습과 똑같지 않은가? 아담과 하와 그리고 요나가 하나님의 얼굴을 피한다고 하나님이 시야에서 벗어날 수 있을까? 결코 그럴 수 없다. 시편 139편은 우리가 하나님의 얼굴 앞에서 피할 수 없다는 것을 자세하게 말해주고 있다.

---

9) F. Hauck, Gehard Schwinge, 「독일어 라틴어 사전」, 조병하 옮김 (서울: 크리스챤다이제스트, 2012), 69.

"내가 주의 영을 떠나 어디로 가며 주의 앞에서 어디로 피하리이까 내가 하늘에 올라갈지라도 거기 계시며 스올에 내 자리를 펼지라도 거기 계시니이다 내가 새벽 날개를 치며 바다 끝에 가서 거주할지라도 거기서도 주의 손이 나를 인도하시며 주의 오른손이 나를 붙드시리이다"(시 139:7-10)

왜 우리는 하나님의 얼굴 앞에서 피할 수 없을까? 그 이유는 전능하신 하나님은 모든 곳에 계시는 초월적 존재이기 때문이다. 우리는 이 사실을 분명하게 잘 알고 있다. 그렇다면 아담과 하와는 성경 지식과 신학이 부족해서 이 사실을 몰랐을까? 또 요나는 우리보다 성경 지식과 신학 소양이 부족해서 망각한 것일까? 그렇지 않다. 우리보다 더 생생하게 하나님의 전능하시고 무소부재 하시다는 것을 알고 있었을 것이다. 그럼에도 불구하고 그들은 하나님의 명령에 불순종했다. 하물며 우리도 아담과 하와 그리고 예언자 요나와 같이 하나님의 말씀에 불순종할 수 있는 가능성이 높다. 그렇다면 성도는 어떻게 해야 코람 데오를 할 수 있을까? 그것은 겸손한 자가 코람 데오를 할 수 있다. 반대로 말하면 자신을 의롭다고 여기고 교만한 태도를 가진 자는 결코 코람 데오를 할 수 없다. 예수님은 교만한 자들에게 다음과 같이 말씀하셨다.

"또 자기를 의롭다고 믿고 다른 사람을 멸시하는 자들에게 이 비유로 말씀하시되 두 사람이 기도하러 성전에 올라가니 하나는 바리새인이요 하나는 세리라 바리새인은 서서 따로 기도하여 이르되 하나님이여 나는 다른 사람들 곧 토색, 불의, 간음을 하는 자들과 같지 아니하고 이 세리와도 같지 아니함을 감사하나이다 나는 이레에 두 번씩 금식하고 또 소득의 십일조를 드리나이다 하고 세리는 멀리 서서 감히 눈을 들어 하늘을 쳐다보지도 못하고 다만 가슴을 치며 이르되 하나님이여 불쌍히 여기소서 나는 죄인이로소이다 하였느니라 내가 너희에게 이르노니 이에 저 바리새인이 아니고 이 사람이 의롭다 하심을 받고 그의 집으로 내려갔느니라 무릇 자기를 높이는 자는 낮아지고 자기를 낮추는 자는 높아지리라 하시니라"(눅 18:9-14)

자신의 죄를 통회 자복하는 세리는 하늘을 쳐다볼 수가 없었다. 그는 하나님의 얼굴을 바라볼 수 없었던 것이다. 그런데 하나님과의 어그러진 관계 회복은 세리의 겸손한 태도로 인해 완전히 바뀌게 되었다. 그는 차마 코람 데오할 수 없었지만 하나님께서 코람 데오할 수 있도록 은혜를 베풀어 주신 것이다. 교회에서 애창하는 복음송 중에도 코람 데오의 의미를 담은 찬양이 있다.

"괴로울 때 주님의 얼굴 보라 평화의 주님 바라보아라 세상에서 시달린 친구들아 위로의 주님 바라보아라 눈을 들어 주를 보라 네 모든 염려 주께 맡겨라 슬플 때에 주님의 얼굴 보라 사랑의 주님 안식 주리라 힘이 없고 네 마음 연약할 때 능력의 주님 바라보아라 주의 이름 부르는 모든 자는 힘주시고 늘 지켜주시리"

비록 처음에는 요나가 코람 데오하지 않았지만 큰 물고기 뱃속에서 회개하고 다시 코람 데오하게 되었다. 그리고 하나님의 명령에 순종하여 니느웨 사람들에게 복음을 전파했다. 요나의 전도는 복음 전도자가 항상 코람 데오의 자세를 유지하는 것이 얼마나 중요한 것인가를 보여준다.

5. 복음전도와 유턴

운전자들이 간혹 운전 중에 목적지로 가는 길을 잃어버릴 때가 있다. 그때 운전자는 일정 구간까지 가서 목적지 방향으로 유턴을 한다. 유턴이란 잘못된 방향으로 가던 것을 멈추고 되돌리는 것을 의미한다. 예언자 요나는 동쪽 앗수르 니느웨로 가야 했다. 그러나 정반대 방향 서쪽 다시스로 도망가려고 배를 탔다. 그야말로 요나는 잘못된 길을 가고 있었다. 여기에서 우리가 주목해서 살펴봐야 할 단어가 있다. 그 단어는 바로 '내려가다'이다.

"여호와의 말씀이 아밋대의 아들 요나에게 임하니라 이르시되 너는 일어나 저 큰 성읍 니느웨로 가서 그것을 향하여 외치라 그 악독이 내 앞에 상달되었음이니라 하시니라 그러나 요나가 여호와의 얼굴을 피하려고 일어나 다시스로 도망하려 하여 욥바로 내려갔더니 마침 다시스로 가는 배를 만난지라 여호와의 얼굴을 피하여 그들과 함께 다시스로 가려고 배삯을 주고 배에 올랐더라 여호와께서 큰 바람을 바다 위에 내리시매 바다 가운데에 큰 폭풍이 일어나 배가 거의 깨지게 된지라 사공들이 두려워하여 각각 자기의 신을 부르고 또 배를 가볍게 하려고 그 가운데 물건들을 바다에 던지니라 그러나 요나는 배 밑층에 내려가서 누워 깊이 잠이 든지라"(욘 1:1-5)

위 성경을 자세히 보면 '내려가다'는 동사가 2번 나온다는 것을 알 수 있다. 그러나 '내려가다'는 동사는 2번이 아니라 3번이다. '욥바로 내려갔더니'와 '배 밑층에 내려가서' 외에는 '내려가다'는 단어가 보이지 않는다. 이제 성경구절 '배에 올랐더라'를 주목해보길 바란다. 우리말 성경은 '배에 올랐더라'고 번역했지만 사실은 '배에 내려갔다'로 번역해야 한다. '올랐더라'는 히브리어 야라드(yalad)인데, 이 뜻은 '내려가다'이다.[10] 영어성경 킹제임스버전(KJV)은 요나 1장 3절을 다음과 같이 번역했다: "But Jonah rose up to flee unto Tarshish from the presence of the LORD, and went down to Joppa; and he found a ship going to Tarshish: so he paid the fare thereof, and went down into it, to go with them unto Tarshish from the presence of the LORD." 우리말 성경은 '올랐더라'로 번역했지만, 영어성경은 웬트 다운(went down)으로 번역했다. 웬트 다운이 무슨 뜻인가? 웬트 다운은 '내려갔다'이다. 예언자 요나는 욥바로 내려가고(went down) 또 배로 내려가고(went down) 또 배 밑층으로 내려갔다(gone down). 요나는 하나님의 명령에 불순종

---

10) Douglas Stuart, 「호세아~요나」, 「WBC 성경주석」, 793.

하는 순간부터 잘못된 길을 따라 계속 내려갔던 것이다. 복음전도의 사명을 받은 요나였지만 자신의 생각과 신념 때문에 잘못된 선택을 했다. 이런 요나를 하나님은 어떻게 하셨나? 하나님은 요나의 생각과 행동을 변화시키셨다. 그야말로 요나의 생각과 행동의 유턴이 일어난 것이다.

자신의 생각과 행동을 유턴한 사례는 성경에서 얼마든지 찾을 수 있다. 예수 그리스도의 신실한 사도이면서 복음전도자인 베드로와 바울에게서 유턴의 흔적을 찾을 수 있다. 사도행전 10장은 베드로 그리고 베드로와 함께 이방인 고넬료의 집을 방문한 유대인 그리스도인들이 나온다. 베드로는 기도 중에 기이한 환상을 보았다. 베드로는 환상 중 율법에서 먹는 것을 금지한 동물들을 보게 되었는데 성령께서 베드로에게 그것들을 먹으라고 명령하셨다.

"이튿날 그들이 길을 가다가 그 성에 가까이 갔을 그 때에 베드로가 기도하려고 지붕에 올라가니 그 시각은 제 육 시더라 그가 시장하여 먹고자 하매 사람들이 준비할 때에 황홀한 중에 하늘이 열리며 한 그릇이 내려오는 것을 보니 큰 보자기 같고 네 귀를 매어 땅에 드리웠더라 그 안에는 땅에 있는 각종 네 발 가진 짐승과 기는 것과 공중에 나는 것들이 있더라 또 소리가 있으되 베드로야 일어나 잡아 먹어라 하거늘 베드로가 이르되 주여 그럴 수 없나이다 속되고 깨끗하지 아니한 것을 내가 결코 먹지 아니하였나이다 한 대 또 두 번째 소리가 있으되 하나님께서 깨끗하게 하신 것을 네가 속되다 하지 말라 하더라 이런 일이 세 번 있은 후 그 그릇

이 곧 하늘로 올려져 가니라"(행 10:9-16)

　　베드로는 하나님의 말씀을 받아들이기가 쉽지 않았다. 그래서 베드로가 거절했던 것이다. 환상에서 깬 베드로에게 무슨 일이 생겼을까? 이방인 고넬료가 보낸 부하를 만났고, 그의 상관이 베드로를 초청한다는 것을 듣게 되었다. 베드로는 성령의 말씀을 듣고 고넬료의 집으로 갔고, 그곳에 고넬료의 친척들과 친구들도 있었다. 베드로는 성령께서 환상 중에 말씀하신 것이 이방인들을 구원하시려는 하나님의 뜻이라는 것을 알게 되었고 그들에게 복음을 전했다. 그 결과로 고넬료 집에 모인 사람들에게 성령이 임하면서 방언을 했다. 이 놀라운 장면을 베드로 그리고 베드로와 함께 고넬료의 집을 방문한 유대인 그리스도인들이 직접 목격했다. 베드로 그리고 베드로와 함께 고넬료 집을 방문한 유대인 그리스도인들은 신앙과 신학에 대한 자기들만의 분명한 신념이 있었다. 그런데 하나님의 말씀을 들은 후, 그들은 자신의 신념에서 돌이켰다. 다르게 표현하면 자신의 신념에서 하나님의 뜻으로 유턴을 한 것이다.

　　사도행전 16장은 전도자 바울에 관한 내용이 소개되어 있다. 바울은 복음을 아시아에 전하려고 계획을 세웠다. 사도행전의 저자 누가는 이 내용을 다음과 같이 기록했다.

"성령이 아시아에서 말씀을 전하지 못하게 하시거늘 그들이 브루기아와 갈라디아 땅으로 다녀가 무시아 앞에 이르러 비두니아로 가고자 애쓰되 예수의 영이 허락하지 아니하시는지라 무시아를 지나 드로아로 내려갔는데 밤에 환상이 바울에게 보이니 마게도냐 사람 하나가 서서 그에게 청하여 이르되 마게도냐로 건너와서 우리를 도우라 하거늘 바울이 그 환상을 보았을 때 우리가 곧 마게도냐로 떠나기를 힘쓰니 이는 하나님이 저 사람들에게 복음을 전하라고 우리를 부르신 줄로 인정함이러라"(행 16:6-10)

전도자 바울은 아시아에 가서 복음을 전할 계획과 의지를 가지고 있었다. 바울은 정말 아시아에 가서 복음을 전하겠다는 의지가 너무 강했다. 그래서 성경은 '애쓰되'라고 기록했다. 그런데 성령께서 허락하지 않았다. 오히려 성령께서 마게도냐로 인도하셨다. 바울은 그 어떤 전도자보다 신념이 강했다. 그의 고집스럽고 강직함을 누구도 꺾을 수 없었다. 바울의 생각과 행동을 바꿀 수 있는 분은 오직 하나님뿐이었다. 성령께서 환상 중에 하나님의 뜻을 바울에게 보여주었을 때 그의 모든 계획을 접고, 하나님의 목적지를 향해 나아갔다. 이것이 바로 전도자 바울의 유턴이다.

전도자에게 중요한 것이 무엇인가? 전도자는 하나님의 뜻을 따라 움직이는 사람이다. 물론 전도자는 성경과 신학 훈련을 통해 분명한 확신을 가지고 복음을 전파한다. 그리고 자신 만의 신념을 갖기도 한다. 그런데 복음전도자의 신념은 중요한 것이지만 하나님의 명령과 뜻을 결코 앞설 수 없다. 만약 전도자의 신념과 계획이 성령의 뜻과 대치되거나 맞지 않을 때는 과감하게 전도자의 뜻을 내려놓아야 한다. 이것이 전도자의 유턴인 것이다. 복음전도자가 가져야 할 자세를 표현한 찬양이 있다. 필자는 이 찬양을 부를 때마다 전도자의 태도에 대해 깊이 생각한다.

주님 말씀하시면 내가 나아가리다/ 주님 뜻이 아니면 내가 멈춰서리다/ 나의 가고 서는 것/ 주님 뜻에 있으니/ 오 주님 나를 이끄소서/ 뜻하신 그곳에 나 있기 원합니다/ 이끄시는 대로 순종하면 살리니/ 연약한 내 영혼 통하여 일 하소서/ 주님 나라와 그 뜻을 위하여/ 오 주님 나를 이끄소서

6. 복음전도와 청지기 의식

필자는 대학에서 경제학을 전공했다. 교수는 수업 시간에 이렇게 말을 했다. "인간이 만든 창조물 중에 제일은 화폐입니다." 돈은 일상생활에서 반드시 필요한 것이다. 물론 교회 운영을 위해서도 돈이 필요하고, 복음전도와 선교를 위해서도 돈은 반드시 필요하다. 제19차 인도차이나 한인선교사 캄보디아 대회 강사로 초청을 받은 적이 있었다. 강당 앞 로비에는 여러 부스가 설치되어 있었다. 해외 신학대학원을 소개하는 부스도 있었고, 장애인 사역과 의료 용품들을 소개하는 부스도 있었다. 그 때 로비는 구수한 향으로 진동했다. 커피 향이었다. 커피사업을 통한 비즈니스 선교를 소개하는 부스가 제일 많이 있었다. 선교사역 현장에서도 비즈니스 선교가 중요한 선교모델 중의 하나라는 것을 깊이 체험

할 수 있었다.

예언자 요나는 하나님의 얼굴을 피하여 다시스로 도망가기 위해 항구가 있는 욥바로 내려갔다. 요나가 지불했던 배삯에 대해 앞에서 다루었다. 거리가 욥바에서 다시스까지 약 3,000킬로미터 이상이고, 시간상으로도 1년 이상 여행을 해야만 갈 수 있었다. 성경학자들의 주장처럼 요나가 다시스로 가는 배를 통째로 빌렸다면 요나는 분명 큰돈을 가지고 있었던 사람이었을 것이다. 이런 관점으로 요나를 바라본다면 요나가 탑승한 배의 실었던 화물 중 일부는 요나의 것이었을 가능성이 높다. 뱃삯에 대한 연구는 앞에서 다루었기 때문에 더 이상 말하지 않겠다. 결국 요나의 여행은 성공적이었나? 그가 뱃삯으로 지불한 엄청난 돈의 가치만큼 여행을 통해 자신의 목적을 이루었나? 결코 그렇지 않다. 목적지까지 가지도 못했고, 승선하면서 실었던 자신의 소중한 물건들까지 바다 위에 던져야만 했다. 한마디로 모든 것을 버렸고, 모든 것을 잃어버렸다.

"그러나 요나가 여호와의 얼굴을 피하려고 일어나 다시스로 도망하려 하여 욥바로 내려갔더니 마침 다시스로 가는 배를 만난지라 여호와의 얼굴을 피하여 그들과 함께 다시스로 가려고 배삯을 주고 배에 올랐더라. …사공들이 두려워하여 각각 자기의 신을 부르고 또 배를 가볍게 하려고 그 가운데 물건들을 바다에 던지니라 그러나 요나는 배 밑층에 내려가서 누워 깊이 잠이 든지라"(욘 1:3-5)

요나는 하나님께서 자신에게 주신 그 많은 돈을 불순종하는 일에 사용했다. 하나님의 뜻을 이루는 일에 사용해야 할 돈을 마치 탕자처럼 모두 허비해버렸다.[11] 요나의 전도는 복음전도를 위해 돈이 필요하다는 것을 생각하게 한다. 그리고 하나님 나라와 복음전도를 위해 하나님께서 돈을 맡기셨다는 올바른 청지기 의식을 갖는 것이 중요하다는 것을 시사한다. 예수님의 12제자 중 전도대의 모든 돈 관리를 맡은 사람이 있었다. 그는 가룟 유다이다. "어떤 이들은 유다가 돈궤를 맡았으므로 명절에 우리가 쓸 물건을 사라 하시는지 혹은 가난한 자들에게 무엇을 주라 하시는 줄로 생각하더라"(요 13:29). 그는 전도대의 모든 회계를 맡았다. 그런데 그는 예수님과 함께 복음을 전하는 사람이었지만 마음속에 탐심이 가득했다. "제자 중 하나로서 예수를 잡아 줄 가룟 유다가 말하되 이 향유를 어찌하여 삼백 데나리온에 팔아 가난한 자들에게 주지 아니하였느냐 하니 이렇게 말함은 가난한 자들을 생각함이 아니요 그는 도둑이라 돈궤를 맡고 거기 넣는 것을 훔쳐 감이러라"(요 12:4-6). 유다는 복음전도과정 속에 사람들이 복음전도를 위해 드린 헌금을 자신의 사사로운 욕심을 채우기 위해 사용했다. 사람들의 영혼 구원을 위해 유익하게 사용되어야 할 돈이 자신의 탐욕을 위해 쓰여 진 것이다. 결국 유다는 돈을 사랑한 탐심과 예수님을 팔았다는 자책감으로 목숨을 끊었다. 그는 예수님의 12제자로서 복음전도를 함께 했던 사람이다. 그도 전도자였다. 그러

---

11) 송병현, 「호세아·요엘·아모스·오바댜·요나」, 「엑스포지멘터리」, 797.

나 돈 때문에 사명도 잃어버리고 생명도 잃어버린 사람이 되었다.

가룟 유다와는 반대로 자신의 생명이 다하기까지 복음전도에 전력했던 인물이 있다. 그는 바로 사도 바울이다. 특히 바울은 전도인의 직무를 감당하기 위해 직업을 가지고 있었다. "그 후에 바울이 아덴을 떠나 고린도에 이르러 아굴라라 하는 본도에서 난 유대인 한 사람을 만나니 글라우디오가 모든 유대인을 명하여 로마에서 떠나라 한 고로 그가 그 아내 브리스길라와 함께 이달리야로부터 새로 온지라 바울이 그들에게 가매 생업이 같으므로 함께 살며 일을 하니 그 생업은 천막을 만드는 것이더라"(행 18:1-3). 바울의 직업은 천막을 만드는 일 즉 텐트메이커(tentmaker)였다. 그는 자신이 할 수 있는 재능을 발휘해서 돈을 벌었다. 그리고 하나님의 나라와 복음전파를 위해 돈을 사용하였다. 그런데 여기에서 우리가 한 가지 기억해야 할 것이 있다. 바울이 자비량으로 복음전도를 했기 때문에 모든 복음전도자는 자비량 사역을 해야 한다는 식으로 생각하거나 주장을 하는 것은 옳지 않다. 바울은 텐트메이커로서 자비량 사역만 고집한 전도자가 아니라 자비량 사역도 한 전도인이라는 것을 잊지 말아야 한다. 바울은 로마교회에 편지를 썼다. 그는 이신칭의 교리와 구원의 원리에 대해 자세하게 기록했다. 그리고 마지막에 로마교회에게 부탁을 했다. 그것은 다른 부탁이 아니었다. 복음전도와 관련해서 로마교회가 헌금에 동참해 줄 것을 요청한 것이다.

"그러므로 또한 내가 너희에게 가려 하던 것이 여러 번 막혔더니 이제는 이 지방에 일할 곳이 없고 또 여러 해 전부터 언제든지 서바나로 갈 때에 너희에게 가기를 바라고 있었으니 이는 지나가는 길에 너희를 보고 먼저 너희와 사귐으로 얼마간 기쁨을 가진 후에 너희가 그리로 보내주기를 바람이라 그러나 이제는 내가 성도를 섬기는 일로 예루살렘에 가노니 이는 마게도냐와 아가야 사람들이 예루살렘 성도 중 가난한 자들을 위하여 기쁘게 얼마를 연보하였음이라 저희가 기뻐서 하였거니와 또한 저희는 그들에게 빚진 자니 만일 이방인들이 그들의 영적인 것을 나눠 가졌으면 육적인 것으로 그들을 섬기는 것이 마땅하니라 그러므로 내가 이 일을 마치고 이 열매를 그들에게 확증한 후에 너희에게 들렀다가 서바나로 가리라 내가 너희에게 나아갈 때에 그리스도의 충만한 복을 가지고 갈 줄을 아노라"(롬 15:22-29)

바울은 로마교회를 방문한 후, 서바나 곧 지금의 스페인으로 가서 복음을 전하려고 했다.[12] 이 사역을 위해 로마교회의 도움과 지원 그리고 협조를 부탁했던 것이다. 또 바울이 복음전도 중 감옥에 갇혀 있을 때 빌립보교회는 그를 재정적으로 도왔다. 바울은 빌립보교회에 감사의 마음을 담아 편지를 썼다.

"빌립보 사람들아 너희도 알거니와 복음의 시초에 내가 마게도냐를 떠날 때에 주고 받는 내 일에 참여한 교회가 너희 외에 아무도 없었느니라 데살로니가에 있을 때에도 너희가 한 번뿐 아니라 두 번이나 나의 쓸

---

12) Paul N. Benware, 「신약성경개론」, 곽철호 옮김 (서울: 요단출판사, 2006), 224.

것을 보내었도다 내가 선물을 구함이 아니요 오직 너희에게 유익하도록 풍성한 열매를 구함이라 내게는 모든 것이 있고 또 풍부한지라 에바브로디도 편에 너희가 준 것을 받으므로 내가 풍족하니 이는 받으실 만한 향기로운 제물이요 하나님을 기쁘시게 한 것이라 나의 하나님이 그리스도 예수 안에서 영광 가운데 그 풍성한 대로 너희 모든 쓸 것을 채우시리라 하나님 곧 우리 아버지께 세세 무궁하도록 영광을 돌릴지어다 아멘"(빌 4:15-20)

바울은 자비량 전도사역을 했던 텐트메이커이면서도 지역교회와 함께 복음전도에 필요한 재정을 후원요청 했던 전도자이다. 그는 교회의 헌금을 복음전도 현장에서 청지기의 사명을 가지고 유용하게 사용했다. 정리하면 요나의 전도는 복음전도와 돈의 관계에 대해 깊이 생각하게 한다. 복음전도자는 청지기의 사명을 가지고 돈을 사용해야 할 사명을 하나님께 부여받은 사람이다.

7. 복음전도와 기도

전도의 목적이 무엇인가? 복음전도의 목적은 영혼구원, 생명구원이다. 요나서에 등장인물들이 기도하는 장면이 나오는데, 여기에 공통점은 영혼구원, 생명구원과 관련되어 있다는 것이다. 첫번째, 선장과 선원들의 기도이다. 요나의 불순종으로 바다에 큰 폭풍이 일어나서 배가 거의 부서질 지경에 이르게 되었다. 이런 불안감을 일반인이 아닌 뱃사람들이 느낄 정도였으니 얼마나 심각한 상황이라는 것을 짐작할 수 있을 것이다. 혹시 배를 타고 여행을 해 본 경험이 있는가? 저자는 일본 오사카를 자주 방문한다. 목적은 지역교회와 함께 하는 복음전도와 노숙자시설 봉사활동이다. 한 동안 배를 이용해서 오사카에 다녀왔다. 오사카에서 모든 일정을 마치고 귀국하는데 날씨가 좋지 않았다. 배는 대한해협을 지나고 있었다. 비바람이 치고 거친 파도에 배가 심하게 흔들렸다. 파도가 배에 부딪칠 때면, 배가 깨지는 듯한 소리가 울렸다. 갑판 위로 나간다는 생각은 할 수가 없었다. 마치 놀이기구 바이킹이 좌우로 심하게 흔들리듯이 배가 바다 위에서 오르락내리락했다. 선장은 방송으로 파도가 너무 심하기 때문에 외부로 나가는 것을 절대 삼가라고 말했다. 내 입에서는 저절로 기도가 나왔다. "하나님 아버지, 살려주세요. 무사히 배가 항구에 도착할 수 있도록 도와주세요." 바다에서 큰 폭풍을 만난다는 것이 얼마나 큰 두려움인지 뼈저리게 경험한 시간이었다.

요나가 탄 배가 심각한 위기에 봉착했다. 선장이 얼마나 다급했으면 요나를 찾아가 다음과 같이 말했다. "선장이 그에게 가서 이르되 자는 자여 어찌함이냐 일어나서 네 하나님께 구하라 혹시 하나님이 우리를 생각하사 망하지 아니하게 하시리라 하니라"(욘 1:6). 하나님을 믿지 않는 이방인 선장이 얼마나 다급했으면 자고 있는 요나를 깨워 기도하라고 말했을까? 그런데 요나는 선장의 말을 들었음에도 불구하고 하나님께 기도하지 않았다. 하나님께 기도하지 않았던 것은 하나님의 얼굴을 마주할 수 없었고, 여전히 하나님의 얼굴을 피하려는 것이었다. 오히려 이방인 선장과 선원들이 큰 소리로 하나님께 기도했다. "무리가 여호와께 부르짖어 이르되 여호와여 구하고 구하오니 이 사람의 생명 때문에 우리를 멸망시키지 마옵소서 무죄한 피를 우리에게 돌리지 마옵소서 주 여호와께서는 주의 뜻대로 행하심이니이다 하고"(욘 1:14).

이렇게 상황은 악화되어가고 있었지만 요나는 그 상황 속에서도 절대로 기도를 하지 않았다. 왜 그랬을까? 그의 고집이 그의 마음과 생각과 기도를 막고 있었던 것이다. 오히려 하나님은 선장과 선원들의 부르짖는 기도에 응답하셨다. 여기에서 우리가 깊이 생각해 볼 것이 있다. 요나는 이방인 선장과 선원들에게 복음을 전하지 않았다. 그런데 아이러니하게도 선장과 선원들은 생명의 주관자, 구원자는 여호와 하나님이라는 것을 신뢰했다. 그래서 하나님께 자신들의 생명을 보존하도록 간절히 기도했다. 요나의 불순종이 오히려 선장과 선원들에게 하나님의 위대하심을 보여주고 알리는 계기가 되었다. 그렇다면 진정한 복음전도의 주체는 누구인가? 복음전도의 주체는 하나님이다. 그러면 복음전도자는 무엇일까? 성경적인 표현으로 말하자면 소리이다. 세례(침례) 요한은 다음과 같이 말했다. "이르되 나는 선지자 이사야의 말과 같이 주의 길을 곧게 하라고 광야에서 외치는 자의 소리로라 하니라"(요 1:23). 복음전도자는 복음의 전달자이다. 그래서 복음전도자는 겸손한 마음과 자세로 소리의 역할, 복음 전달자의 사명을 감당해야 한다.

두 번째, 요나의 기도이다. 요나서 2장은 불순종한 요나가 큰 물고기 뱃속에서 하나님께 드린 기도이다.

"요나가 물고기 뱃속에서 그의 하나님 여호와께 기도하여 이르되 내가 받는 고난으로 말미암아 여호와께 불러 아뢰었더니 주께서 내게 대답하셨고 내가 스올의 뱃속에서 부르짖었더니 주께서 내 음성을 들으셨나이다 주께서 나를 깊음 속 바다 가운데에 던지셨으므로 큰 물이 나를 둘렀고 주의 파도와 큰 물결이 다 내 위에 넘쳤나이다 내가 말하기를 내가 주의 목전에서 쫓겨났을지라도 다시 주의 성전을 바라보겠다 하였나이다 물이 나를 영혼까지 둘렀사오며 깊음이 나를 에워싸고 바다 풀이 내 머리를 감쌌나이다 내가 산의 뿌리까지 내려갔사오며 땅이 그 빗장으로 나를 오래도록 막았사오나 나의 하나님 여호와여 주께서 내 생명을 구덩이에서 건지셨나이다 내 영혼이 내 속에서 피곤할 때에 내가 여호와를 생각하였더니 내 기도가 주께 이르렀사오며 주의 성전에 미쳤나이다 거짓되고 헛된 것을 숭상하는 모든 자는 자기에게 베푸신 은혜를 버렸사오나 나는 감사하는 목소리로 주께 제사를 드리며 나의 서원을 주께 갚겠나이다 구원은 여호와께 속하였나이다 하니라"(욘 2:1-9)

요나의 기도는 선장과 선원들의 기도와는 차원이 달랐다. 왜냐하면 요나는 누구보다 하나님을 잘 아는 예언자였기 때문이다. 그는 성경 훈련과 신학 훈련을 받은 사람이다. 당대에 요나보다 뛰어난 성경학자, 신학자가 있었을까? 그런 요나가 하나님의 명령을 거역하고 죽음 직전까지 가게 되었다. 그러나 죽음도 하나님의 손에 달려 있었기 때문에 요나는 하나님의 은혜로 구원을 받았다.

큰 물고기 뱃속에 3일 동안 있으면서 요나는 많은 생각을 했을 것이다. 그리고 자신의 입을 열어 하나님께 기도를 올려드렸다. 요나의 기도는 크게 세 가지 내용을 담고 있다. 1) 자신의 죄를 인정했다. 자신에게 닥친 고난은 불순종으로 온 것임을 시인했다. 성경은 죄 고백과 인정의 중요성을 강조하고 있다. "만일 우리가 우리 죄를 자백하면 그는 미쁘시고 의로우사 우리 죄를 사하시며 우리를 모든 불의에서 깨끗하게 하실 것이요"(요일 1:9). 2) 구원하신 은혜에 감사했다. 요나는 구원은 여호와 하나님께 있다는 것을 고백하고, 구원하신 것에 대해 감사의 기도를 올려드렸다. 3) 서원을 갚기로 맹세했다. 요나는 하나님께서 구원의 은혜를 베풀어주신 것은 분명한 이유가 있기 때문이라는 것을 잘 알고 있었다. 그래서 하나님께 서원한 것을 반드시 갚겠다는 다짐을 했다.

　전도자 요나의 기도에서 우리는 무엇을 발견할 수 있을까? 복음전도자는 성경과 신학훈련을 받아야 한다. 이 말의 뜻은 복음전도자가 되기 위해 모두 신학교에 다녀야한다는 것을 의미하는 것이 아니다. 복음전도자는 얼마든지 지역교회에서 성경과 신학훈련을 받을 수 있다. 그리고 더 깊은 연구를 위해서 지역에 있는 건전한 신학교에 입학할 수 있다. 그러나 성경과 신학훈련이 훌륭한 복음전도자를 보증하는 것은 아니다. 그 대표적인 예가 요나이다. 하나님께서 요나에게 원하셨던 것은 성경과 신학적 소양이 아니었다. 그에게 원하신 것은 오직 하나였다. 그것은 바로 순종이었다. 성경은 순종의 중요성을 강조하고 있다. "사무엘이 이르되 여호와께서 번제와 다른 제사를 그의 목소리를 청종하는 것을 좋아하심 같이 좋아하시겠나이까 순종이 제사보다 낫고 듣는 것이 숫양의 기름보다 나으니"(삼상 15:22). 요나는 고난을 통해 불순종의 자리에서 일어나 순종의 자리로 나아가게 되었다.

세 번째, 니느웨 백성들의 기도이다. 요나는 니느웨 성을 돌아다니면서 하나님의 말씀을 선포했다. 그의 전도는 매우 간결했다. 그러나 그 말씀의 울림은 니느웨 성읍을 진동시키고도 남을 정도였다. 니느웨 사람들은 금식하면서 회개기도를 하나님께 올려드렸다.

> "니느웨 사람들이 하나님을 믿고 금식을 선포하고 높고 낮은 자를 막론하고 굵은 베 옷을 입은지라 그 일이 니느웨 왕에게 들리매 왕이 보좌에서 일어나 왕복을 벗고 굵은 베 옷을 입고 재 위에 앉으니라 왕과 그의 대신들이 조서를 내려 니느웨에 선포하여 이르되 사람이나 짐승이나 소 떼나 양 떼나 아무것도 입에 대지 말지니 곧 먹지도 말 것이요 물도 마시지 말 것이며 사람이든지 짐승이든지 다 굵은 베 옷을 입을 것이요 힘써 하나님께 부르짖을 것이며 각기 악한 길과 손으로 행한 강포에서 떠날 것이라 하나님이 뜻을 돌이키시고 그 진노를 그치사 우리가 멸망하지 않게 하시리라 그렇지 않을 줄을 누가 알겠느냐 한지라 하나님이 그들이 행한 것 곧 그 악한 길에서 돌이켜 떠난 것을 보시고 하나님이 뜻을 돌이키사 그들에게 내리리라고 말씀하신 재앙을 내리지 아니하시니라"(욘 3:5-10)

니느웨 사람들이 요나의 전도를 듣고서 제일 먼저 한 것이 무엇인가? 성경은 분명하게 말하고 있다. '하나님을 믿고'. 니느웨 백성들이 하나님을 믿었다. 그리고 하나님의 말씀을 믿었다. 그 결과로 회개하고 금식한 것이다. 요나는 단지 다섯 단어를 선포했을 뿐인데 어떻게 그 많은 니느웨 사람들이 회심하게 된 것일까? 그것은 하나님께서 니느웨 사람들의 마음이 요나가 전해 준 말씀에 반응하고 회심할 수 있도록 예비하신 것이다. 니느웨 사람들은 하나님께 부르짖어 기도했다. 그들의 회개를 보시고 하나님은 뜻을 돌이켜 니느웨 백성들을 용서하시고 구원하셨다. 종합하면 기도는 복음전도 준비과정에 필요한 믿음의 행위이다. 또 복음전도 진행과정 중에도 꼭 필요한 믿음의 실천이다. 그리고 기도는 복음전도 이후 복음전도자와 회심자가 하나님께 나아가는 믿음의 표현인 것이다.

8. 복음전도와 예비하심

하나님은 요나를 돕고 깨우치기 위해 동물, 식물, 자연을 예비하셨다. 요나서에는 네 개의 예비하심이 소개되어 있다. 1) 하나님은 요나를 구원하기 위해 큰 물고기를 예비했다. "여호와께서 이미 큰 물고기를 예비하사 요나를 삼키게 하셨으므로 요나가 밤낮 삼 일을 물고기 뱃속에 있으니라"(욘 1:17). 2) 하나님은 요나가 더위를 피할 수 있도록 박넝쿨을 예비했다. "하나님 여호와께서 박넝쿨을 예비하사 요나를 가리게 하셨으니 이는 그의 머리를 위하여 그늘이 지게 하며 그의 괴로움을 면하게 하려 하심이었더라 요나가 박넝쿨로 말미암아 크게 기뻐하였더니"(욘 4:6). 3) 하나님은 요나를 깨닫게 하시기 위해 벌레를 예비했다. "하나님이 벌레를 예비하사 이튿날 새벽에 그 박넝쿨을 갉아먹게 하시매 시드니라"(욘 4:7). 4) 하나님은 요나를 깨닫게 하시기 위해 뜨거운 동풍을 예비했다. "해가 뜰 때에 하나님이 뜨거운 동풍을 예비하셨고 해는 요나의 머리에 쪼이매 요나가 혼미하여 스스로 죽기를 구하여 이르되 사는 것보다 죽는 것이 내게 나으니이다 하니라"(욘 4:8).

복음전도자는 하나님의 명령을 수행하는 과정 중에 생각이 많을 수 있다. 또 복음전도자는 하나님의 사역을 하면서 이해가 되지 않는 일 때문에 질문을 많이 할 수도 있다. 하나님은 전도자를 돕고 깨닫게 하기 위해 때로는 자연을, 때로는 사람을, 때로는 환경을 준비하신다. 그 대표적인 예가 창세기에 나온다. 하나님은 아브라함에게 독자 이삭을 제물로 바치라고 명령하셨다. 아브라함은 이해할 수 없었지만 하나님의 명령에 온전히 순종했다. 모리아산에 도착한 후, 제단을 쌓았다. 그리고 이삭을 번제 제물로 드리려고 칼을 들었다. 이삭도 하나님의 뜻을 이루기 위해 아브라함에게 온전히 순종했다. 아버지와 아들의 위대한 순종을 지켜보신 하나님께서 천사를 통해 중지할 것을 말씀하셨다. 그리고 이삭을 대신하여 숫양을 준비하셨다. 그래서 그곳의 이름을 여호와 이레라고 불렀다. "아브라함이 그 땅 이름을 여호와 이레라 하였으므로 오늘날까지 사람들이 이르기를 여호와의 산에서 준비되리라 하더라"(창 22:14). 이날 이후부터 여호와 이레의 모리아 산은 거룩한 땅이 되었다.

세월이 한참 지난 후, 다윗이 왕으로 이스라엘을 다스리고 있었다. 다윗의 간절한 소망은 성전을 건축하는 것이었다. 그러나 하나님은 다윗에게 성전 건축을 허락하지 않았다. 그는 성전 건축을 위해 오르난이라는 사람을 찾아갔다. 오르난은 타작마당을 가지고 있었다. 다윗은 그에게 하나님께 예배를 드리기 위해 제단이 필요했고, 이 사실을 오르난에게 말했다. 그리고 두 사람 사이에 거래가 성사되어 오르난의 타작마당은 다윗의 소유가 되었다.

"다윗이 오르난에게 나아가매 오르난이 내다보다가 다윗을 보고 타작마당에서 나와 얼굴을 땅에 대고 다윗에게 절하매 다윗이 오르난에게 이르되 이 타작하는 곳을 내게 넘기라 너는 상당한 값으로 내게 넘기라 내가 여호와를 위하여 여기 한 제단을 쌓으리니 그리하면 전염병이 백성 중에서 그치리라 하니 오르난이 다윗에게 말하되 왕은 취하소서 내 주 왕께서 좋게 여기시는 대로 행하소서 보소서 내가 이것들을 드리나이다 소들은 번제물로, 곡식 떠는 기계는 화목으로, 밀은 소제물로 삼으시기 위하여 다 드리나이다 하는지라 다윗 왕이 오르난에게 이르되 그렇지 아니하다 내가 반드시 상당한 값으로 사리라 내가 여호와께 드리려고 네 물건을 빼앗지 아니하겠고 값 없이는 번제를 드리지도 아니하리라 하니라 그리하여 다윗은 그 터 값으로 금 육백 세겔을 달아 오르난에게 주고 다윗이 거기서 여호와를 위하여 제단을 쌓고 번제와 화목제를 드려 여호와께 아뢰었더니 여호와께서 하늘에서부터 번제단 위에 불을 내려 응답

하시고 여호와께서 천사를 명령하시매 그가 칼을 칼집에 꽂았더라"(대
상 21:21-27)

　다윗은 왕위를 솔로몬에게 물려주었다. 그리고 자신이 오르난
에게서 구입한 타작마당을 솔로몬에게 주었다. "아버지가 아들에
게 땅을 유산으로 물려준 것이 좋은 것이기는 하지만 특별한 의
미가 있는 것일까?" 아버지의 유산을 아들이 얼마든지 승계받을
수 있는데, 오르난의 타작마당이었던 땅을 유산으로 받았다는 것
은 매우 중요한 사건과 연결이 된다. 그 중요한 사건이 무엇일까?
그것은 바로 솔로몬의 성전건축이다. "솔로몬이 예루살렘 모리아
산에 여호와의 전 건축하기를 시작하니 그 곳은 전에 여호와께서
그의 아버지 다윗에게 나타나신 곳이요 여부스 사람 오르난의 타
작마당에 다윗이 정한 곳이라"(대하 3:1). 오르난의 타작마당은
성전건축의 터가 되었다. 그런데 오르난의 타작마당은 아브라함
이 이삭을 제물로 드리려고 했던 모리아 산에 있었다. 바로 여호
와 이레의 그 땅 모리아 산이 오르난의 타작마당이 되었고, 타작
마당은 솔로몬 성전의 터가 되었다. 이 모든 과정을 하나님께서
예비하셨던 것이다. 아브라함의 여호와 이레는 아브라함의 것만
이 아니었다. 아브라함의 여호와 이레는 다윗을 위한 여호와 이
레가 되었고, 다윗을 위한 여호와 이레는 솔로몬의 여호와 이레
가 되었다. 여호와 이레는 하나님의 택함 받은 백성 모두에게 적
용되었고 요나서의 주인공 요나에게도 적용되었다. 여호와 이레
는 오늘날의 복음전도자들에게도 그대로 적용된다. 그래서 복음

전도자들은 하나님의 예비하심을 믿고 기대하면서 복음전파의 현장으로 나아가야 한다.

9. 복음전도와 신앙고백

요나와 함께 배를 탔던 선원들은 요나의 정체에 대해 질문했다. 그 질문에 요나는 다음과 같이 대답했다. "그가 대답하되 나는 히브리 사람이요 바다와 육지를 지으신 하늘의 하나님 여호와를 경외하는 자로라 하고"(욘 1:9). 히브리 사람은 어떤 뜻일까? 1) 이스라엘 사람이 이방인에게 자신을 소개할 때 사용하는 명칭이다.[13] 2) 이스라엘 사람과 비(非) 이스라엘 사람을 구별할 때 사용한 법률용어다.[14] 쉽게 말하면 이스라엘 사람은 법률적으로 내국인, 이방인은 법률적으로 외국인이다. 3) 히브리어 이브리는 '아바르'에서 파생되었다. 강 반대편, 강 저 너머 지역으로부터 온 사람들이라는 의미이다.[15] 어떤 강을 건넜다는 말인가? 히브리어 '이브리'에서 말하는 강은 유브라데스 강을 의미한다. 즉 히브리 사람은 유브라데스 강을 건너 온 사람들, 유브라데스 강 저 너머에서 이주한 사람들을 지칭하는 것이다. 그렇다면 이스라엘 조상 중에 강을 건너 온 사람은 누구일까? 그 사람은 바로 아브라함이

---

13) Douglas Stuart, 「호세아-요나」, 「WBC 성경주석」, 808.
14) Ibid.
15) "히브리 사람," 「아가페 성경주석」.

다. 아브라함은 갈대아 우르가 고향이다. 그는 초승달 비옥한 토지 하란 땅으로 이주했고, 아버지 데라가 세상을 떠난 후 하란 땅을 떠나 유브라데스 강을 건너서 가나안 땅으로 들어갔다. 가나안 땅 주민들이 아브라함과 그의 가족들을 보고 히브리 사람이라고 불렀다. "도망한 자가 와서 히브리 사람 아브람에게 알리니 그 때에 아브람이 아모리 족속 마므레의 상수리 수풀 근처에 거주하였더라 마므레는 에스골의 형제요 또 아넬의 형제라 이들은 아브람과 동맹한 사람들이더라"(창 14:13). 왜냐하면 강을 건너온 사람들이었기 때문이다.

요나는 자신이 히브리 사람이라고 신분을 밝혔다. 또 '바다와 육지를 지으신 하늘의 하나님 여호와를 경외하는 자'라고 선원들에게 말했다. 바다와 육지는 바다와 육지만을 의미하는 것이 아니라 그 안에 포함되어 있는 모든 피조물을 뜻한다. 요나는 하나님이 모든 피조물을 창조하신 분이라고 말했다. 왜냐하면 이방종교 인들 중에 자신이 믿는 신이 세상을 창조했다고 믿는 사람도 있었기 때문이다. 이방인 선원들 중에 이방종교의 신을 믿는 사람도 있었을 것이다. 어떤 사람은 천둥과 비를 주관하는 바알을 믿었던 사람도 있었을 것이고, 어떤 사람은 아세라 여신을 믿었던 사람도 있었을 것이다. 요나가 활동하던 이 시기는 지중해 연안과 비옥한 초승달 지역에서 여러 민족들이 수백 가지 신을 숭배하고 있었던 때이다.[16] 그러나 요나는 비록 하나님 말씀에 불순

---

16) Douglas Stuart, 「호세아-요나」, 「WBC 성경주석」, 808-9.

종해서 도망가는 신세이기는 했지만 하나님에 대한 분명한 신앙 고백을 가지고 있었다.

초대교회 이단들의 관점에서 요나서를 해석한다면 좋게 평가할까? 아니면 나쁘게 평가할까? 100퍼센트 나쁘게 평가할 것이다. 그 이유가 무엇일까? 요나는 바다와 육지를 지으신 하나님을 믿는 사람이었기 때문이다. 하나님께서 육지와 바다를 만드신 것은 당연한 것 아닌가? 맞다. 그러나 초대교회 이단들은 영지주의 사상을 가진 사람들이었다. 영지주의란 비밀스러운 영적인 지식을 가지고 있는 사람이 구원을 받을 수 있다는 이단사상이다. 정확하게 표현하면 기독교 영지주의이다. 그들은 영과 육을 구분했다. 그래서 이원론 사상을 갖고 있다고 말하는 것이다. 그들은 영은 거룩한 것이지만 육은 악하고 더럽다고 생각했다. 그래서 만물을 창조하신 하나님은 신약성경에 나오는 사랑의 하나님과는 다른 존재라고 주장했다. 물론 정통교회는 만물의 창조자 하나님이 곧 신약성경에 계시된 하나님과 동일하다고 믿었다. 그리고 신앙 고백에도 창조자 하나님을 믿는다고 말했던 것이다. 영지주의 이단은 창조자 하나님을 데미우르지(Demiurge) 즉 조물주라고 불렀다. 악하고 폭력을 행사하는 신으로서 신약성경에 계시된 영혼을 구원하는 사랑의 하나님과는 다른 존재라고 주장했다. 이런 주장에 초대교회 성도는 미혹되었을까? 당연히 미혹되었고 교회는 혼란을 겪을 수밖에 없었다. 그 세력이 얼마나 컸던지 정통교회에서 손을 쓸 수 없을 만큼 큰 세력으로 확장되었다. 왜 이런 현상이 발생하게 된 것일까? 여러 이유가 있겠지만 분명한 신앙고백이 없거나 신앙고백이 약했기 때문에 발생한 것이다. 신앙고백은 신앙생활에서 반드시 필요한 것이다.

그렇다면 신앙고백이란 무엇일까? 신앙고백은 누구에게 소속되었는가를 분명하게 밝히는 것이다. 요나가 선원들의 질문에 대답한 것에서도 발견할 수 있다. 우리는 다윗과 골리앗의 대결을 잘 알고 있다. 다윗은 이스라엘 사람이었고, 골리앗은 블레셋 사람이었다. 이스라엘 사람들이 골리앗을 두려워했던 이유는 무엇인가? 그 이유는 간단하다. 골리앗이 블레셋 소속이었기 때문이다. 만약 골리앗이 이스라엘 소속이었다면 블레셋 사람들이 이스라엘 군대를 두려워했을 것이다. 지금 한국교회는 이단, 사이비 단체들의 공격적 포교활동 때문에 걱정을 많이 하고 있다. 벌써 많은 사람들이 이단에 미혹되어 신앙뿐 아니라 가정생활과 사회생활에 치명적인 영향을 받고 있다. 그들이 정통교회 소속으로서 열정적으로 전도를 한다면 교회는 칭찬하고 격려했을 것이다. 그러나 그들의 소속은 이단, 사이비 단체이기 때문에 우려감이 높은 것이다.

이단 사이비 단체에 소속된 사람들은 그들만의 신앙고백을 할까? 당연히 자신들만의 신앙고백을 한다. 이단 사이비 단체에 소속된 사람들의 신앙고백은 정통교회 성도의 신앙고백과 분명하게 다르다. 교주형 이단에 소속된 사람들은 교주를 하나님, 재림예수, 보혜사로 믿는다. 이단은 사도신경을 부정한다. 쉽게 말하면 사도신경의 내용이 틀렸다고 주장한다. 교회사를 살펴보면 신앙고백문으로 교회에서 가장 많이 활용되고 있는 것은 사도신경이다. "사도신경은 사도들 즉 예수님의 12제자들이 만든 것일까?" 정답은 '아니다'이다. 사도신경은 사도들이 만든 것이 아니다.

초대교회 시대부터 성도는 짧은 신앙고백을 말했다. 가장 좋은 예가 사도 베드로의 신앙고백이다. "또 물으시되 너희는 나를 누구라 하느냐 베드로가 대답하여 이르되 주는 그리스도시니이다 하매"(막 8:29). 그런데 시간이 흘러가면서 이단사상을 가진 사람들이 정통교회 성도를 미혹하고 혼란케 했다. 그래서 정통교회의 신앙고백이 필요하게 되었다. 그래서 주후 4세기 때부터 오늘날 형태의 '사도신경'을 사용하게 되었다.[17)]

사도신경을 신앙 고백문으로 인정하고 예배시간에 고백하는 정통교회들이 많이 있다. 물론 예배시간에 사도신경을 신앙고백으로 활용하지 않는 교회와 교단도 있다. 그렇다면 예배시간에 사도신경을 고백하지 않는 교회는 이단일까? 그렇지 않다. 꼭 사도신경이 아니더라도 각 교회, 각 교단에서 성경적인 신앙 고백문을 만들 수 있는 것이다. 또 정형화된 신앙 고백문을 고백하지 않으면 안 된다고 성도를 압박하는 것도 지나친 행위이다. 그런데 이단 사이비 단체들은 사도신경이 틀렸다고 주장한다. 정통교회 중 사도신경을 고백하지 않는 교회들은 사도신경의 내용이 틀렸다고 말하지 않는다. 이것이 이단과 정통교회의 가장 큰 차이점이다. 이렇듯 신앙고백은 복음전도자에게 매우 중요한 것이다. 복음전도자는 자신의 믿음을 요나와 베드로처럼 정확하게 고백할

---

17) R. C. Sproul, 「모든 사람을 위한 신학」, 385.

수 있어야 한다.

10. 복음전도와 예배

요나는 하나님의 명령을 거역하기 전에는 하나님께 온전히 예배를 드렸던 사람이다. 그는 누구보다 예배의 중요성을 잘 알고 있던 사람이다. 요나는 하나님의 성전을 향해 기도하던 사람이다. 그래서 요나는 자기 자신을 선원들에게 하나님을 경외하는 자라고 말했다. "그가 대답하되 나는 히브리 사람이요 바다와 육지를 지으신 하늘의 하나님 여호와를 경외하는 자로라 하고"(욘 1:9). 하나님을 경외하는 자는 무슨 뜻일까? 히브리어 야레(yā·rê)를 '경외하는'으로 번역했다. 헬라어 70인 역에서는 세보마이(σέβομαι)로 번역했다. 세보마이는 '신들을 겁내다', '움츠리다'라는 뜻을 가지고 있다. 그런데 이 단어는 단순한 숭배가 아닌 하나님을 존중하는 예배와 관련해서 사용되었다. 즉 '하나님 여호와를 경외하는 자'는 '하나님 여호와를 예배하는 자'라는 의미이다. 사도행전에 6번 나오는 '세보메노이'는 하나님을 경외하는 사람들을 가리킨다. 이 단어는 하나님을 존경할 뿐 아니라 적극적으로 하나님께 예배드린다는 것을 뜻한다.[18] 하나님께 예배하는 자는 복음전도자가 되고, 복음전도자는 하나님을 예배하는

---

18) "σέβομαι," 「신약성서신학사전」.

자가 된다.

필자는 대학에 입학하면서 대학생 선교단체에서 훈련을 받았다. 그리고 대학을 졸업한 이후, 사역자로 헌신했다. 선교회에서는 전도와 제자훈련을 집중적으로 가르쳤다. 하나님께 헌신하고 충성하는 것이 최고의 미덕이라고 생각하면서 힘들고 어려워도 인내했다. 그런데 훈련을 시키는 사역자로서 믿음으로 살아가려고 몸부림치면 칠수록 고통은 더욱 심해졌다. 급기야 심각한 영적 고갈과 탈진을 경험하게 되었다. 영적 고갈과 탈진의 증세는 마음과 몸으로 나타났다. "왜 내가 사역을 해야 하는가?" 원망이 생겼다. 또 사람들을 만나는 것이 너무 두려웠다. 그 어떤 사람의 격려와 위로도 도움이 되지 않았다.

몸도 심각하게 상처를 입었다. 위장 내시경을 했는데 의사가 심각한 표정을 지었다. 나는 침대에 누워있어 화면을 볼 수 없었다. 화면상으로 볼 때, 나의 위는 마치 손톱으로 할퀸 것처럼 위벽에 피가 흐르고 있었다. 그래서 속이 쓰리고, 음식물이 들어가면 고통스러워서 배를 움켜쥐고 있어야만 했다. 정말 사명과 사역을 당장이라도 그만두고 내려놓고 싶었다. 그래서 하나님께 기도했다. "주님, 저의 생명을 거두어주세요. 제가 아니어도 주님은 더 훌륭한 사역자를 택하셔서 주의 뜻을 이루실 수 있습니다. 제발 제게 주신 사명과 사역을 멈추게 해 주소서." 진심이었다.

필자는 방 안에서 며칠 동안 나오지 않았다. 그때 필자는 신앙 경건서적을 읽었다. 천천히 읽어가는 동안 필자가 겪고 있는 과정이 '영혼의 어두움'이라는 것을 깨닫게 되었다. 사막의 교부들과 기독교 영성가들은 성도에게 '영혼의 어두움'이 반드시 있다고 말했다. 마치 하나님께서 나의 곁을 떠나버리신 것과 같이 영적으로 탈진하고 고독한 시간을 일정기간 동안 보내게 된다는 것이다. 그런데 그 어두움은 일정한 때가 되면 출구를 찾게 되고, 다시 빛 가운데 계신 주님을 발견하게 되어 이 전보다 성숙한 믿음으로 신앙생활을 하게 된다고 책에 기록되어 있었다.

독서는 마음의 양식이라고 하는데, 정말 지친 영혼에 큰 위로가 되었다. 그날 이후부터 조금씩 회복하게 되었다. 그리고 진지하게 질문을 했다. "신앙생활의 첫걸음은 예배인가? 아니면 전도와 제자훈련인가?" 선교회 사역자로서 전도와 제자훈련을 강조한 반면 하나님께 예배하는 것은 상대적으로 소홀했다. 오직 복음전도와 제자훈련을 위해, 지상명령 성취를 위해 전도, 훈련, 양육, 파송을 목표로 세우고 앞만 보고 달렸던 것이다. 물론 전도, 훈련, 양육, 파송은 매우 중요한 것들이지만 이것이 예배를 대신할 수 없다는 것을 깨닫게 되었다.

복음전도와 제자훈련의 궁극적인 목표는 하나님의 영광을 높이는 것이고, 이것은 예배를 통해 가능하다. 예수님은 우물가의 여인과 대화하실 때에 예배에 대해 다음과 같이 말씀하셨다. "아버지께 참되게 예배하는 자들은 영과 진리로 예배할 때가 오나니 곧 이 때라 아버지께서는 자기에게 이렇게 예배하는 자들을 찾으시느니라 하나님은 영이시니 예배하는 자가 영과 진리로 예배할지니라"(요 4:23-24). 예수님은 사마리아 여인에게 전도하는 중이었다. 그런데 전도 대화의 주제가 예배였다. 예수님을 만난 사마리아 여인은 기쁨과 소망을 갖게 되었다. 그리고 마을 사람들에게 복음을 전파했다. 그 결과로 사마리아 사람들이 예수님을 믿고 구원을 받게 되었다.

예배는 하나님께 영광을 돌리는 시간이면서도, 예배자가 하나님의 은혜를 받고 새 힘을 얻는 시간이다. "오직 여호와를 앙망하는 자는 새 힘을 얻으리니 독수리가 날개치며 올라감 같을 것이요 달음박질하여도 곤비하지 아니하겠고 걸어가도 피곤하지 아니하리로다"(사 40:31). 여호와를 앙망하는 자 즉 하나님께 예배하는 자는 새 힘을 얻게 된다. 그 힘을 가지고 복음전도 사명을 감당할 수 있는 것이다. "좋은 소식을 전하며 평화를 공포하며 복된 좋은 소식을 가져오며 구원을 공포하며 시온을 향하여 이르기를 네 하나님이 통치하신다 하는 자의 산을 넘는 발이 어찌 그리 아름다운가"(사 52:7).

하나님의 새 힘을 공급받은 전도자는 독수리의 날개 치며 올라가는 모습과 비슷하다. 그리고 새 힘을 공급받은 전도자의 발은 힘이 넘치고 아름답다. 이것은 복음전도자의 발걸음을 어떤 동물에 비유한 것이다. 그 동물이 무엇일까? 그 동물은 바로 사슴이다. 이사야는 복음전도자의 발걸음이 사슴의 발처럼 아름답다고 표현했다. 사슴의 발은 소나 말처럼 굵지 않다. 그냥 보기에는 매우 얇고 가늘다. 그런데 가느다란 발과 발목을 가진 사슴은 이스라엘의 험준한 바위산 이곳저곳을 가뿐하게 뛰어다닌다. 우리나라는 기쁜 소식을 전해주는 동물을 제비라고 생각한다. 그래서 우체국의 심벌이 제비이다. 그런데 이스라엘 우체국의 상징은 제비가 아니다. 이스라엘 우체국의 심벌은 사슴이다.[19] 그 이유는 이사야서 52장에 나오는 기쁜 소식을 전해주는 사람을 사슴으로 비유했기 때문이다.

복음전도가 결코 예배를 대신하거나 우선할 수 없다. 복음전도 자는 예배자가 되어야 하며, 예배를 통해 하나님께서 공급하시는 새 힘을 받아 독수리처럼, 사슴처럼 힘있게 복음을 전해야 한다. 요나는 비록 하나님 말씀에 불순종했지만 하나님은 그에게 기회를 주셨고 그는 큰 물고기 뱃속에서 잃었던 예배를 회복했다. 그 결과는 무엇인가? 물고기 뱃속에서 나온 후, 니느웨 성으로 가서 하나님의 말씀을 전파했다. 이렇듯 요나서는 예배의 중요성을 복음전도자에게 보여주고 있는 것이다.

11. 복음전도와 담대함

요나가 니느웨에 가는 것을 싫어했던 이유는 두려움 때문이 아니다. 그는 하나님의 명령이라면 항상 순종할 준비가 되어 있던 예언자였다. 그런데 요나는 니느웨 백성들이 하나님의 심판을 피하게 되면 머지않아 북이스라엘에게 큰 해가 된다는 것을 알았다. 앗수르 니느웨가 싫었던 것은 사실이지만 그보다 더 큰 이유는 요나가 북이스라엘을 너무나 사랑했기 때문이다. 그래서 니느웨에

---

19) 류모세, 「열린다성경 동물이야기」 (서울: 두란노, 2012), 126-41.

가기 싫었던 것이다. 그리고 니느웨 백성들이 하나님의 말씀을 듣게 되면 반드시 회개하고 하나님을 믿게 되어 심판을 면하게 될 것이 분명하다는 것을 요나는 잘 알고 있었다. "요나가 매우 싫어하고 성내며 여호와께 기도하여 이르되 여호와여 내가 고국에 있을 때에 이러하겠다고 말씀하지 아니하였나이까 그러므로 내가 빨리 다시스로 도망하였사오니 주께서는 은혜로우시며 자비로우시며 노하기를 더디하시며 인애가 크시사 뜻을 돌이켜 재앙을 내리지 아니하시는 하나님이신 줄을 내가 알았음이니이다"(욘 4:1-2). 요나는 하나님에 대해 너무나 잘 알고 있었다.

큰 물고기 뱃속에서 나오게 된 요나는 니느웨 성으로 갔다. 니느웨 성은 고대 도시 중에서도 그 규모가 매우 컸다. 니느웨 성으로 들어가는 요나의 모습을 상상해 보라. 요나는 그냥 성문을 통과하지 못했을 것이다. 성문을 지키고 있는 군인들이 있었을 것이고, 그들은 요나에게 니느웨를 방문한 이유에 대해서 물었을 것이다. 내국인이 아니었기 때문에 검열이 까다롭게 진행되었을 것이다. 군인들이 요나를 볼 때, 물건을 팔러 온 상인처럼 보이지 않았을 것이다. 검열하는데 수상하다고 생각했으면 성안으로 진입하는 것이 거절될 수도 있었다. 고대에 낯선 외국인이 니느웨 성에 들어와서 활동한다는 것이 쉬운 일인가? 그 당시는 외국인의 경우 안전을 보장받지 못했던 시대이다. 그리고 무슨 행동을 하는지 감시 대상으로 지목되어 있었을 것이다. "혹시 니느웨의 사정을 정탐하려는 스파이가 아닌가?" 이런 의심을 받을 수 있었고, 심한 경우 조사를 받는 중 목숨까지 잃을 수도 있었다. 그런 상황을 요나가 모를 리가 없었다. 그런데 요나는 큰 어려움 없이 니느웨 성 안으로 들어갔다. 요나는 하나님의 명령에 지체함없이 순종하여 니느웨 이곳저곳을 다니면서 하나님의 뜻을 선포했다. 이 모든 것이 가능했던 이유는 단 한 가지이다. 하나님의 예비하심이다. 하나님께서 요나를 지키지 않았다면 추방 내지 니느웨 감옥에 갇혔든지, 심한 경우에는 죽임을 당했을 수도 있었다. 요나는 자신을 니느웨로 보내신 하나님을 의지하면서 담대하게 복음을 선포했다. "니느웨 성 여러분, 하나님의 진노하심으로 40일 후가 되면 니느웨는 무너지게 됩니다." 우리는 깊이 생각을 해봐야 한다. 요나는 복음전도자로서 갖추어야 할 담대함을 가지고 있었다. 여기에서 한 가지 기억해야 할 중요한 내용이 있다. 담대함은 복음전도자의 자세와 자질 중의 하나이다. 그런데 성도가 복음 전파하는 것을 두려워하는 이유 중 하나가 온전하지 못한 자신의 모습에 집착하기 때문이다. 그러나 복음전도자가 전파하는 것은 자신의 생활이 아니다. 복음전도자가 전하는 것은 오직 복음이다.[20] 세상 사람들이 필요로 하고 듣고자 하는 소식은 구원의 기쁜 소식 즉 복음이다. 그렇기 때문에 성도는 담대하게 복음을 전파해야 한다.

예수님은 제자들에게 염려하지 말고 담대할 것을 말씀하셨다. "사람이 너희를 회당이나 위정자나 권세 있는 자 앞에 끌고 가거든 어떻게 무엇으로 대답하며 무엇으로 말할까 염려하지 말라 마땅히 할 말을 성령이 곧 그 때에 너희에게 가르치시리라 하시니

---

20) 조은태, 「전도학 총론」 (서울: 타문화권목회연구원, 1995), 196.

라"(눅 12:11-12). 사실 제자들은 두려웠다. 담대할 이유보다 두려워할 상황적 이유가 더욱 크고 많았다. 이런 예수님은 제자들의 상황을 미리 아시고 성령이 도와주신다고 말씀하셨다. 성령의 충만을 받은 제자들에게 두려움은 사라지고 담대함이 충만해졌다. "빌기를 다하매 모인 곳이 진동하더니 무리가 다 성령이 충만하여 담대히 하나님의 말씀을 전하니라"(행 4:31).

사도 바울은 복음전도자로서 담대하게 하나님의 말씀을 선포했다. "바울이 회당에 들어가 석 달 동안 담대히 하나님 나라에 관하여 강론하며 권면하되"(행 19:8). "하나님의 나라를 전파하며 주 예수 그리스도에 관한 모든 것을 담대하게 거침없이 가르치더라"(행 28:31). 그렇다면 어떻게 요나와 사도들은 담대하게 복음을 전할 수 있었던 것일까? 그들이 담대할 수 있었던 이유는 단 하나이다. 하나님의 말씀과 예수님의 명령을 믿었기 때문이다. "예수께서 대답하시되 이제는 너희가 믿느냐 보라 너희가 다 각각 제 곳으로 흩어지고 나를 혼자 둘 때가 오나니 벌써 왔도다 그러나 내가 혼자 있는 것이 아니라 아버지께서 나와 함께 계시느니라 이것을 너희에게 이르는 것은 너희로 내 안에서 평안을 누리게 하려 함이라 세상에서는 너희가 환난을 당하나 담대하라 내가 세상을 이기었노라"(요 16:31-33). 세상을 이기신 주님이 복음전도자와 함께 하신다.

성경은 하나님이 우리와 함께 하신다는 것을 '임마누엘'이라고 부른다. 예언자 이사야는 다음과 같이 말했다. "그러므로 주께서 친히 징조를 너희에게 주실 것이라 보라 처녀가 잉태하여 아들을 낳을 것이요 그의 이름을 임마누엘이라 하리라"(사 7:14). 이사야의 임마누엘 예언은 예수님의 성육신 사건으로 성취가 되었다. "이 모든 일이 된 것은 주께서 선지자로 하신 말씀을 이루려 하심이니 이르시되 보라 처녀가 잉태하여 아들을 낳을 것이요 그의 이름은 임마누엘이라 하리라 하셨으니 이를 번역한즉 하나님이 우리와 함께 계시다 함이라"(마 1:22-23). 임마누엘 즉 하나님이 우리와 함께 계신다는 믿음을 가지고 있을 때, 복음전도자는 담대하게 복음을 전파할 수 있게 된다. 한 가지 덧붙여서 말한다면 복음전도자는 불필요한 생각을 버려야 한다. 존 맥아더(John F. MacArthur)는 성경적 복음전도에 대해 다음과 같이 말했다.

복음전도의 성공 여부는 당장의 숫자적 결과에 달려 있지 않다. 처음에 아무 효과가 없는 것처럼 보여도 복음전도의 방법을 바꾸거나 계획을 새로 수정할 필요는 없다. 실용주의나 세속적 관심에 치우치지 말고 오직 십자가와 그 구원의 메시지에만 초점을 맞춰야 한다. "사람들의 반응이 어떨까?", "어떻게 해야 복음의 메시지를 좀 더 매혹적으로 보이게 할 수 있을까?", "십자가의 복음에 대한 거부감을 최소화하려면 복음을 어떤 식으로 구성해야 할까?"와 같은 문제에 집착해서는 안 된다. 그보다는 진리와 성경적 정확성과 명확성, 그리고 무엇보다 그리스도께 초점을 맞춰야 한다. 복음의 메시지는 상처받은 사람의 필요 욕구나 하나님의 축복을 받기 위해 인간이 행해야 할 일이 아니라 그리스도와 그분이 죄인들을 구원하기

위해 행하신 사역에 관한 것이다.[21)]

자칫 잘못하면 복음전도자가 결과에 대한 염려와 두려움을 갖게 될 수 있다. 그러나 복음전도의 결실은 전적으로 하나님의 영역이다. 이것을 하나님의 절대주권이라고 부른다. 복음전도자는 복음전도의 사명을 받은 것이지 그 결과까지 책임지도록 부르심을 받은 것이 아니다. 열두 제자들의 실수가 여기에 있었다. 예수님은 씨 뿌리는 비유를 말씀하시면서 30배, 60배, 100배로 결실할 것을 말씀하셨다. 그러나 제자들은 복음전파의 확장을 의심했다. 그리고 두려웠다. 담대함은 찾아 볼 수가 없었다.

그런 제자들의 영적, 심리적 상태를 예수님은 알고 계셨다. 비록 그들이 당장은 받아들이지 못할지라도 말씀을 전파하고 가르치는 것은 쉬지 않으셨다. 이 모든 것이 해결되고 해소가 되어 버리는 결정적인 계기가 있었다. 바로 다락방에서 함께 모여 기도할 때에 성령의 충만함을 받게 되었다. 그 전까지만 해도 자신들의 경험과 지식으로는 불가능하다고 여겨지던 것들이 하나님 안에서는 모든 것이 가능하다는 것을 깨닫게 되었다. 바로 여기에서 복음전도자의 담대함이 나오는 것이다. 담대함은 감정의 영역인 듯 하지만 그 시발점은 하나님의 말씀이고, 말씀을 신뢰할 때 복음전도자 마음속에 담대함이라는 감정이 생기는 것이다.

---

21) John F. MacArthur, 「담대한 복음전도」, 조계광 옮김 (서울: 생명의말씀사, 2012), 9-10.

12. 복음전도와 새 노래

불순종한 요나는 바다에 던져졌다. 그리고 하나님께서 예비하신 큰 물고기 뱃속에 들어갔다. 3일 동안 그곳에 있으면서 요나는 자신을 구원하신 하나님께 기도했다. 그 기도는 감사의 시와 노래로 지어졌다. 요나의 기도는 고대 히브리 시의 운율을 따르는 시(詩)였고, 일정한 음에 붙여져서 노래로 불렀다.[22] 그래서 요나의 기도는 요나가 부르는 노래였다.[23] 이것은 요나가 시를 지을 수 있는 능력이 있었다는 것을 증명한다. 아무리 시를 짓고 싶어 한다고 해서 만들 수 있는 것은 아니다. 요나는 감사시의 주제, 운율, 내용, 형식을 이해했고, 어떻게 구성해야 하는지 학습을 통해 배웠다.

이것은 무엇을 의미하는가? 감사시의 영감은 성령께서 주신다. 그렇다고 해서 시인이 아무것도 배우지 않아도 된다는 것을 의미하지는 않는다. 오히려 배우고 익히는 것에 전념해야 한다. 사도 바울은 디모데에게 배움을 강조했다. "그러나 너는 배우고 확신한 일에 거하라 너는 네가 누구에게서 배운 것을 알며"(딤후 3:14). 예언자 요나는 히브리 시로 하나님을 찬양하고 믿음을 어떻게 표현해야 하는지 잘 알고 있었다. 왜냐하면 예언자의 덕목 중 하나가 시(詩)로 감사, 찬양, 고백을 담아 표현할 수 있는 능력을 갖추는 것이었기 때문이다.

---

22) 목회와신학 편집부, 「요나·하박국」 「두란노 HOW주석」, 42-3.
23) James Limburg, 「호세아-미가」, 「현대성서주석」, 235.

요나의 기도는 시편과 매우 비슷하다. 시편에 있는 여러 시와 유사하다는 것을 쉽게 발견할 수 있다. 이것은 요나가 시편에 대해 잘 알고 있었다는 것을 의미한다. 그는 시편을 읊조리면서 묵상하고, 노래를 불렀을 것이다. 특히 예배를 드릴 때에 시편 찬양을 불렀을 것이 분명하다. 여기에서 우리가 한 가지 의문을 가져야 할 것이 있다. 요나는 큰 물고기 뱃속에서 하나님께 기도를 시로 표현해서 올려드렸다. 하나님은 요나의 진실한 감사시에 담긴 기도를 기쁘게 받으시고 응답하셨다. 그렇다면 요나는 물고기 뱃속에서 자신이 하나님께 드린 기도를 파피루스에 기록했을까? 그럴 일이 없다. 그렇다면 요나는 기억력이 좋아서 자신의 기도를 한 글자도 틀리지 않고 기억하고 있었을까? 물론 그럴 가능성도 있다. 그런데 우리의 기도를 생각해보자. 어제 교회에서 하나님께 올려드린 기도를 오늘 아침에 그대로 기록할 수 있을까? 물론 내용은 어느 정도 기억나서 대략적으로 종이에 기록할 수 있을지는 몰라도 정확하게 기록한다는 것은 결코 쉽지 않은 일이다. 그런데 요나는 자신의 기도를 정확하게 기억했다. 이것이 가능할 수 있었던 것은 시를 어떤 방식으로 기록해야 하는가를 예언자 훈련을 통해 배우고 익혔기 때문이다. 더 나아가 이스라엘 예언자들은 음악적 시인으로 교육을 받았다.[24]

그러면 한 가지 질문을 더 해 보자. 보통 시편은 제의적 찬송으로 사용되었다. 쉽게 말하면 공적 예배 시간에 사용된 찬송가였

---

24) David E. Aune, 「호세아-요나」, 「WBC 성경주석」, 828.

다. 특히 이스라엘의 절기 때 시편 찬양이 많이 사용되었다. 그렇다면 요나의 시가 요나의 노래라면 어느 때 사용되었을까? 혹시 요나의 노래도 제의적 찬송일까? 요나의 노래를 회중들도 예배 시간에 불렀을까? 이 질문에 대한 답은 '그렇다'이다. 이스라엘 사람들은 요나서를 절기 때 읽었다. 우리나라에도 설날과 추석 등과 같은 절기가 있듯이 이스라엘에도 절기가 있다. 봄의 절기는 4개가 있는데 유월절, 무교절, 초실절, 칠칠절이 여기에 해당된다. 그리고 가을 절기로는 3개 즉 나팔절, 속죄일, 초막절이 있다. 이것을 이스라엘의 7대 절기라고 한다. 그렇다면 요나서와 관련된 절기는 어떤 것일까? 그 절기가 바로 대 속죄일이다. 그 이유는 요나서의 핵심 주제가 회개이기 때문이다.[25] "여호와께서 모세에게 말씀하여 이르시되 일곱째 달 열흘날은 속죄일이니 너희는 성회를 열고 스스로 괴롭게 하며 여호와께 화제를 드리고 이 날에는 어떤 일도 하지 말 것은 너희를 위하여 너희 하나님 여호와 앞에 속죄할 속죄일이 됨이니라"(레 23:26-28).

요나의 기도는 요나의 시요 요나가 부른 노래이다. 요나의 노래를 다른 말로 표현한다면 요나가 부른 새 노래이다. 새 노래란 무엇일까? 최근에 만들어진 신곡(新曲)일까? 만약 신곡이 새 노래라면 요나의 노래는 '구(舊) 노래', '옛 노래', '헌 노래'이다. 그런데 성경은 하나님의 백성들에게 새 노래로 여호와 하나님을 찬양할 것을 명령했다. 정말 요나의 노래는 새 노래일까? 이 질문

---

25) 변순복, 「회개로 인도하는 요나서」, 13.

의 정답은 '그렇다'이다. 요나가 부른 노래는 새 노래이다. 왜냐하면 요나의 노래는 하나님께 올려드리는 노래이기 때문이다. "새 노래 곧 우리 하나님께 올릴 찬송을 내 입에 두셨으니 많은 사람이 보고 두려워하여 여호와를 의지하리로다"(시 40:3). 성경이 말하는 새 노래의 정의는 하나님께 올릴 찬송이다. 요나는 비록 하나님 말씀에 불순종해서 큰 물고기 뱃속에 들어가서 고난을 받았지만 그는 자신의 죄를 회개하고 구원하신 하나님께 감사 기도를 올려드렸다. 바로 새 노래의 주제가 구원해 주신 하나님의 은혜를 찬양하는 것이다. 줄여서 말한다면 구원감사의 노래, 구원감사 찬송이다.

구약성경에는 기념비적인 새 노래가 있다. 이 새 노래는 개인의 차원을 뛰어 넘어 이스라엘 온 민족이 구원을 얻게 되어 하나님을 찬양하는 노래이다. 혹시 이 노래의 제목을 알고 있는가? 이 노래의 제목은 모세의 노래이다. 출애굽기 15장의 제목은 모세의 노래이다. 이집트 노예 생활을 끝내고 이스라엘 백성들은 모세의 인도를 따라 출애굽을 하게 되었다. 파라오는 변심하여 이스라엘 백성들을 추격했고, 이스라엘 백성들은 홍해 앞에서 진퇴양난이 되었다. 하나님은 놀라운 능력으로 홍해를 가르셨고, 이스라엘 백성들은 무사히 바다를 건넜다. 이스라엘 백성들을 뒤 쫓던 이집트의 군인들은 모두 홍해 속에서 최후를 맞이하게 되었다. 이 장면을 모세와 이스라엘 백성들은 바닷가에서 지켜봤다. 이 역사적인 장면을 바라 본 이스라엘 백성들은 자신들을 구원하신 하나님을 찬양했다. 그 찬양을 만든 사람이 있었다. 그가 바로 모세였다. 그리고 그 노래를 모세의 노래라고 불렀다. 모세의 노래 주제는 구원 감사였다. 그래서 모세의 노래도 새 노래이다. 그런데 모세의 노래는 출애굽기에만 나오는 것이 아니다.

신약성경 맨 마지막에 있는 요한계시록에 모세의 노래가 등장한다. "하나님의 종 모세의 노래, 어린 양의 노래를 불러 이르되 주 하나님 곧 전능하신 이시여 하시는 일이 크고 놀라우시도다 만국의 왕이시여 주의 길이 의롭고 참되시도다"(계 15:3). 사도 요한은 환상 속에서 모세의 노래를 부르는 하나님의 백성들을 보았다. 환상 속에 본 하나님의 백성들은 하나님의 구원을 받은 사람들이고, 자신들을 구원하신 하나님께 감사의 마음을 찬송으로 올려드린 사람들이다. 그들이 부르는 찬송은 모세의 노래, 어린 양의 노래이면서 새 노래였다. "그들이 보좌 앞과 네 생물과 장로들 앞에서 새 노래를 부르니 땅에서 속량함을 받은 십사만 사천 밖에는 능히 이 노래를 배울 자가 없더라"(계 14:3).

구원받은 하나님의 백성들은 누군가로부터 복음을 들었던 사람들이다. 그들은 복음전도자의 수고와 헌신을 통해 구원을 얻는 복음, 기쁜 소식을 들었다. 그리고 회개하고 믿음으로 구원을 얻게 되었다. 이 원리는 지금도 동일하다. 구원의 감격은 감사로 나타나고, 입술의 고백과 찬양으로 나온다. 그 찬양의 주제는 구원을 베풀어 주신 하나님의 은혜이다. "이 일 후에 내가 보니 각 나라와 족속과 백성과 방언에서 아무도 능히 셀 수 없는 큰 무리가 나와 흰 옷을 입고 손에 종려 가지를 들고 보좌 앞과 어린 양 앞에 서서 큰 소리로 외쳐 이르되 구원하심이 보좌에 앉으신 우리 하나님과 어린 양에게 있도다 하니"(계 7:9-10). 복음전도는 구원을 베풀어 주시는 하나님의 은혜를 사람들에게 전파하는 것이고, 복음전도자는 구원의 기쁜 소식을 복음을 듣지 못한 사람들에게 요나처럼 외치고 선포하는 사람이다. 복음을 듣고 예수 그리스도를 영접하고 믿는 사람들은 요나처럼 새 노래로 하나님께 영광을 올려드리게 된다. 다음의 찬양은 구원의 은혜를 베푸시는 하나님과 예수 그리스도를 높이는 새 노래이다. 각 교회에서 널리 애창되고 있는 찬송이다.

> 우리 보좌 앞에 모였네 / 함께 주를 찬양하며
> 하나님의 사랑 그 아들 주셨네 / 그의 피로 우린 구원 받았네
> 십자가에서 쏟으신 그 사랑 / 강 같이 온 땅에 흘러
> 각 나라와 족속 백성 방언에서/ 구원받고 주 경배드리네
> 구원하심이 보좌에 앉으신 / 우리 하나님과 어린양께 있도다
> 구원하심이 보좌에 앉으신 / 우리 하나님과 어린양께 있도다

13. 복음전도와 회심

요나서에 나타난 첫 번째 회심사건은 선장과 선원들에게 일어났다. 요나서에 등장하는 선장과 선원들은 바다 가운데 역사하시는 하나님의 권능을 체험하고 회심했다. 또 니느웨 백성들은 요나가 전해 준 하나님의 말씀을 듣고 회심했다.

회심이란 무엇일까? 우선 회심은 두 개의 핵심주제를 포함하고 있다. 하나는 회개이고, 다른 하나는 믿음이다. 에릭슨은 회심에 대해 다음과 같이 말했다: "회개를 통하여 자신의 죄로부터 돌아서서 믿음 안에서 그리스도를 향하는 행동이다. …회개는 불신자의 죄로부터의 돌아섬이며, 믿음은 그리스도를 향한 돌아섬이다."[26] 웨인 그루뎀은 회심에 대해 다음과 같이 말했다: "회심은 회개하며 죄로부터 돌이켜 믿음으로 그리스도를 의지하는 한 가지 행동이다."[27] 회개가 죄로부터 멀어지는 소극적인 행위라면, 믿음은 구원자 예수 그리스도를 향해 나아가는 적극적인 행위이다. 그리고 회심은 다른 사람이 나를 대신해서 회개하고 믿어 줄 수 있는 것이 아니다. 즉 회심은 개인의 영역이며 구원의 시작이다.[28]

선장과 선원들은 우상숭배자들이었다. 그들은 바다 위에서 심각한 상황에 직면하게 되었다. 그들은 자신들의 힘으로 위험한 상황을 벗어날 수 없었다. 이 모든 것이 요나 때문에 생긴 일이라는 것을 선장과 선원들은 알게 되었다. 요나는 자신의 정체를 밝히면서 자신이 믿고 섬기는 신이 여호와 하나님이라고 선장과 선원들에게 말했다. 이 말을 듣기 전까지는 각각 자신들의 신에게 살려 달라고 소리쳤다. 그러나 요나의 말을 들은 후, 선장과 선원들은 우상이 아닌 여호와 하나님께 부르짖었다. "무리가 여호와께 부르

---

26) Millard J. Erickson, 「복음주의 조직신학(하)」, 114.

27) Wayne A. Grudem, 「성경핵심교리」, 김광열, 곽철근 공역 (서울: 기독교문서선교회, 2004), 539.

28) Stanley J. Grenz, 「조직신학」, 신옥수 옮김 (서울: 크리스챤 다이제스트, 2003), 625.

제IV부 • 요나 전도의 실천적 연구 217

짖어 이르되 여호와여 구하고 구하오니 이 사람의 생명 때문에 우리를 멸망시키지 마옵소서 무죄한 피를 우리에게 돌리지 마옵소서 주 여호와께서는 주의 뜻대로 행하심이니이다 하고"(욘 1:14).

선장과 선원들은 하나님의 크고 놀라운 일을 경험하면서 회심하게 되었다. 그렇다면 하나님은 회심한 선장과 선원들을 어떻게 하셨을까? 그들은 큰 풍랑과 바람 속에서 구원을 받았다. 그리고 여호와 하나님께 제물을 드리고 서원했다. 하나님께 제물을 드렸다는 것은 경배와 예배를 올려드렸다는 것이고, 서원을 했다는 것은 우상을 버리고 오직 여호와 하나님만을 믿고 섬기겠다는 다짐이다. 요나는 선장과 선원들에게 전도하려는 의도와 의지가 없었다. 그렇지만 하나님은 요나의 단편적인 고백까지도 사용하셨다. 이것은 하나님의 섭리이다. 하나님은 이방인이요 우상숭배자인 선장과 선원들에게 주님의 위대하심을 보여주었고, 이것으로 인하여 뱃사람들은 회심할 수 있는 계기가 되었다.[29]

미드라쉬는 선장과 선원들의 회심 사건에 대해 다음과 같이 말했다: "선원들은 곧바로 욥바로 배를 돌렸다. 배가 항구에 도착하자 그들은 즉시 예루살렘으로 가서 이방인 신도들(proselytes)이 되었다."[30] 이러한 근거에 비춰어볼 때, 우리는 다음 장면을 유추해 볼 수 있다. 이방인이면서 우상 숭배자였던 선장과 선원들이 여호와 하나님을 믿고 예배하는 자가 되었기 때문에 얼마 전, 지중해 바다를 항해하는 중에 있었던 사실에 대해 많은 사람들에게

---

29) 변순복, 「회개로 인도하는 요나서」, 163-4.
30) 송병현, 「호세아·요엘·아모스·오바댜·요나」, 「엑스포지멘터리」, 784.

간증했을 것이다. 그들은 성경적, 신학적으로 체계적인 훈련을 받지는 못했지만 자신들이 경험한 여호와 하나님과 요나에게 있었던 일을 생생하게 증언했을 것이다. 그렇다. 선장과 선원들은 여호와 하나님의 증인이 되어 전능하신 하나님을 전파하는 전도인이 되었을 것이다. 예수님도 복음전도자가 증인이라고 말씀하셨다. "오직 성령이 너희에게 임하시면 너희가 권능을 받고 예루살렘과 온 유대와 사마리아와 땅 끝까지 이르러 내 증인이 되리라 하시니라"(행 1:8). 그리고 요한계시록에서는 두 증인을 사도 요한을 통해 교회들에게 계시했다. 요한계시록의 두 증인은 하나님의 말씀과 능력을 위임받은 교회를 상징한다. 즉 교회는 예수 그리스도의 증인이다.

요나서의 나타난 두 번째 회심사건은 니느웨 백성들에게 일어났다. 요나는 두 번째 하나님의 말씀을 듣고 니느웨 성으로 갔다. 그리고 그곳에서 하나님의 말씀을 선포했다. 요나는 사십 일 후에 니느웨 성이 무너진다고 선포했다. 이것은 하나님의 말씀이었다. 굳이 하나님은 왜 요나를 보내셨던 것일까? 그냥 경고하지 않고 얼마든지 니느웨를 심판하실 수 있었을 텐데 왜 요나를 보내셔서 경고하신 것일까? 그 이유는 구원받을 수 있는 기회를 주시려는 하나님의 뜻이 있었기 때문이다. 왜냐하면 하나님은 이스라엘 백성뿐 아니라 모든 민족의 하나님이 되시고 그들의 주가 되시기 때문이다. 하나님은 선하시고 인자하시고 자비가 한이 없으신 분이라는 것을 명확하게 보여준다.

하나님은 니느웨 사람들이 멸망당하는 것을 원하지 않으셨다.

그들은 죄악이 가득하여 하나님의 심판을 받을 수밖에 없었다. "너는 일어나 저 큰 성읍 니느웨로 가서 그것을 향하여 외치라 그 악독이 내 앞에 상달되었음이니라 하시니라"(욘 1:2). 악독이 가득하게 되어 하나님 앞에 보고가 되었다. 이런 표현이 창세기에 기록되어 있다. "네 자손은 사대 만에 이 땅으로 돌아오리니 이는 아모리 족속의 죄악이 아직 가득 차지 아니함이니라 하시더니"(창 15:16). 그런데 니느웨의 죄악은 가득 찬 상태가 되었다. 그들에게 남아있는 것은 소돔과 고모라에 임했던 하나님의 심판이었다.

요나는 히브리어 '네흐파케트' 즉 '무너지리라'를 선포했다. 이 표현은 유황과 불이 마치 비처럼 내려 소돔과 고모라를 모두 덮어버린 무서운 심판을 의미한다. 그 때, 하나님은 아브라함의 조카 롯의 가정을 구원하시기 위해 천사를 보냈다. 천사를 통해 주어진 하나님의 말씀을 듣고 롯과 두 딸들은 구원을 받을 수 있었다. 하나님은 이 때도 소돔과 고모라를 향해 회개할 수 있도록 기회를 주셨다. 그러나 하나님의 구원을 거절한 소돔과 고모라는 심판을 받았다. 이와 동일하게 40일 이후가 되면 니느웨의 운명은 소돔과 고모라와 똑같이 될 수밖에 없었다. 그런데 예상치 못한 놀라운 일이 벌어졌다. 니느웨 성 모든 사람들이 하나님을 믿고 금식하면서 회개했다. 심지어는 동물들까지도 여기에 동참했다. 그들은 자신들의 죄악을 회개했다. 그리고 하나님을 믿었다. 곧 니느웨 사람들 개개인에게 회심의 역사가 일어난 것이다. 하나님은 최종적인 심판을 하시기 전, 사람들에게 회개할 수 있는 기회, 구원받을 수 있는 기회를 열어 놓으신다. 즉 구원으로 들어가는 열린 문이 있다는 것이다. 그러나 열린 문은 때가 되면 다시는 열리지 않는다.

요한계시록은 하나님의 심판에 대해 구체적으로 묘사하고 있다. 하나님의 세 가지 심판이 있다. 일곱 인 심판, 일곱 나팔 심판, 일곱 대접 심판이 있다. 그런데 각 심판을 살펴보면 심판의 범위가 다르다는 것을 알 수 있다. 일곱 인 심판은 사분의 일 심판이다.[31] 일곱 나팔은 삼분의 일 심판이다. 최후 심판인 일곱 대접 심판은 전체 심판이다. 이 말을 다르게 표현하면 일곱 인 심판이 사분의 일 심판이면 아직 사분의 삼이라는 구원받을 수 있는 기회가 있다는 것을 의미한다. 또 일곱 나팔 심판이 삼분의 일 심판이면 아직 삼분의 이라는 회개하여 구원받을 수 있는 기회가 남아있다는 것을 뜻한다.[32] 그러나 마지막 일곱 대접 심판의 때가 되면 하나님의 긍휼을 얻지 못하고 회개할 기회도 없으며 구원을 받을 수 없게 된다. 우리는 신구약 성경에 나타난 하나님의 구원과 심판을 살펴보면서 하나님의 일하심을 구체적으로 이해하게 된다. 그 뿐 아니라 잃어버린 한 영혼을 구원하시려는 하나님의 오래 참으시는 성품을 발견하게 된다.

종합하면 성경시대부터 오늘 현재에 이르기까지 회심 사건은 곳곳에서 일어나고 있다. 인종도 다르다. 그들이 살고 있는 지역도 다르다. 그러나 회심에 있어서 변하지 않는 공통점이 하나 있

---

31) Robert H. Mounce, 「요한계시록」, 「NICNT」, 장규성 옮김 (서울: 부흥과개혁사, 2019), 196.
32) David E. Aune, 「요한계시록」, 「WBC 성경주석」, 김철 옮김 (서울: 도서출판 솔로몬, 2010), 293.

는데 그것은 바로 회개와 믿음이다. 복음이 전파되는 곳에 하나님이 예비하신 영혼들이 회개의 역사가 일어난다. 그리고 구원을 계획하신 하나님과 구원 사건을 실행하신 예수 그리스도와 구원을 보증하시는 성령 곧 삼위일체 하나님을 나의 구주, 나의 하나님으로 믿는다. 요나의 전도는 복음 앞에 선 인간이 어떻게 회심하게 되는지 선장과 선원 그리고 니느웨 백성들 모습 속에서 발견할 수 있도록 이끌어준다.

14. 복음전도와 언어

요나는 하나님의 말씀에 순종해서 앗수르 니느웨로 갔다. 그리고 니느웨 사람들을 향해 외침 전도를 했다. "요나가 그 성읍에 들어가서 하루 동안 다니며 외쳐 이르되 사십 일이 지나면 니느웨가 무너지리라 하였더니"(욘 3:4). 만약 예언자 요나가 북이스라엘 사람들을 향해 하나님의 말씀을 선포했다면 히브리어 또는 아람어를 사용했을 것이다. 요나는 히브리어와 아람어를 모두 구사할 수 있는 능력이 있었다. 그런데 하나님은 요나에게 앗수르 니느웨에 가서 하나님의 말씀을 선포하라고 명령을 내렸다. "여호와의 말씀이 두 번째로 요나에게 임하니라 이르시되 일어나 저 큰 성읍 니느웨로 가서 내가 네게 명한 바를 그들에게 선포하라 하신지라"(욘 3:1-2). 당시 앗수르 사람들이 사용했던 언어는 아시리아어와 아람어였다. 쉽게 말하면 아시리아어는 모국어이고, 아람어는 공용어였다. 우리나라로 예를 든다면 한국어는 모국어, 영어는 공용어이다.

메소포타미아 지역이 문명의 발상지라는 것을 우리는 잘 알고 있다. 메소포타미아 북부지역의 언어는 아시리아어이다. 그렇다면 메소포타미아 남부지역의 언어는 어떤 것이었을까? 남부지역의 언어는 바빌로니아어이다. 이 두 언어의 공통점은 셈족 언어이다.[33] 만약 하나님께서 요나를 바벨론으로 가서 하나님의 말씀을 전하도록 명령하셨다면 요나는 바빌로니아어로 외침전도를 했을 것이다. 하나님께서 요나를 니느웨 성으로 파송하신 이유는 요나가 외국어인 아시리아어를 구사할 수 있었기 때문이다. 여기에서 이런 질문이 가능할 것이다. "아람어로 하나님의 말씀을 선포하지 않았을까?" 아람어는 공용어이었기 때문에 앗수르 사람들 모두가 알아들을 수 있었던 것은 아니다. 우리나라에 미국 선교사가 와서 공용어인 영어로 복음을 전한다면 영어를 구사할 수 있는 사람만 알아들을 수 있을 것이다. 반면 영어 능력이 없는 대다수의 사람들은 복음을 전하는 것인지 아니면 웅변을 하는 것인지 알 수가 없다. 이런 유사한 사례가 성경에 소개되어 있다. 남유다 히스기야 왕 때의 일이다. 앗수르 왕 산헤립이 히스기야가 통치하고 있는 남유다를 침공했다. 앗수르의 장수 랍사게가 선봉에 섰다. 남유다는 랍사게에게 사신을 보내어 외교적으로 문제를 풀려고 시도했다. 그때 남유다 외교 교섭단은 랍사게에게 부탁을 했다.

---

33) Jean Bottero, Marie-Joseph Steve, 「메소포타미아」, 최경란 옮김 (서울: 시공사, 2005), 44.

"힐기야의 아들 엘리야김과 셉나와 요아가 랍사게에게 이르되 우리가 알아듣겠사오니 청하건대 아람 말로 당신의 종들에게 말씀하시고 성 위에 있는 백성이 듣는 데서 유다 말로 우리에게 말씀하지 마옵소서 랍사게가 그에게 이르되 내 주께서 네 주와 네게만 이 말을 하라고 나를 보내신 것이냐 성 위에 앉은 사람들도 너희와 함께 자기의 대변을 먹게 하고 자기의 소변을 마시게 하신 것이 아니냐 하고 랍사게가 드디어 일어서서 유다 말로 크게 소리 질러 불러 이르되 너희는 대왕 앗수르 왕의 말씀을 들으라"(왕하 18:26-28)

　　남유다의 외교 교섭단은 랍사게에게 아람어로 말하고, 유다 말 즉 히브리어로 말하는 것을 삼가 해달라고 요청했다. 랍사게는 그들의 요청을 거부했다. 그리고 남유다 백성들 모두가 알아들을 수 있는 히브리어로 외쳤다. 랍사게가 백성들을 향해 외쳤던 말의 내용은 듣는 사람들로 하여금 치욕감, 두려움, 공포심을 일으켰다. 왜 외교 교섭단은 랍사게에게 아람어로 말을 해주길 부탁했을까? 그 이유는 이스라엘 대다수의 백성들이 공용어 아람어를 들어도 무슨 말인지 알지 못하기 때문이다. 즉 외국어를 알아들을 수 없었기 때문이다. 이것은 앗수르 니느웨 백성들도 동일하다.

　　니느웨 백성들은 아람어를 들어도 잘 이해하지 못했다. 그들 모두가 이해할 수 있는 언어는 아시리아어였다. 요나는 앗수르 사람들 모두가 알아들을 수 있는 아시리아어로 하나님의 말씀을 선포했다. 그 결과는 놀라웠다. 니느웨 사람들이 요나의 외침전도를 듣고 금식하고 회개했다. 그리고 하나님을 믿었다. 요나는 외국어인 아시리아어까지 구사할 수 있는 실력을 겸비했던 것이다. 신약시대는 외국인에게 복음을 전할 수 있는 언어적 능력을 갖춘 대표적인 사람이 사도 바울이었다면 구약시대는 예언자 요나가 대표적인 인물이었다. "베드로에게 역사하사 그를 할례자의 사도로 삼으신 이가 또한 내게 역사하사 나를 이방인의 사도로 삼으셨느니라"(갈 2:8). 이것은 요나가 어느 정도까지 언어 훈련을 받았는지 구체적으로 알 수 없지만, 분명한 것은 공용어 아람어와 외국어 아시리아어를 자유롭게 구사할 수 있도록 언어 훈련을 받았다는 것이다.[34] 요나는 준비된 복음전도자이면서 타문화권 사람들에게 복음을 전할 수 있는 준비된 선교사였다. 백금산은 요나서의 선교에 대해 다음과 같이 말했다.

요나서의 가장 중요한 주제 가운데 하나는 하나님의 구속사에 있어서의 세계 선교 문제다. 요나서는 선교의 성경적 기초에 있어 가장 중요한 구약 본문들 가운데 하나다. 사실상 세계 선교의 구약성경적 기초에 있어서 요나서는 신약 마태복음의 지상명령과 비교할 수 있는 중요한 책이다. 세계 선교적 측면에서 요나서를 볼 때, 요나서에 흐르는 가장 중요한 신학적 문맥은 하나님의 세계 선교에 대한 관심과 하나님께서 이스라엘을 택하신 목적이 단순히 이스라엘에게만 복 주시기 위해서가 아니라 이스라엘을 통하여 모든 민족이 복을 받게 하려는 데 있다는 사실이다. 또한 이스라엘의 자기

---

34) Ibid., 760.

민족 중심적인 편협한 태도가 결코 하나님의 이러한 목적을 방해할 수 없으며, 하나님의 세계 선교를 위한 목적은 결코 완성되고야 만다는 것이다.[35)]

선교는 타문화권에 가서 복음 전파하는 것이다. 그래서 이것을 해외선교라고 부른다. 이런 관점에서 예언자 요나와 요나의 전도를 본다면 요나는 선교사였고, 요나의 복음전도는 해외선교라고 볼 수 있다. 예수님은 제자들에게 복음전도의 사명을 당부하셨다. "오직 성령이 너희에게 임하시면 너희가 권능을 받고 예루살렘과 온 유대와 사마리아와 땅 끝까지 이르러 내 증인이 되리라 하시니라"(행 1:8). 예루살렘과 유대 그리고 사마리아는 모국어를 사용하고 통용이 되는 이스라엘 본토이다. 반면 땅 끝은 외국어를 사용한다. 땅 끝에 사는 사람들은 각 나라의 고유 언어를 사용하면서 일부 국민들이 외국어를 개별적으로 구사한다. 그러나 모든 국민이 알아들을 수 있는 언어는 모국어이다. 그래서 지금도 해외에서 복음전도를 하기 위해서는 선교 국가의 모국어를 배워야 한다. 만약 선교지 국가의 모국어를 배우는 것이 어렵다면 최소한 공용어를 구사할 수 있도록 언어훈련을 받아야 할 것이다.

---

35) 목회와신학 편집부, 「요나・하박국」, 「두란노 HOW주석」, 25.

15. 복음전도와 케리그마

　큰 물고기 뱃속에 있던 요나는 하나님의 은혜로 구원을 받았다. 그리고 두 번째 하나님의 말씀을 받고 니느웨 성으로 갔다. 그 때 하나님은 요나에게 말씀하셨다. "일어나 저 큰 성읍 니느웨로 가서 내가 네게 명한 바를 그들에게 선포하라 하신지라"(욘 3:2). '명한 바'는 히브리어로 '학케리아'(Hakkeria)이다. 그런데 히브리어 성경을 헬라어로 처음 번역한 70인 역[36]은 '학케리아'를 '케리그마'(κήρυγμα)로 번역했다. 그렇다면 케리그마란 무엇일까? 이 단어는 소식, 선포, 포고령, 고지 등의 뜻을 가지고 있다.[37] 선포는 두 가지 측면에서 살펴볼 수 있다. 하나는 선포하는 행위이고, 다른 하나는 선포의 내용이다. 그런데 케리그마는 선포행위와 내용을 모두 가리킨다. 그렇다면 무엇을 선포한다는 것일까? 그것은 바로 좋은 소식, 기쁜 소식, 복음을 선포하는 것이다.[38]

　혹시 페이피데스(Pheidippides)라는 사람을 알고 있는가? 그는 그리스의 군인이었고, 직책은 전령(傳令)이었다. 주전 490년에 그리스와 페르시아 군대가 평원에서 전쟁을 치르고 있었다. 그 평원의 이름은 마라톤이다. 우리가 너무나도 잘 알고 있는 그 마

---

36) 70인 역 성경은 번역 성경, 외국어 성경이다. 구약성경은 히브리어로 되어 있는데, 이집트 지역을 차지하고 있던 프톨레미 왕조의 프톨레미 왕은 히브리어 구약성경을 헬라어로 번역할 것을 계획했다. 그래서 히브리어, 헬라어, 신학에 능통한 당대의 최고 이스라엘 72명 학자들을 초청했고, 그들은 번역작업에 참여했다. 이들을 통해 번역된 성경이 70인 역 성경이다. (김병국, 『신구약중간사이야기』 (서울: 도서출판 대서, 2013), 77-8.)

37) "κήρυγμα," 『신약성서신학사전』.

38) 이영찬, "베드로와 바울의 설교에 나타난 케리그마(κήρυγμα)특성과 현대설교의 적용: 사도행전 2장과 13장을 중심으로" (박사학위논문, 한국침례신학대학교 대학원, 2020), 25.

라톤이 그리스 아테네에서 약 30킬로미터 떨어진 곳에 위치한 지명이었던 것이다. 전쟁은 너무나 치열했다. 열세에 있던 그리스는 질 것으로 예상되었던 전쟁에서 모든 예상을 깨뜨리고 페르시아를 이겼다. 그러니 얼마나 기뻤겠는가. 이 기쁜 승리의 소식을 빨리 아테네에 있는 왕과 백성들에게 전하기 위해 전령 페이피데스를 보냈다. 그는 기쁜 소식을 맡은 전령의 사명을 다하기 위해 달리고 또 달렸다. 그리고 승리의 소식을 아테네에 전했다. 전령 페이피데스는 어떻게 되었을까? 그는 엄청난 거리를 쉬지 않고 달린 여파로 승전보를 전한 후에 숨을 거두었다. 이 젊은 전령 페이피데스를 기리기 위해 만들어진 육상 종목이 생겼다. 이 종목은 올림픽의 꽃이기도 하다. 이 종목은 바로 42.195킬로미터를 달리는 마라톤이다. 전령 페이피데스는 승전보, 케리그마를 아테네 사람들에게 선포했다.

케리그마와 함께 따라다니는 단어가 있다. 그것은 전령이다. 예언자 요나가 하나님의 말씀, 하나님의 명령 즉 케리그마를 받고 선포했다는 것은 그의 직책이 하나님의 전령이었다고 해석할 수 있다. 케리그마는 신약성경에서 매우 중요한 의미가 있는 단어이다. 예수님의 말씀과 행적이 기록된 복음서에 케리그마가 있다. 특별히 어떤 특정 인물과 관련해서 이 단어가 사용되었다. 그 인물은 구약성경에 나오는 어떤 사람이다. 누구일까? 그렇다. 그 사람이 바로 요나이다. 예수님은 마태복음 12장 41절과 누가복음 11장 32절에서 요나의 전도를 말씀하셨다. 복음서 기록자 마태와 누가는 케리그마라고 기록했고, 우리말 성경은 전도라고 번역했다. 마태복음 12장 41절의 헬라어 원문이다. "ἄνδρες Νινευῖται ἀναστήσονται ἐν τῇ κρίσει μετὰ τῆς γενεᾶς ταύτης καὶ κατακρινοῦσιν αὐτήν· ὅτι μετενόησαν εἰς τὸ **κήρυγμα Ἰωνᾶ,** καὶ ἰδοὺ πλεῖον Ἰωνᾶ ὧδε." 누가복음 11장 32절 헬라어 원문이다. "ἄνδρες [af]Νινευῖται ἀναστήσονται ἐν τῇ κρίσει μετὰ τῆς γενεᾶς ταύτης καὶ κατακρινοῦσιν αὐτήν· ὅτι μετενόησαν εἰς τὸ **κήρυγμα Ἰωνᾶ,** καὶ ἰδοὺ πλεῖον Ἰωνᾶ ὧδε." 마태복음과 누가복음에 기록된 두 개의 본문은 요나의 전도 곧 요나의 케리그마(κήρυγμα Ἰωνᾶ) 라고 기록했다.

예수님은 복음전도를 하실 때, 요나의 전도를 말씀하셨다. 이것 은 케리그마가 복음 전도와 관련되어 있다는 것을 의미한다. 케 리그마는 복음 전도의 행위이면서 복음의 내용이다. 조금 더 구 체적으로 말한다면 하나님의 구원을 얻는 기쁜 소식 즉 복음의 내 용이면서 구원의 기쁜 소식을 선포하는 행위인 것이다. 이 케리그 마를 신약성경에서 가장 많이 다룬 사람이 있다. 그는 사도 바울 이다. 바울은 바울서신 중 로마서, 고린도전서, 디모데후서, 디도 서에서 케리그마를 편지에 썼다(롬 16:25; 고전 1:21, 15:14; 딤 후 4:17; 딛 1:3). 특별히 바울은 복음의 전령으로서 이방인들에 게 말씀을 전파한다고 디모데에게 편지를 썼다. "주께서 내 곁에 서서 나에게 힘을 주심은 나로 말미암아 선포된 말씀이 온전히 전 파되어 모든 이방인이 듣게 하려 하심이니 내가 사자의 입에서 건 짐을 받았느니라"(딤후 4:17). 디모데후서 4장 17절의 헬라어 원 문이다. "ὁ δὲ κύριός μοι παρέστη καὶ ἐνεδυνάμωσέν με, ἵνα δι' ἐμοῦ τὸ **κήρυγμα** πληροφορηθῇ καὶ [m]ἀκούσωσιν πάντα τὰ ἔθνη, καὶ ἐρρύσθην ἐκ στόματος λέοντος." 바울에게 케리그마는 예수 그리스도의 복음이었다. 그리고 고린도교회에 보내는 편지에서 처음으로 케리그마를 사용했다. "하나님의 지혜에 있어서는 이 세상이 자기 지혜로 하나님을 알지 못하므로 하나님께서 전도의 미련한 것으로 믿는 자들을 구원하시기를 기뻐하셨도다"(고전 1:21). 고린도전서 1장 21절의 헬라어 원문이다. "ἐπειδὴ γὰρ ἐν τῇ σοφίᾳ τοῦ θεοῦ οὐκ ἔγνω ὁ κόσμος διὰ τῆς σοφίας τὸν θεόν, εὐδόκησεν ὁ θεὸς διὰ τῆς μωρίας τοῦ **κηρύγματος** σῶσαι τοὺς πιστεύοντας." 후대의 신학자들은 이 말씀을 '십자가의 신학'이라고 말했다.[39]

이런 시각에서 요나의 전도를 해석한다면 요나가 니느웨 성 사람들에게 전파한 것은 복음이고 기쁜 소식이었다고 말할 수 있다. 왜냐하면 표면상으로는 40일 후에 니느웨 성이 무너진다는 저주와 심판의 메시지이지만, 그 내면에는 하나님께서 니느웨 백성들을 향한 긍휼과 사죄의 내용이 담긴 복음이기 때문이다. 요나는 하나님의 이런 감추어진 의도를 파악하지 못했다. 그랬기 때문에 40일 후에 니느웨가 멸망할 것으로 생각하고 니느웨 성을 돌아다니면서 열심히 외쳤던 것이다. 그러나 재앙을 거두시는 하나님을 보면서 요나는 분을 내고 화를 참지 못했던 것이다. "요나가 매우 싫어하고 성내며"(욘 4:1).

정리하면 요나서는 하나님의 복음이고, 요나가 니느웨에 선포

---

39) Ibid., 52-3.

한 케리그마이다. 물론 요나가 자신이 케리그마의 깊은 뜻을 이해하지 못했다 할지라도 그는 결과적으로 복음을 전파한 하나님의 전령이었던 것이다. 이것을 예수님께서 요나의 전도를 말씀하시면서 확증해 주셨다. 복음전도자는 예수 그리스도의 증인이다. 그리고 예수 그리스도의 전령이다. 신약성경 요한계시록도 복음전도의 사명에 대해 이렇게 말씀하고 있다.

> "일곱째 천사가 소리 내는 날 그의 나팔을 불려고 할 때에 하나님이 그의 종 선지자들에게 전하신 복음과 같이 하나님의 그 비밀이 이루어지리라 하더라 하늘에서 나서 내게 들리던 음성이 또 내게 말하여 이르되 네가 가서 바다와 땅을 밟고 서 있는 천사의 손에 펴 놓인 두루마리를 가지라 하기로 내가 천사에게 나아가 작은 두루마리를 달라 한즉 천사가 이르되 갖다 먹어 버리라 네 배에는 쓰나 네 입에는 꿀 같이 달리라 하거늘 내가 천사의 손에서 작은 두루마리를 갖다 먹어 버리니 내 입에는 꿀 같이 다나 먹은 후에 내 배에서는 쓰게 되더라 그가 내게 말하기를 네가 많은 백성과 나라와 방언과 임금에게 다시 예언하여야 하리라 하더라"(계 10:7-11)

눈여겨 볼 말씀이 있다. '하나님이 그의 종 선지자들에게 전하신 복음'이다. 놀랍지 않은가? 그 옛날 주전 8세기에 예언자 요나에게 주신 하나님의 말씀이 복음이었던 것이다. 그렇다. 요나는 니느웨 성읍에서 복음전도와 외침전도를 했던 것이다.

그는 예언자이면서 하나님의 군인으로서 전령의 직무를 수행했다. 이 사실은 오늘의 복음전도자에게도 동일하게 적용된다. 복음전도자는 하나님의 종이고 하나님의 군대에 소속된 영적인 군인이다. 그리고 복음을 세상에 전하는 영적 전령이다. 하나님은 이 직무를 우리에게 맡기셨다. 그런데 복음의 특징이 있다. 입에는 달고 배에는 쓰다. 이 말이 무슨 뜻일까? 음식이 입에 먼저 들어갈까? 아니면 배에 먼저 들어갈까? 당연히 입에 먼저 들어간다. 그리고 배에 들어가서 소화를 시킨다. 이 말씀의 뜻은 하나님의 말씀인 복음을 우리가 처음 받을 때는 오묘하고 단맛이 나는 음식처럼 우리를 기쁘게 한다는 것이다. "주의 말씀의 맛이 내게 어찌 그리 단지요 내 입에 꿀보다 더 다니이다"(시 119:103). "만군의 하나님 여호와시여 나는 주의 이름으로 일컬음을 받는 자라 내가 주의 말씀을 얻어 먹었사오니 주의 말씀은 내게 기쁨과 내 마음의 즐거움이오나"(렘 15:16).

복음이신 예수 그리스도를 구주로 영접하고 믿음으로 구원을 얻게 되고, 이 사실을 깨닫는 순간 그 어떤 것보다 달고 신기하고 기쁨이 충만해진다. 필자도 이 경험을 했을 때, 세상의 그 어떤 것도 비교가 되지 않을 정도로 기쁘고 즐거웠다. 그런데 그 다음이 있다. 그것은 배에는 쓰다는 것이다. 이 말은 무슨 뜻일까? 예수 그리스도의 복음을 소화시켜 삶으로, 생활로 적용하고 실천하려면 괴로움과 핍박이 많다는 뜻이다.[40] 특히 불신자들에게 하나님의 심판을 전하는 것은 복음전도자가 감수해야 할 고통과 핍박이

---

40) 박수암, 「요한계시록」 (서울: 대한기독교서회, 1998), 173.

따른다.[41] 그래서 배에서는 쓰다고 한 것이다.

　　종합하면 요나는 하나님의 전령으로서 케리그마를 선포한 구약의 대표적인 예언자였던 것이다. 비록 잠시잠깐 그의 불순종이 있었지만 회개하고 하나님의 전령으로서 사명을 감당했다. 우리도 얼마든지 요나와 같이 하나님 말씀에 불순종 할 가능성이 있는 사람이다. 또 연약한 사람이다. 이런 가능성이 충분하게 있다는 것을 하나님은 잘 알고 계신다. 요나가 주전 8세기에만 있는 것이 아니다. 오늘 이 순간에도 요나들은 나 자신을 포함하여 곳곳에 있다. 하나님은 그런 요나들을 복음의 전령자가 되도록 다듬으시려고 때로는 시련도 주시고, 고난도 주신다. 그러나 그런 과정을 통해 우리를 온전한 복음의 전령으로 만들어 가시고, 주신 사명을 감당할 수 있도록 성령 안에서 힘과 지혜와 능력을 더해 주신다. 이런 것을 생각한다면 요나서는 우리에게 용기와 위안을 주는 하나님의 말씀이면서 복음인 것이다.

16. 복음전도와 부흥

　　니느웨 백성들의 회개운동은 누구로부터 시작되었나? 니느웨 왕일까? 아니면 백성들일까? 정답은 백성들이다. 백성들의 자발적인 회개운동이 니느웨 왕에게까지 퍼진 것이다. 다르게 표현하

---

41) 이필찬, 「내가 속히 오리라」 (서울: 이레서원, 2011), 470.

면 하향식 회개운동이 아니라 상향식 회개운동이었다.

"니느웨 사람들이 하나님을 믿고 금식을 선포하고 높고 낮은 자를 막론하고 굵은 베 옷을 입은지라 그 일이 니느웨 왕에게 들리매 왕이 보좌에서 일어나 왕복을 벗고 굵은 베 옷을 입고 재 위에 앉으니라 왕과 그의 대신들이 조서를 내려 니느웨에 선포하여 이르되 사람이나 짐승이나 소 떼나 양 떼나 아무것도 입에 대지 말지니 곧 먹지도 말 것이요 물도 마시지 말 것이며 사람이든지 짐승이든지 다 굵은 베 옷을 입을 것이요 힘써 하나님께 부르짖을 것이며 각기 악한 길과 손으로 행한 강포에서 떠날 것이라 하나님이 뜻을 돌이키시고 그 진노를 그치사 우리가 멸망하지 않게 하시리라 그렇지 않을 줄을 누가 알겠느냐 한지라"(욘 3:5-9)

니느웨 백성들은 요나의 전도를 듣고 5가지를 실행했다. 1) 하나님을 믿었다. 2) 금식을 선포했다. 3) 굵은 베 옷을 입었다. 4) 하나님께 부르짖어 기도했다. 5) 악행에서 떠났다. 요나서를 읽는 독자들 중에 이런 의문을 갖는 사람도 있다. "정말로 니느웨 백성들은 하나님을 믿고 회개했을까?" 다수의 현대 주석가들은 니느웨 회개운동에 대해 꾸며낸 이야기라고 말한다. 그 이유는 세 가지이다.[42] 1) 앗수르의 역사 기록에 이런 기록은 없었다. 2) 요나의 전도를 듣고 왕과 큰 성읍의 사람들이 이런 방식으로 반응했을 것이라는 것은 실제로 있을 것 같지 않다. 3) 이것은 과장이고 역

---

42) David E. Aune, 「요한계시록」, 「WBC 성경주석」, 855-6.

사적인 신뢰성이 거의 없다. 다만 교훈적인 가치는 있을 수 있다. 만약 현대 주석가들 다수가 니느웨 회개운동을 꾸며낸 이야기라고 말하는 것은 학문적 견해로서 그럴 수 있다고 이해할 수는 있다. 그러나 요나의 전도를 말씀하신 예수님도 요나서를 꾸며낸 이야기라고 생각하고 계셨을까? 요나서가 마치 토끼와 거북이 이야기 같은 것일까? "옛날 옛날에 토끼와 거북이가 살았는데, 하루는 토끼와 거북이가 만나서 달리기 시합을 했어. 그런데 말이야." 요나서는 이런 우화가 아니다. 예수님은 니느웨 백성들이 심판 때에 역할을 한다고 말씀하셨다. "심판 때에 니느웨 사람들이 일어나 이 세대 사람을 정죄하리니 이는 그들이 요나의 전도를 듣고 회개하였음이거니와 요나보다 더 큰 이가 여기 있으며"(마 12:41). 예수님은 니느웨 백성들이 요나의 전도 즉 요나의 케리그마로 인해 회개했다고 말씀하셨고 심판 때에 회개하고 하나님을 믿어 하나님의 백성이 된 니느웨 백성들이 역할을 한다고 말씀하셨다. 원자료가 꾸며낸 이야기이면 결말도 교훈만 주는 결론으로 끝나야 하는 것이 당연한 것 아닌가.

니느웨 회개운동은 하나님을 믿었기 때문에 가능했던 것이다. 요나서에 '믿고'는 히브리어 '와이야아미누'이다. 이 단어의 원형은 '아만'이다. 아만은 의심 없이 확고하게 믿고, 신뢰하는 것을 의미한다. 그 결과로 니느웨 백성들은 집에서, 길거리에서, 시장에서 함께 모여 하나님께 합심으로 기도했다. 놀라운 부흥이 이방인의 땅 니느웨에 일어난 것이다. 이 소식을 접한 니느웨 왕은 국가적으로 기도회를 하도록 명령했다. 니느웨 회개운동과 부흥은 자발적인 기도모임을 통해 불같이 확산되었던 것이다.

　혹시 '사무엘 밀스'라는 사람을 알고 있는가? 그는 온 세상에 복음을 전하겠다는 사명감으로 가득했던 청년이었다. 밀스는 4명의 친구들과 함께 학교 뒤 단풍나무 숲에 들어가서 세계선교를 위해 합심기도를 하자고 제안했다. 그런데 갑자기 비가 내렸다. 그들은 비를 피하기 위해 근처에 있는 건초더미를 발견하고 그 안으로 들어갔다. 그리고 이렇게 기도했다. "만일 하고자 한다면 우리는 그것을 할 수 있다"(If we will, we can do it). 여기에서 그것은 해외선교, 세계복음화를 의미했다. 소수의 5명이 비를 피해 건초더미 속에서 하나님께 드렸던 합심기도가 오늘날 전 세계에서 선교사를 가장 많이 파송한 미국해외선교회의 시발점이 되었다. 기독교 역사학자들은 5명의 청년들로부터 비롯된 캠퍼스 선교와 해외선교운동을 이렇게 불렀다. 건초더미운동(Haystack Movement). 그들이 합심기도를 드린 그 곳에 탑이 세워져 있다.[43]

　전 세계는 우리의 활동 영역이다.
　1806년, 미국해외선교가 이곳에서 탄생되다.
　사무엘 존 밀스, 제임스 리처드, 프란시스 로빈스,
　하비 루미스, 바이람 그린.

　The Field is the World.

---

43) 김요한, 「21세기 희망, 대학생 선교운동」 (서울: 생명의말씀사, 2011), 195-6.

The Birth Place of American Foreign Mission 1806,

Samuel J. Mills, James Richards, Francis L. Robbins

Harvey Loomis, Byram Green.

작은 불꽃 하나가 큰 불을 일으키듯이 소수의 사람들로 인해 교회와 국가 그리고 민족이 변화되는 놀라운 일이 일어났다. 복음전도자는 뜻을 함께 하는 동역자들이 필요하다. 그리고 같은 방향을 바라보고 하나님께 합심하여 기도할 수 있는 기도 동역자들이 반드시 필요하다.

17. 복음전도와 훈련

예언자 요나는 준비된 사역자였지만 완성된 사역자는 아니었다. 백퍼센트 준비되고 완성된 복음전도자가 있을까? 요나의 경우 부족하고 불완전한 사역자였고, 복음전도자였다. 그렇다고 하나님은 요나를 대신해서 다른 예언자를 세우지 않았다. 어떻게 보면 불순종하고, 고집스럽고, 유용하지 못한 예언자라서 사명을 완수할 수 있는 사람으로 교체할 수도 있었을 텐데 하나님은 끝까지 요나를 통해 니느웨에 복음을 전하게 하셨다. 하나님은 니느웨를 변화시키기 위해 한가지 방법을 선택하셨다. 그것은 바로 요나를 변화시키는 것이었다. '새사람 만들기 요나 프로젝트'를 예비하셨던 것이다.

요나는 외적으로 예언자로서 기름부음을 받았다. 그는 예언자로서 하나님의 말씀을 받았다. 또 히브리시를 자유자재로 만들 수 있는 문학 능력이 있었고, 타문화권에서 소통할 수 있는 언어 능력도 있었다. 그리고 약 3년에 걸쳐 운항하는 배에 탑승할 수 있는 많은 돈을 가지고 있었다. 심지어 왕에게도 인정받는 뛰어난 인물이었다. 정말 외적으로는 하나님의 사역자로서 부족한 것이 없는 사람처럼 보였다. 그러나 그의 내면은 그렇지 못했다. 자기 신념이 너무 강해서 하나님의 말씀을 거역하는 사람이었다. 그리고 고집스러움 때문에 잘못을 알면서도 끝까지 회개하지 않고 기도도 하지 않던 사람이다. 또 자신의 뜻과는 정반대로 니느웨 백성들이 하나님의 구원을 받게 되자 차라리 자신의 생명을 거두어 죽게 해 달라고 하나님께 말했던 사람이다. 사람이 아닌 하나님께 분과 화를 냈던 사람이다. 이런 하나님의 종이면서 사역자 그리고 복음전도자인 요나에 대해 하나님은 끝까지 참으시고 그를 다듬으셨다. 이것이 니느웨 백성들을 구원하기 위한 하나님의 계획이고 섭리였던 것이다. 성경은 성도에게 다음과 같이 교훈한다. "너희는 유혹의 욕심을 따라 썩어져 가는 구습을 좇는 옛 사람을 벗어 버리고 오직 심령으로 새롭게 되어 하나님을 따라 의와 진리의 거룩함으로 지으심을 받은 새 사람을 입으라"(엡 4:22-24).

그래서 하나님은 사역자인 성도에게 단련과 훈련을 시키신다. 단련과 훈련이란 무엇인가? 단련은 약한 것을 강하게 하기 위해 반복하는 행위를 뜻한다. "그러나 내가 가는 길을 그가 아시나니 그가 나를 단련하신 후에는 내가 순금 같이 되어 나오리라"(욥

23:10). 권투 선수가 시합을 준비하기 전에 상대 선수를 연구한다. 그리고 상대 선수의 약점을 집중적으로 공략하는 작전을 세울 것이다. 자신의 약점을 알고 있는 선수와 코치는 어떤 훈련을 할까? 만약 복부가 약하다면 복부를 강화하는 훈련을 반복할 것이다. 단련하기 위해 반복할 때마다 고통스럽고 힘이 들지만 승리의 영광을 위해 모든 어려움을 극복한다. 이렇게 약점을 극복하기 위해 반복적으로 집중해서 훈련하는 것을 단련이라고 부른다.

그리고 훈련은 잘 못하는 것을 잘 할 수 있도록 반복하는 행위를 의미한다. "아브람이 그의 조카가 사로잡혔음을 듣고 집에서 길리고 훈련된 자 삼백십팔 명을 거느리고 단까지 쫓아가서 그와 그의 가신들이 나뉘어 밤에 그들을 쳐부수고 다메섹 왼편 호바까지 쫓아가 모든 빼앗겼던 재물과 자기의 조카 롯과 그의 재물과 또 부녀와 친척을 다 찾아왔더라"(창 14:16).

필자가 군입대를 했을 때, 훈련소에서 총검술 훈련을 받았다. 난생처음 총을 만졌고, 모든 것이 낯설었다. 첫날 총검술 동작을 배우는데 서툴렀다. 그러나 매일 연병장에서 총검술을 연마하고 또 연마했다. 그리고 모든 훈련을 마치는 날, 가족들과 친구들이 훈련소에 왔다. 훈련생들은 그 동안 갈고닦은 총검술 실력을 멋지게 시범을 보였다. 수백 명의 훈련생들이 절도 있는 동작과 팔과 총이 부딪치면서 나는 소리는 관람객들에게 감동을 주었다. 박수소리가 연병장에 울려 퍼졌다. 그리고 마지막 기합 소리와 함께 총검술 시범이 끝이 났다. 모두가 만족하는 시범이었다. 이 모든 것은 밤낮을 가리지 않고 훈련생들이 부대 지휘관과 교관 그리고 조교들의 지도를 받으면서 반복적으로 총검술을 연습했기 때문에 가능했던 일이다. 그렇다. 이것이 바로 훈련이다.

단련과 훈련의 공통점은 반복적이라는 것이다. 그리고 둘의 공통점은 고난이 있다. 타는 목마름이 있고, 비가 쏟아지듯이 흘러내리는 땀이 있다. 단련과 훈련을 받는 과정에서 진지함은 있어도 피죽거리고 장난치는 것을 결코 용납이 되지 않는다. 그러나 이 모든 과정을 통과하면 자신감이 생긴다. 두려움도 사라지고 성공과 성취에 대한 기대감이 커진다. "네가 그리스도 예수의 좋은 군사로 나와 함께 고난을 받을찌니 군사로 다니는 자는 자기 생활에 얽매이는 자가 하나도 없나니 이는 군사로 모집한 자를 기쁘게 하려 함이라"(딤후 2:3-4). 사도 바울은 디모데에게 신앙의 단련과 훈련에 대해 교훈하면서 고난이 따른다는 것을 말했다. 왜냐하면 디모데는 예수 그리스도의 사역자이면서 복음전도자이었기 때문이다.

구약성경에는 많은 믿음의 사람들이 등장한다. 그 중에 하나님의 단련과 훈련을 받은 한 사람을 소개한다면 그는 예언자 엘리야이다. 엘리야는 하나님의 예언자로서 아합 왕에게 나아가 하나님의 말씀을 담대하게 외쳤던 사람이다. 그는 왕에게 선포했다. "왕이시여, 하나님께서 말씀하시기를 내 말이 없으면 수년 동안 비와 이슬이 내리지 않을 것이라고 말씀하셨습니다." 엘리야의 예언은 아합 왕을 불쾌하게 했다. 그런데 아합 왕보다 더 불쾌하게 생각했던 사람들이 있었다. 바로 아합 왕 옆에 있었던 바알과 아세라 제사장들이었다. 왜냐하면 바알은 천둥과 번개의 신이라고 믿었기 때문이고, 아세라는 바알의 아내로서 다산의 신이라고 믿었기 때문이다. 아합 왕과 바알 제사장들과 아세라 제사장들은 엘리야를 얼마든지 해칠 수 있었다. 그런데 엘리야는 사명을 감당하고 생명에 지장 없이 왕궁을 나왔다. 이것은 분명히 하나님의 은혜이고, 보호하심이었다.

엘리야는 하나님께서 북이스라엘을 어떻게 새롭게 하실 것인가를 기대하고 기다렸다. 그런데 하나님은 엘리야에게 "그릿 시냇가에 가서 숨어 지내라"고 말씀하셨다. 엘리야는 이해가 되지 않았지만 하나님 말씀에 순종했다. 그릿 시냇가에서 엘리야는 고독한 시간을 보냈다. 어떤 사람도 그릿 시냇가에 숨어 있는 엘리야를 찾아 올 수 없었고, 오직 방문한 것은 엘리야의 식사를 운반했던 까마귀가 전부였다. 엘리야는 그릿 시냇가에서 깊은 고독 속에서 침묵하며 하나님의 말씀을 묵상했다. 그리고 여호와 하나님께 기도했다. 하나님은 일용할 양식을 공급하시면서 엘리야를 그릿 시냇가에서 단련과 훈련을 시키셨다. 그가 받은 훈련은 단절의 훈련이었다. 세상과 사람들과의 일시적인 단절을 하면서 하나님께 집중하는 단련과 훈련을 받았던 것이다. 그릿의 뜻이 무엇일까? 그릿의 뜻은 단절이다.[44]

일정 시간이 흐른 후에 하나님은 엘리야에게 다시 명령하셨다. 이번에는 시돈 땅 사르밧으로 가라는 것이었다. 시돈은 어떤 나라인가? 시돈은 아세라 여신을 숭배하는 도시국가였고, 아세아 여

---

44) 김태권, 「850대 1」 (서울: 규장, 1998), 44.

신 신전이 있던 곳이다. 아합 왕의 부인이 시돈 사람 이세벨이다. 이세벨은 시돈의 공주였고, 아세라 여신 숭배자였다. 아합 왕과 이세벨이 결혼을 하면서 시돈 땅 우상이었던 아세라 여신을 가지고 이스라엘에 온 것이다. 그런데 하나님은 엘리야에게 시돈 땅 사르밧으로 가라는 것이었다. 우상숭배의 본거지 중심으로 들어가라고 말씀하신 것이다. 엘리야는 하나님의 말씀이 이해가 되지 않았지만 자신의 뜻을 꺾고 순종했다. 그리고 그곳에서 사르밧 과부를 만나서 오랜 시간 동안 공궤 즉 섬김을 받게 했다.

가뭄이 지속되면서 기근이 왔고, 식량이 바닥이 났다. 그러나 사르밧 과부의 집은 하나님의 기적으로 가뭄과 기근 속에서 양식이 떨어지지 않았다. 그러는 가운데 사르밧 과부의 외아들이 죽는 일이 발생했다. 엘리야는 사르밧 과부의 아들에게 안수하면서 하나님께 간절하게 기도했다. 하나님은 엘리야의 기도를 들으시고 사르밧 과부의 아들을 다시 살려주셨다. 이 사건으로 사르밧 과부는 하나님을 믿게 되었고, 엘리야가 하나님이 보내신 예언자라는 것을 체험적으로 경험하면서 인정하게 되었다.

엘리야는 사르밧에서 하나님으로부터 어떤 단련과 훈련을 받은 것일까? 그가 받았던 훈련은 하나님의 능력을 의지하는 기도의 훈련이었다. 그릿 시냇가의 단련과 훈련은 침묵과 묵상의 훈련이었다면 사르밧 단련과 훈련은 기도 훈련이었다. 또 그릿 시냇가의 단련과 훈련은 개인적인 훈련이었다면 사르밧 단련과 훈련은 관계적 또는 공동체적 훈련이었다. 하나님은 엘리야에게 사르밧의 훈련이 꼭 필요하다고 생각하셨던 것이다. 자신의 경험과 지식의 한계 속에 있던 엘리야에게 하나님의 위대한 능력과 기도에 응답하시는 하나님을 경험했던 것이다. 금 같은 엘리야를 용광로, 도가니에 넣어서 불순물을 다 빼고 나니 순금 같은 엘리야로 거듭난 것이다. 그렇다. 사르밧은 엘리야에게 용광로, 도가니와 같은 곳이었다. 사르밧의 뜻이 무엇일까? 바로 용광로, 도가니이다.[45]

이 모든 단련과 훈련을 마친 엘리야는 갈멜산에서 바알 예언자 450명과 영적 전투를 하게 되었다. 바알 예언자들은 바알의 이름을 불렀지만 아무런 응답도 없었다. 드디어 엘리야 차례가 되었다. 엘리야는 지난 3년 6개월 동안에 있었던 일들을 생각했다. 그리고 하나님께서 자신을 단련하고 훈련하신 것을 기억하며 하나님께 간절하게 기도했다. 그 결과는 놀라웠다. 하늘에서 불이 내려와 제단 위의 제물을 모두 불살랐다. 이스라엘 백성들은 이 놀라운 광경을 보고 살아계신 하나님의 위대하심을 체험하게 되었다. 엘리야와 요나는 예언자라는 공통점이 있다. 그리고 하나님의 단련과 훈련의 과정을 통해 하나님께 쓰임 받는 사역자가 되었다. 하나님은 지금도 사역자들을 단련과 훈련으로 준비시키신다. 이 과정에는 고난과 고통이 있겠지만 이 모든 것을 통과하고 나면 하나님이 예비하신 복이 있다. 이것을 청교도들은 변장된 축복이라고 불렀다. 복음전도자는 단련과 훈련을 통해 더욱 강해진다.

---

45) Ibid., 54.

18. 복음전도와 전도자

하나님은 요나 단독으로 니느웨에 가도록 명령하셨다. 그것도 요나 혼자 갔다. 왜 요나는 홀로 니느웨로 갔을까? 그것은 하나님의 뜻이 있었기 때문이다. 다른 사람과 동행하지 않았기 때문에 요나는 하나님께 더욱 집중할 수 있었다. 요나는 하나님의 뜻과 계획이 무엇인지 깊이 묵상하고 생각할 필요가 있었다. 왜냐하면 요나는 복음전도자로 부르심을 받았기 때문이다. 또 니느웨 백성을 사랑하시는 하나님의 성품을 더욱 체험적으로 경험할 필요가 있었다. 요나가 하나님의 성품을 모르지는 않았다. 그러나 머리로만 이해하는 것이 아니라 온몸과 온 맘으로 체험할 필요가 있었던 것이다. 그 이유는 복음전도자가 하나님의 성품과 마음을 사람들에게 전달해야 했기 때문이다. 그래서 요나는 삼일 동안 큰 물고기 뱃속에서 하나님을 묵상하면서 기도했다. 그리고 니느웨 성에서 복음을 전한 후, 성 밖에서 니느웨를 바라보았다. "요나가 성읍에서 나가서 그 성읍 동쪽에 앉아 거기서 자기를 위하여 초막을 짓고 그 성읍에 무슨 일이 일어나는가를 보려고 그 그늘 아래에 앉았더라"(욘 4:5).

요나는 불편한 심경으로 하나님께 따지듯이 말을 했다. 그런 요나에 대해 하나님은 분노하지 않고, 자상하게 대답해 주셨다. 요나서의 내용은 요나가 분과 화를 내면서 하나님께 말을 하는 장면과 니느웨 백성들을 구원하시는 하나님의 자비로운 성품을 잘 드러내고 있다. 이 과정 속에 오직 하나님과 요나만 대화하고 있는 것을 볼 수 있다. 하나님은 니느웨 성읍 사람들을 변화시키는 것만큼이나 요나 한 사람을 변화시키는 것이 중요했기 때문이다. 그래서 요나에게 말씀하시고 또 말씀하신 것이다. 복음전도 행위보다 복음전도자의 마음과 자세를 온전하게 만들어 가시는 하나님의 열정을 볼 수 있다. 더 나아가 요나서의 요나는 이스라엘의 상징이다. 반면 니느웨는 세상의 상징이다.[46]

요한계시록에서는 세상의 상징이 큰 성 바벨론으로 기록되어 있다. 요나가 활동하던 시대에는 니느웨가 세상을 대표하는 성으로 인식하고 있었다. 비록 이방인들이었지만 요나의 전도를 통해 니느웨 백성들은 회개하고 하나님을 믿었다. 그러나 요나로 대표되는 이스라엘은 어떠했는가? 하나님이 보내신 예언자들의 말에 경청하지 않고 오히려 악행과 죄악을 범하면서 하나님의 율법과 계명을 어겼다. 요나서는 니느웨 성읍에 대한 말씀이지만 한편으로는 회개하지 않는 이스라엘에게 경고하는 말씀이었다. 그래서 요나서에서는 요나라는 인물과 니느웨는 또 다른 존재들을 대표하고 있는 것이다. 이것을 신학적 용어로 대표성의 원리라고 부른다.[47]

반면 예수님은 마을 사람들에게 복음을 전하기 위해 제자들을 파송하셨다. 그때 제자들은 혼자 가지 않았다. 예수님은 두 명씩 짝을 지어 복음전도대를 파송하셨다. "열두 제자를 부르사 둘씩 둘씩 보내시며 더러운 귀신을 제어하는 권능을 주시고"(막 6:7).

---

46) 목회와신학 편집부, 「요나·하박국」 「두란노 HOW주석」, 28.
47) 김남준, 「구원과 하나님의 계획」 (서울: 부흥과개혁사, 2004), 60.

또 칠십 명의 전도대원들을 파송하셨다. 그때도 제자들을 둘씩 묶어서 파송했다. " 그 후에 주께서 따로 칠십 인을 세우사 친히 가시려는 각 동네와 각 지역으로 둘씩 앞서 보내시며 이르시되 추수할 것은 많되 일꾼이 적으니 그러므로 추수하는 주인에게 청하여 추수할 일꾼들을 보내 주소서 하라"(눅 10:1-2). 예수님은 두 명씩 짝을 지어 복음전도를 하는 것이 유익하다고 생각하셨다. 그 이유는 무엇일까? 요나처럼 개인으로 파송할 수 있었을 텐데 왜 둘씩 짝을 지어 파송하신 것일까? 그 이유는 예수님의 제자훈련은 '상호적 훈련'이었기 때문이다. 혼자 배우고, 혼자 사역을 할 때는 문제라는 것이 별로 있을 리가 없다. 그런데 사람이 상호관계 속에서, 대인관계 속에서 갈등이 발생할 가능성이 높다. 그렇지만 대인관계, 상호관계가 아니면 성숙과 성장은 발생하지 않는다. "철이 철을 날카롭게 하는 것 같이 사람이 그의 친구의 얼굴을 빛나게 하느니라"(잠 27:17). 철이 철과 부딪칠 때, 녹슨 것이 떨어져 나간다. 또 철이 철과 부딪칠 때, 무딘 부분이 예리하고 날이 서게 된다. 더 좋은 방향으로 변화하고 발전하는 것이다. 마찬가지로, 제자들이 상호적 훈련을 통해 더 좋은 방향으로 변화하고 발전할 수 있도록 예수님은 둘 씩 짝을 지어 전도대를 파송하신 것이다. 한스 베이어(Hans F. Bayer)는 예수님의 제자훈련에 대해 다음과 같이 말했다.

마가복음에서 둘씩 짝지어 전도여행을 나갔던 제자들은 열두 명으로 이루어진 그룹에 속한 상태에서 예수님께로부터 제자훈련을 받았다. 서로 가르치고 서로 배우는 이들의 제자훈련 방식은 예수님이 육체적으로 제자들을 떠나셨다고 해서 끝나지 않는다. 예수님께로부터 시작된 변화의 과정은 제자들 사이에 서로 주거니 받거니, 가르치거니 배우거니 하는 리듬 속에서 서로가 서로의 거울이 되어주는 방식으로 시행된다.[48]

복음전도 여정과 과정 속에 두 사람은 대화를 많이 할 것이다. 가족 이야기, 제자가 된 경위, 복음전도 과정 속에 발생할 일에 대한 기대감과 두려움 등 자신이 생각하고 있는 것을 함께 이야기했을 것이다. 그리고 전도하기 전, 함께 간절히 영혼구원을 위해 기도했을 것이고, 두 사람은 서로를 도와주면서 복음전도를 했을 것이다. 복음전도가 끝났을 때, 두 제자는 서로의 얼굴을 보고 상기되어 하나님께서 역사하신 놀라운 일에 감사와 찬송을 올려드렸을 것이다. 실제로 제자들이 복음을 전할 때 강력한 성령의 역사가 나타났기 때문이다. 제자들 상호간에 느끼고 경험한 것을 함께 나눔으로 감동은 배가 되었다. 이것은 제자들 상호간에 있었던 더불어 사역, 더불어 복음전도이다.[49] 이렇듯 예수님은 제자들에게 공동체 의식을 가지고 공동체 사역을 하도록 훈련과 복음전도 과정에 적용시켰다. 그런데 이렇게 상호 협조와 협력만 있는 것은 아니다. 두 사람이 의견이 달라서 갈등을 겪는 경우도 있을 수 있다. 그 대표적인 예가 바울과 바나바 복음전도이다.

---

48) Hans F. Bayer, 「마가신학」, 곽계일 옮김 (서울: 개혁주의신학사, 2013), 218.
49) 김광모, 「마가 내러티브 설교의 제자도」 (대전: 에이레네 글빛, 2014), 516.

"며칠 후에 바울이 바나바더러 말하되 우리가 주의 말씀을 전한 각 성으로 다시 가서 형제들이 어떠한가 방문하자 하고 바나바는 마가라 하는 요한도 데리고 가고자 하나 바울은 밤빌리아에서 자기들을 떠나 함께 일하러 가지 아니한 자를 데리고 가는 것이 옳지 않다 하여 서로 심히 다투어 피차 갈라서니 바나바는 마가를 데리고 배 타고 구브로로 가고"(행 15:36-39)

바울과 바나바에게 의견충돌이 생겼다. 두 사도는 심하게 다투었다. 결국 전도대는 깨어지고, 전도사역 파트너가 바뀌게 되었다. 하나님은 이런 상황을 예측하지 못했을까? 분명히 알고 계셨을 것이다. 그런데 왜 이 두 사람이 짝을 지어 복음전도를 하도록 하신 것일까? 그 이유는 상호적 훈련 때문이었다. 바나바는 마가와 함께 전도여행을 떠났다. 반면 바울은 실라와 함께 전도여행을 떠났다. 모든 원인이 마가 때문에 벌어진 사건이었다. 이 사건 이후, 마가는 초대교회에 없어서는 안 될 중요한 인물이 되었다. 처음에는 복음전도자로서 자질이 부족하다고 생각될 정도로 물의를 일으킨 사람이었다. 그러나 바나바와 베드로의 지도를 받으면서 그는 로마교회에서 베드로의 통역관으로 사역했다. "택하심을 함께 받은 바벨론에 있는 교회가 너희에게 문안하고 내 아들 마가도 그리하느니라"(벧전 5:13). 그리고 최초의 복음서 마가복음을 성령의 감동하심을 받아 기록했다. 마가는 상호적 훈련을 통해 훌륭한 복음전도자로 성장했다. 정리하면 하나님은 복음전도자에 따라서 개인 전도자로 이끄시는 경우가 있다. 반면 상호적 훈련을 목적으로 2인 1조 또는 소단위로 구성된 전도대를 파송하신다. 교회는 복음전도를 위해 파송할 때, 성령의 도우심을 구하고 어떻게 파송하는 것이 가장 좋은 방법인지 기도한 후 결정해야 한다.

19. 복음전도와 리더십

요나서를 자세히 보면 선장과 니느웨 왕이 소개되어 있다. 이들의 공통점은 리더라는 것이다. 선장은 다시스로 가는 배의 모든 것을 책임지는 자로서 요나로 인해 난파할 수밖에 없었던 배를 안전한 항구까지 이동시킨 리더였다. 그리고 니느웨 왕은 하나님의 재앙으로부터 성이 망할 위기에 있을 때 문제를 해결하고 백성들을 구해 낸 리더였다. 이 두 사람은 공동체에 다친 위기를 벗어나게 했다. 선장과 니느웨 왕은 복음전도와 직접적인 관련성이 없어 보인다. 그러나 광의적인 의미에서 보면 이 두 사람은 사람의 생명을 구원하는 일에 중요한 역할을 했기 때문에 영혼을 구원하는 복음전도와 밀접한 연관성이 있다고 해석가능하다. 그렇다면 리더십이란 무엇일까? 한홍은 리더십에 대하여 다음과 같이 말했다.

리더십은 말 그대로 리더(leader)와 십(ship), 즉 배라는 말로 나눌 수 있다. 리더십은 결국 배를 이끌고 목적지에 도달하게 하는 능력이다. 항해를 할 때는 폭풍도 지나야 하고 암초도 지나야 하고 바람이 없는 바다도 지나야 한다. 리더십이라는 것도 마찬가지이다. 때로는 아무 변화도 없는 그 단체를 이끌고 가야 한다. 때로는 폭풍처럼 다가오는 어려움도 이기고 달려야 한다. 순풍이 올 때는 순풍을 100퍼센트 이용해서 달려야 한다. 암초가 있으면 피해서 가야 하고, 탈진이 되려 할 때는 적당히 리듬을 늦춰 가면서도 목표에는 눈을 떼지 않고 계속 달려야 한다. 이것이 바로 리더십이다.[50]

다시스로 가는 배의 선장은 리더로서 리더십을 발휘했다. "선장이 그에게 가서 이르되 자는 자여 어찌함이냐 일어나서 네 하나님께 구하라 혹시 하나님이 우리를 생각하사 망하지 아니하게 하시리라 하니라"(욘 1:7). 선장은 배에 탄 선원들과 요나를 안전하게 목적지까지 데리고 갈 의무와 책임이 있었다. 요나가 탄 배의 선장은 책임감이 투철했다. 자신에게 맡겨진 임무와 책임을 다하는 선장의 모습 속에서 복음전도자가 배워야 할 것이 분명하게 있다. 그것은 바로 사명감과 책임감이다. 예언자 요나는 처음에 사명감과 책임감이 부족했다. 그러나 큰 물고기 뱃속에 있었던 사건을 겪으면서 자신이 부여받은 사명과 책임을 다했다.

선장은 지성인이었다. 그는 히브리인이 아니었지만 요나가 히브리인이고 그가 섬기는 신이 하나님이라는 것을 알고 있었다. 선장은 바다를 여행하면서 여러 국가와 민족 그리고 다양한 인종, 종교, 문화, 언어 등에 대해 잘 알고 있었다. 그렇기 때문에 요나

---

50) 한홍, 「거인들의 발자국」 (서울: 도서출판 두란노, 2000), 28.

가 믿는 신이 하나님이라는 것을 알 수 있었던 것이다. 이렇듯 리더가 리더십을 발휘하기 위해서는 지식과 정보를 가지고 있어야 한다. 물론 선장이 지식과 정보를 가지고 있기 때문에 반드시 훌륭한 리더가 되는 것은 아니다. 그럴지라도 자신이 지나가야 할 바다의 특징, 계절과 기후 등에 대한 정보를 숙지하고 있는 것은 반드시 필요한 것이다. 요나가 탄 배를 이끌던 선장도 이런 기본적인 소양을 갖추었을 것이다.

더 나아가 선장은 종교적인 이해와 지식을 가지고 있었다. 위기 상황에 있던 배를 구하기 위해 잠을 자고 있던 요나를 깨웠다. 그리고 요나가 믿는 하나님께 기도하라고 말했다. 선장과 선원들은 환난이 요나 때문에 발생했다는 것을 알았지만 처음부터 요나를 희생시키려고 하지 않았다. 어떤 방법을 써서라도 요나의 생명을 보존할 수 있게 해 주려고 노력했다. 이 모든 것을 주도한 인물은 선장이었다. 선장의 리더십이 배 위에서 발휘되었던 것이다. 선장은 배를 안전하게 항구까지 도착할 수 있도록 이끌었다.

노아의 방주도 마찬가지이다. 노아는 모든 식구들과 동물들을 방주에 타게 했다. 방주에 타지 않은 사람들과 동물들은 하나님의 물 심판으로 생명을 잃게 되었다. 노아가 탑승한 방주는 말 그대로 구원의 방주였던 것이다. 그런데 배의 선장은 바로 노아였다. 마찬가지로 성도는 구원의 방주를 탄 사람들과 같다. 결코 스스로의 힘으로 구원할 수 없는 존재들이다. 그렇지만 성도의 신앙과 인생이라는 항해를 안전하게 이끌어주시는 분이 계신다. 그분이 하나님이다. 성도가 탑승한 배의 선장도 하나님이다. "저희가 평온함을 인하여 기뻐하는 중에 여호와께서 저희를 소원의 항구로 인도하시는도다"(시 107:30). 인생과 신앙생활 가운데 고난과 고통이 있더라도 최종 도착지인 소원의 항구로 인도하신다고 약속하셨다.

요나서에 등장하는 또 한명의 리더는 니느웨 왕이다. 니느웨 왕도 이방인이었다. 그러나 요나가 전해 준 복음을 통해 하나님을 믿었다. 그 결과는 누구도 예상하지 못했다. 하나님께서 뜻을 돌이키시고 니느웨 성을 심판하지 않았다. 만약 니느웨 백성들 사이에서 일어난 종교현상 정도로 이해했다면 왕은 조서를 내리지 않았을 것이고, 회개운동을 주도하지도 않았을 것이다. 정말 니느웨 성읍이라는 배가 곧 침몰할 위기의 순간이었다. 그러나 이런 일은 일어나지 않았다. 그 이유는 하나님의 은혜와 자비하심 때문이다. 그리고 니느웨 왕이라는 리더가 리더십을 발휘했기 때문이다.

존 윌리엄 가드너(John W. Gardner)는 리더십에 대해 다음과 같이 말했다: "리더십이란 개인이 자신의 목표나 아랫사람과 공유된 목표를 추구하기 위해 설득이나 모본을 통해 한 단체를 유도하는 과정이다."[51] 니느웨 왕과 백성들은 하나의 공유된 목표가 있었다. 바로 구원이었다. 이 공유된 목표를 위해 왕의 명령을 니느웨 백성들이 따랐다. "왕과 그의 대신들이 조서를 내려 니느웨에 선포하여 이르되 사람이나 짐승이나 소 떼나 양 떼나 아무것도 입에 대지 말지니 곧 먹지도 말 것이요 물도 마시지 말 것이며 사

---

51) 양병모, 「목회상황과 리더십」 (대전: 침례신학대학교출판부, 2014), 28-9.

람이든지 짐승이든지 다 굵은 베 옷을 입을 것이요 힘써 하나님께 부르짖을 것이며 각기 악한 길과 손으로 행한 강포에서 떠날 것이라"(욘 3:7-8). 니느웨 회개운동은 단순한 지적 동의가 아니었다. 그들은 지적 동의를 넘어 마음 깊이 뉘우치고 행동으로 전환하는 전인격적 회심을 했던 것이다.

궁극적으로 하나님이 니느웨 백성들에게 원하셨던 것은 전인격적인 변화, 전인격적인 회심이었다. 이런 부흥의 역사가 일어난 현장에 니느웨 왕이라는 리더가 있었던 것이다. 니느웨 왕은 니느웨 백성들을 이끄는 목자였다. 실제로 고대 근동에서는 왕을 백성들의 목자로 이해했다. 앗수르 니느웨 성읍과 쌍벽을 이루는 고대 도시가 있었다. 그 도시가 바벨론이다. 바벨론은 앗수르 다음으로 거대한 제국을 이루었다. 혹시 바벨론의 뜻이 무엇인지 알고 있는가? 성도 입장에서 볼 때, 바벨론은 죄악 그 자체이다. 왜냐하면 성경을 보면 하나님의 백성을 핍박하고 하나님의 거룩한 성전을 파괴한 흉악한 무리이기 때문이다. 그래서 바벨론은 사탄, 마귀의 상징이 되었고, 하나님의 심판의 대상으로 여겨져 왔다. 그런데 바벨론이라는 이름의 뜻은 우리가 생각하는 것처럼 부정적이지 않다. 바벨론이라는 이름의 뜻은 '양모(羊毛)의 땅'이다.[52] 고대근동지역은 주전 8,000년 전부터 양을 가축으로 길렀다. 왕은 목자로 비유되었고, 백성들은 양으로 비유되었다. 실제로 왕들은 직접 목양을 하면서 백성들과 나라를 어떻게 통치를 해야 할 것인

---

52) Kevin Leman, William Pentak, 「양치기리더십」, 김승욱 옮김 (서울: 김영사, 2005), 85.

가에 대해 생각을 했다. 이런 내용은 시편에도 잘 기록되어 있다.

> "여호와는 나의 목자시니 내게 부족함이 없으리로다 그가 나를 푸른 풀
> 밭에 누이시며 쉴 만한 물 가로 인도하시는도다 내 영혼을 소생시키고
> 자기 이름을 위하여 의의 길로 인도하시는도다 내가 사망의 음침한 골짜
> 기로 다닐지라도 해를 두려워하지 않을 것은 주께서 나와 함께 하심이라
> 주의 지팡이와 막대기가 나를 안위하시나이다 주께서 내 원수의 목전에
> 서 내게 상을 차려 주시고 기름을 내 머리에 부으셨으니 내 잔이 넘치나
> 이다 내 평생에 선하심과 인자하심이 반드시 나를 따르리니 내가 여호와
> 의 집에 영원히 살리로다"(시 23:1-6)

니느웨 왕은 목자로서 두려움에 사로잡혀 있는 양 같은 백성들
을 안전한 곳으로 인도했다. 이것이 리더가 해야 할 사명이다. 여
기에서 한 가지 추가적으로 생각해야 할 것이 있다. 요나서에 등
장하는 리더는 선장과 니느웨 왕이다. 그들이 리더로서 리더십을
발휘할 수 있었던 것은 그들 자신의 능력이 있었기 때문이다. 그
러나 그들의 능력만으로 리더십을 발휘할 수 있던 것은 아니다.
선장과 함께 했던 다수의 선원들이 있었다. 선원들은 위기 상황
속에서도 선장의 말과 지시를 따랐다. 그것이 가능할 수 있었던
이유는 선원들이 선장을 신뢰했기 때문이다. 또 니느웨 왕은 신
하들과 수십만의 백성들이 자신의 말을 따라주었기 때문에 리더
십을 발휘할 수 있었다. 선장과 니느웨 왕은 리더로서 제 역할을
감당했다. 반면 선원들과 신하와 백성들은 리더를 믿고 따르는

팔로워(follower)로서 팔로워십(followership)을 발휘했던 것이다. 자칫 리더와 리더십은 무한히 강조되면서도 팔로워와 팔로워십은 간과되는 경우가 많다. 훌륭한 리더, 성공하는 리더, 승리하는 리더가 되기 위해서는 팔로워십을 잘 갖춘 팔로워들을 만날 때 가능하다. 왜냐하면 팔로워는 리더에게 반드시 필요한 돕는 존재이기 때문이다.[53] 현실에서 리더는 소수이고, 팔로워는 다수이다. 리더의 꿈과 비전을 가지고 준비하는 사람은 팔로워로서 제대로 따르는 법과 섬기는 훈련을 해야 한다.

우리는 한 가지 질문을 해 볼 수 있다. "리더는 태어나는 것인가? 만들어지는 것인가?" 이 질문에 대해 많은 학자들이 고민을 했다. 그래서 고민과 연구 끝에 정립된 이론이 '리더십론'이다. 리더십론은 크게 4개 이론이 있다. 4개의 이론은 탄생설, 자기계발설, 육성설, 구성원 수용설이다. 첫째, 탄생설은 태어날 때부터 리더가 될 만한 사람은 정해진다는 이론이다. 전통적으로 가장 많은 지지를 받았던 이론이다. 둘째, 자기계발설이다. 쉽게 말하면 리더는 태어나는 것이 아니라 스스로 끊임없이 자신의 실력을 연마하면 리더가 될 수 있다는 이론이다. 셋째, 육성설이다. 스스로 노력하는 것도 한계가 있기 때문에 조직에서 리더가 될 만한 사람을 선발해서 교육과 훈련을 통해 리더를 육성한다는 이론이다. 마지막 넷째, 구성원 수용설이다. 아무리 자신이 뛰어나고 능력이 많다고 해도, 조직의 구성원들이 리더로 수용하지 않으면 리

---

53) 한홍, 「거인들의 발자국」, 61.

더가 될 수 없다. 반드시 구성원들이 리더로서 수용해 주는 과정
이 필요하다.

  정리하면 탄생설은 인간이 결정하는 것이 아니라 신적 존재가
결정하는 것으로 이해하는 것이다. 그러나 자기계발설, 육성설,
구성원 수용설은 인간과 조직, 공동체 안에서 결정되는 것으로 이
해하는 것이다. 현대에는 탄생설보다는 자기계발설, 육성설, 구성
원 수용설이 지지를 많이 받는다.[54] 이 세 가지 이론은 산업혁명
이후부터 두각을 나타내기 시작했다. 산업혁명이 일어나면서 가
내 수공업이 공장제 수공업으로 바뀌면서 한 사람이 모든 공정을
다 맡아서 하던 시대가 저물게 되었다. 반면 공장제 수공업은 철
저하게 분업화되었다. 분업화가 되었다는 것은 자신의 주된 업무
만 잘 감당하면 그 분야의 리더가 될 수 있었다. 산업혁명 전에는
리더가 왕, 영웅, 지도자라는 이미지였다면 산업혁명 이후에는 전
문가가 곧 리더라는 공식이 형성되기 시작했다. 그러다보니 자연
스럽게 자기계발설, 육성설, 구성원 수용설이 현대인들에게 많은
지지를 받는 것이다. 리더는 탄생할 수도 있고 자기 계발, 육성,
구성원들의 전폭적인 수용으로도 가능할 수 있다. 그런데 아무리
태어날 때부터 타고난 능력이 많다고 하더라도 리더십은 지속적
교육과 후천적 노력으로 계속 계발해야 한다, 존 맥스웰(John C.
Maxwell)은 리더십에 대해 다음과 같이 말했다.

---

54) 박유진, 「현대사회의 조직과 리더십」(서울: 양서각, 2009), 387-88.

리더십은 선천적으로 타고난 사람들의 전유물이 아니다. 리더십의 기초가 되는 원리는 후천적으로 습득될 수 있다. 이러한 원리와 더불어 지도자가 되고자 하는 열망만 뒷받침된다면 그 어느 것도 당신이 지도자 되는 것을 막을 수는 없다. …리더십은 발견하는 것이 아니라 계발하는 것이다. 실제로 선천적으로 타고난 지도자도 있다. 그러나 그 타고난 최상의 리더십을 유지하기 위해서는 리더십의 특성을 계발해야 한다.[55]

세계적인 리더십 권위자인 존 맥스웰은 리더가 태어날 수는 있지만, 그렇다고 하더라도 리더십은 끊임없이 배워야 한다고 말했다. 사람들은 태어나면서 서로 다른 은사와 재능 그리고 능력, 가정환경 등이 다르고 차이가 있을 수 있다. 모든 사람들의 시작이 다 같을 수는 없다. 이러한 다름과 차이를 인정하면서 리더십을 배우고 연마하는 일에 더욱 힘을 기울이면 그는 훌륭한 리더가 될 수 있다. 리더십은 복음전도 현장에서도 매우 중요하다. 혼자서 복음전도를 할 때는 셀프 리더십이 필요하다. 그런데 복음전도를 위해 다른 사람들과 함께 동역한다면 리더와 리더십을 존중하는 것은 반드시 필요하다. 다시 말해 팔로워로서 팔로워십을 잘 갖추어야 한다는 뜻이다. 리더인 모세에게 훌륭한 팔로워 여호수와와 갈렙이 있었다. 또 리더인 엘리야에게 훌륭한 팔로워 엘리사가 있었다. 요나서에서는 선장을 믿고 따랐던 무명의 선원들이 있었고,

---

55) John C. Maxwell, 「리더십의 법칙」, 강준민 옮김 (서울: 비전과리더십, 2011), 15.

니느웨 왕에게는 자신의 명령을 신뢰하고 따랐던 이름 모를 수십만 명의 백성들이 있었다. 리더와 팔로워가 협력하고 동역할 때, 복음전도의 시너지 효과가 일어나게 되고, 효과적이면서 효율적인 복음전파가 현장에서 이루어지게 될 것이다.

20. 복음전도와 이단대처

예언자 요나가 활동하던 때는 주전 8세기이다. 여로보암Ⅱ세가 통치하던 시대였는데, 이 시기에 우상숭배가 이스라엘 백성들 사이에서 만연했다. 그렇다면 이스라엘 백성들이 하나님을 안 믿었다는 것인가? 그렇지 않다. 백성들은 하나님을 믿었다. 그런데 하나님만 믿은 것이 아니다. 하나님이 아닌 다른 존재를 믿었다면 그것은 우상이 아닌가? 그렇다. 이스라엘 백성들은 비와 폭풍을 주관하는 신으로 여겨진 바알을 믿었다. 또 다산과 풍요의 여신이면서 바알의 부인으로 여겨진 아세라를 믿었다.

하나님을 믿는 신앙과 바알과 아세라를 믿는 신앙이 혼합되었다. 이것을 혼합주의 신앙이라고 부른다. 이런 혼합주의 신앙에 대해서 이스라엘 예언자들은 강력하게 비판하면서 회개할 것을 촉구했다. 그러나 이스라엘 백성들은 예언자들의 경고를 무시했고, 나라가 앗수르와 바벨론의 침공을 받아 멸망하기까지 돌이키지 않았다. 이 부분을 가장 강력하게 경고했던 예언자가 있었다. 그는 바로 엘리야이다. 엘리야는 갈멜산에서 백성들에게 이렇게 말했다. "엘리야가 모든 백성에게 가까이 나아가 이르되 너희가 어느 때까지 둘 사이에서 머뭇머뭇 하려느냐 여호와가 만일 하나님이면 그를 따르고 바알이 만일 하나님이면 그를 따를지니라 하니 백성이 말 한마디도 대답하지 아니하는지라"(왕상 18:21).

이스라엘 백성들은 하나님과 우상숭배 사이에서 머뭇거렸다. 예언자 엘리야의 지적은 하나님의 뜻이었다. 하나님의 뜻은 이스라엘 백성들이 우상숭배를 버리고 오직 여호와 하나님을 경배하는 것이었다. 그러나 어떤 형상도 없던 여호와 신앙보다는 눈에 가시적으로 보여 지고, 화려하고 웅장한 형상을 가지고 있는 우상에게 마음이 끌렸던 것이다. 그래서 우상숭배를 영적 간음행위라고 말했다. 하나님의 말씀이 백성들에게 복음이 되지 못하고 걸림으로 여겨졌던 이유는 우상숭배 때문이다. 우상숭배에 마음이 빼앗겨 있었기 때문에 하나님을 섬기고 예배하는 것이 자연스럽게 소홀해졌다.

예언자 요나는 큰 물고기 뱃속에서 기도를 드릴 때 다음과 같이 말했다. "거짓되고 헛된 것을 숭상하는 모든 자는 자기에게 베푸신 은혜를 버렸사오나"(욘 2:8). 거짓되고 헛된 것을 숭상하는 사람들은 우상숭배자들이다. 백성들을 우상숭배자가 되도록 이끄는 사람들이 있었다. 그들은 하나님의 말씀과는 다른 주장을 하면서 백성들에게 마치 하늘의 메시지처럼 전달했다. 성경은 이 사람들을 거짓 선지자라고 부른다. 구약성경에 등장하는 대표적인 거짓 선지자는 얀네와 얌브레이다. 얀네와 얌브레가 누구인가? 모세가 이집트의 왕자 파라오를 만나기 위해 궁전에 갔을 때, 기적을 베풀면서 하나님과 모세를 대적했던 사람들이다. "모세와 아론이 바로에게 가서 여호와께서 명령하신 대로 행하여 아론이 바로와 그의 신하 앞에 지팡이를 던지니 뱀이 된지라 바로도 현인들과 마술사들을 부르매 그 애굽 요술사들도 그들의 요술로 그와 같이 행하되 각 사람이 지팡이를 던지매 뱀이 되었으나 아론의 지팡이가 그들의 지팡이를 삼키니라"(출 7:10-12). 출애굽기에는 요술사들의 이름이 등장하지 않는다. 그들은 파라오 옆에서 신비로운 능력을 행했다. 왕은 요술사들을 신뢰했고, 백성들은 요술사들을 두려워했다. 그러면서 그들은 왕과 함께 부하고 풍요로운 삶을 즐기고 살았다. 그런데 모세가 나타나서 이 모든 것을 방해했다. 기득권을 누리고 살아가는데 지장이 생긴 것이다. 그들의 타락한 본성은 하나님을 대적했다. 신약성경은 이 두 사람에 대해서 다음과 같이 말했다. "얀네와 얌브레가 모세를 대적한 것 같이 그들도 진리를 대적하니 이 사람들은 그 마음이 부패한 자요 믿음에 관하여는 버림 받은 자들이라"(딤후 3:7-8). 사도 바울은 디모데에게 편지를 쓰면서 얀네와 얌브레를 말했다. 바울은 얀네와 얌브레를 말하려고 했던 것이 아니고, 그들처럼 진리의 말씀을 거역하고 사람들을 미혹하는 이단들에 대해 주의를 당부하기 위해 기록했던 것이다.[56]

---

56) '이단'이라는 단어는 헬라어 '하이레시스'를 번역한 것이다. 본래 '하이레시스'는 학파를 의미하는 용어로서, 중립적인 의미였다. 그런데 신약성경 기록자들은 이단의 부정적인 악영향을 지적하면서, 그들을 지칭할 때 '하이레시스'라는 단어를 사용했다. 이단이라는 단어와 개념은 서양 뿐 아니라 동양에서도 있었다. 신약성경에 '하이레시스'가 기록되었을 때는 주후 1세기이다. (김주원, 「현대기독교복음전도론」, (대전: 도서출판 대장간, 2024), 71-5.) 그런데 동양에서는 이보다 훨씬 앞선 시기에 이 단어를 사용했다. 물론 동양고전에서 말하는 이단은 공자의 유가 혹은 유학 사상과 다른 사상을 지칭한 것이다. 주전 5-6세기에 활동했던 공자는 이단에 대해 다음과 같이 말했다: "攻乎異端, 斯害也已."(공호이단 사해야이). 이 말은 "이단을 공격하면 해로울 뿐이다"라는 뜻이다. 그래서 유가에서는 공자, 맹자 사상 외에 법가, 도가, 묵가 등의 다른 학파는 모

구약성경에 등장하는 대표적인 거짓 선지자가 또 한 명 있다. 그의 이름은 발람이었다. 발람은 돈에 눈이 어두워져서 잘못된 길을 걸었던 인물이다. 그는 하나님의 말씀보다 자신의 욕심 때문에 하나님의 백성을 미워하는 발락을 만났다. 발락은 발람에게 하나님의 백성 이스라엘을 저주해줄 것을 요청했다. 발람이 진정으로 하나님을 경외했다면 발락의 초청에 응답하지 말았어야 했다. 그의 이런 행위는 이단들이 행동하는 것과 똑같다. "그들이 바른 길을 떠나 미혹되어 브올의 아들 발람의 길을 따르는도다 그는 불의의 삯을 사랑하다가 자기의 불법으로 말미암아 책망을 받되 말하지 못하는 나귀가 사람의 소리로 말하여 이 선지자의 미친 행동을 저지하였느니라"(벧후 2:15-16).

현대 이단들은 복음전도를 가장해서 신도들의 돈을 끌어내기 위해 혈안이 되어 있다. 특히 종말이 속히 올 것이라고 말하면서 대형 건축물 공사와 적립금 등을 축적하는 행위를 한다. 심지어는 은행을 만들어서 사업자금과 건축자금을 동원하는 창구로 이용하기도 한다. 이 모든 것이 복음전도를 가장한 속임수이다.

예수님도 제자들에게 거짓 선지자들을 삼가라고 말씀하셨다. "예수께서 이르시되 너희가 사람의 미혹을 받지 않도록 주의하라 많은 사람이 내 이름으로 와서 이르되 내가 그라 하여 많은 사람을 미혹하리라"(막 13:5-6). 거짓 선지자들을 주의해야 할 이유는 복음전도의 방해자들이고, 사람들이 하나님의 구원을 받지 못

두 이단사상으로 간주되었다. (푸페이룽, 「맹자교양강의」, 정광훈 옮김 (경기도: 돌베개, 2011), 129-133.)

하도록 미혹하는 자들이기 때문이다. 그들은 광명한 천사처럼 다가오지만 그 속에는 자신의 사사로운 욕심을 채우기 위해 사람들을 이용하려는 것이다. "그런 사람들은 거짓 사도요 속이는 일꾼이니 자기를 그리스도의 사도로 가장하는 자들이니라 이것은 이상한 일이 아니니라 사탄도 자기를 광명의 천사로 가장하나니 그러므로 사탄의 일꾼들도 자기를 의의 일꾼으로 가장하는 것이 또한 대단한 일이 아니니라 그들의 마지막은 그 행위대로 되리라"(고후 11:13-15).

실제로 일곱 집사 중 한 사람이었던 니골라는 반율법주의 혹은 무율법주의 이단자가 되었다. 자신 뿐 아니라 많은 사람들이 그가 주장하는 이단 사상에 미혹되어 니골라당을 이루게 되었다. 쉽게 말하면 그들의 세력이 커지고 추종자들이 많아졌다는 것이다. "오직 네게 이것이 있으니 네가 니골라 당의 행위를 미워하는도다 나도 이것을 미워하노라…이와 같이 네게도 니골라 당의 교훈을 지키는 자들이 있도다"(계 2:6-15). 니골라는 영은 거룩하고, 육은 악하다는 이분법적 사고를 가지고 있었다. 그래서 인간의 영이 구원을 받는 것이지 육체는 구원과는 아무런 상관이 없다고 주장했다. 그러다보니 니골라당에 속한 사람들의 행실이 자연스럽게 도덕적 타락과 방종으로 이어지게 되었다. 이 사람들이 가장 중요하게 생각한 것이 있는데 그것은 바로 자유이다. 그들은 예수님을 믿으면 자유하게 되기 때문에 율법, 계명은 구약시대에나 유효했던 것이고, 새로운 시대에는 모두 폐기 되어버린 쓰레기로 인식했다. 마운스는 니골라와 니골라당에 대해서 다음과 같이 말했다.

초기의 전통은 니골라 당을 니콜라우스(Nicolaus)와 동일시했는데 그는 안디옥의 변절자로 초대 교회의 일곱 집사 중 하나로 임명된 자였다(행 6:5). 그러나 왜 그렇게 해야 하는지에 대한 분명한 이유가 없다. 만일 이 분파가 "아주 짧은 시간 동안만" 유지되었다는 유세비우스의 언급이 맞다면, 아마도 교부들이 가지고 있었던 유일한 정보는 요한계시록 하나밖에는 없었을 것이다. 어찌 되었든지, 영적인 자유라는 미명 하에 우상 숭배와 비도덕적인 의식을 행하라는 이 이단의 주장을 에베소 교회는 올바르게 배척했다. 이교 사상과의 절충을 거부했을 때, 에베소 교회는 악에 대한 그리스도의 증오를 공유한 것이다.[57]

처음에는 충성스러운 복음전도자였던 니골라는 이단 사상에 미혹되면서부터 복음전도의 장애물이 되었다. 니골라와 니골라당이 심각한 이단일 수밖에 없던 중요한 요인이 있었다. 그것은 바로 복음을 잘 알고 있다는 것이다. 그러기 때문에 복음을 교란하여 사람들의 입맛에 맞는 거짓 복음을 만들어서 마치 진정한 복음인 것처럼 전파했다. 현재 우리 주변에 있는 이단들을 생각해보라. 그들은 과거에 정통교회에서 신앙생활을 하고, 복음전도자로서 활동하던 사람들이다. 그런데 이단 사상에 미혹되면서부터 다른 복음, 거짓 복음을 열심히 전파하는 이단종파 신도가 되었다. 우리가 성경을 연구하고, 교회역사를 살펴봐야 할 이유가 여기 있

---

57) Robert H. Mounce, 「요한계시록」, 106.

다. 결코 거짓 선지자와 이단의 주장과 수법은 달라지지 않는다. 성경적으로 표현한다면 이렇게 말할 수 있을 것이다. "이미 있던 것이 후에 다시 있겠고 이미 한 일을 후에 다시 할지라 해 아래에는 새 것이 없나니 무엇을 가리켜 이르기를 보라 이것이 새 것이라 할 것이 있으랴 우리가 있기 오래 전 세대들에도 이미 있었느니라"(전 1:9-10). 해아래 새것이 없는 것처럼 과거에 존재했던 이단의 모습이 현대에도 재현되어 활동하고 있다. 그런데 이단들은 꼭 이런 말을 한다. 새 시대, 새 말씀, 새 노래, 새 언약, 새 예루살렘이 자신들 안에서 이루어지고 성취되었다고 주장을 한다.

또 한 사람이 있다. 그는 마술사 시몬이다. 시몬은 빌립 집사의 전도를 받고, 복음을 듣게 되었다. 놀라운 성령의 능력을 본 후, 그는 자신도 성령의 능력을 가지고 싶어 했다. 그리고 사도 베드로를 만났다. 그런데 그의 욕심을 베드로는 알아챘다. 시몬은 돈을 주고 성령의 능력을 사려고 했던 것이다. 그의 잘못된 생각과 태도는 결국 이단종파를 만들게 되었다. 시몬의 정확한 이름은 시몬 마구누스로서 최초의 영지주의 이단자이다. 그는 구원을 얻기 위해서는 성경에 감추어져 있는 영적이고 비밀스러운 지식을 알아야 한다고 주장했다. 복음전도자들은 예수 그리스도를 믿음으로 구원을 얻는다고 전파했지만, 시몬 마구누스파 사람들은 성경에 감추어져 있는 영적이고 비밀스러운 지식을 소유할 때 비로소 구원을 받을 수 있다고 전파했다. 그리고 그 신비롭고 영적인 지식을 알고 있는 사람이 시몬 마구누스이며, 시몬 마구누스를 통해서 구원을 얻을 수 있는 참된 지식을 얻을 수 있다고 사람들에게 말했다. 그런데 시몬 마구누스가 누구인가? 그는 당시에 아주 유명한 마술사였다. 그의 신비롭고 현란한 마술이 더해져서 수많은 사람들이 시몬 마구누스가 전하는 거짓 복음에 미혹되었다. 시몬 마구누스가 전한 거짓 복음도 혼합주의이다. 복음에 이원론과 마술을 혼합시킨 혼합주의 이단 사상이었다. 차종순은 혼합주의에 대해 다음과 같이 말했다.

> 알렉산더 대왕의 동서야 통합 이후로 혼합주의(syncretism)가 새로운 형태의 사상으로 지중해 연안의 근동지방과 헬라의 여러 지방을 하나의 커다란 용광로처럼 혼합시켰다. 페르시아의 이원론과 마술, 바벨론의 점성술, 동양의 각종 신비주의 종교, 헬라의 철학, 유대교의 율법, 기독교의 구원론 등이 기독교의 구원론을 골격으로 하면서도 헬라의 철학을 논리적인 근간으로 혼합되었다.[58]

복음전도자들은 현장에서 거대한 장애물을 만났다. 그리고 무엇이 참된 복음인지 사람들에게 설명을 해 주어야 했다. 단순히 예수님을 믿음으로 구원을 얻는다는 말로는 부족했다. 그래서 진리의 복음을 풀어 설명해 줄 필요가 생기게 된 것이다. 이렇게 사람들에게 복음을 풀어서 설명하고 무엇이 참이며, 무엇이 거짓인지 가르쳐주는 것을 무엇이라고 할까? 이것이 바로 변증이다. 주후 2, 3세기의 복음전도자들 중에 순교자가 많았다. 그들은 복음

---

58) 차종순, 「교회사」 (서울: 한국장로교출판사, 1993), 59.

을 사수하기 위해 목숨도 아끼지 않았다. 복음전도자는 곧 변증가이었다. 왜냐하면 복음전도의 장애물인 이단문제를 해결해야 했기 때문이다. 이단의 문제를 해결하지 않으면 복음을 받아들인 사람들이 이단에 미혹되는 사례가 속출하기 때문이다. 우리는 밑 빠진 독이 물붓기라는 말을 알고 있다.

현재 복음전도와 선교가 국내외에서 활발하게 진행되고 있다. 그런데 복음전도의 가장 큰 장애물 중의 하나가 이단문제이다. 필자는 2018년 제19차 인도차이나 한인선교사 캄보디아대회에 강사로 참석했다. 그 때 해외선교지의 이단문제를 다루었는데, 현지 선교사가 이단에 빠진 교회가 얼마나 되는지 연구를 했다. 그 선교사의 보고서에 의하면 2012년부터 2017년 동안 정통교회에서 이단으로 옮겨간 교회가 무려 608개로 소개되었다. 6년 동안 608개라는 보고에 참석자들은 충격을 받았다. 더 큰 문제는 이런 사례가 캄보디아에서만 나타나는 것이 아니다. 현장에서 복음전도만큼이나 중요한 것이 기독교 변증이다. 그 중에서도 정통과 이단의 차이점이 무엇이고, 무엇이 바른 복음인가를 정확하게 알려줄 수 있어야만 한다. 그렇지 않으면 초대교회부터 현대까지 나타나고 있는 이단의 미혹행위는 더욱 기승을 부릴 것이다. 앨빈 레이드(Alvin Reid)는 복음전도자 이레니우스에 대해 다음과 같이 말했다.

이레니우스는 폴리캅의 제자였다. 그의 작품 『이단에 대항하여』(Against Heresies)는 초대 교회의 복음전도에 대한 열정을 빼앗으려고 위협했던 영지주의 이단을 반박했다. 로마에 있는 동안, 이 레니우스는 유명한 순교자 블란디나(Blandina)가 죽임을 당했다 는 리온(Lyons)에서의 끔찍한 박해 소식을 들었다. 야생동물, 매질, 불에 달구어진 구리, 그리고 다른 포악한 행위들로 블란디나는 순 교당했다. 리온의 많은 신자들은 순교의 면류관을 받을만했다.[59]

이레니우스는 복음전도자가 되려고 했을까? 아니면 이단을 반 박하는 변증가가 되려고 했을까? 그는 예수 그리스도를 영접하고 신앙생활을 하면서 예수 그리스도의 복음을 전파하는 사람이 되 려고 했다. 그는 열심히 복음을 전하는 과정 속에 예기치 못한 복 음의 훼방꾼들을 만나게 된 것이다. 그런데 복음의 훼방꾼들인 이 단은 자신들의 거짓 논리로 사람들을 미혹했고, 정말 많은 사람들 이 이단에 미혹되어 그리스도와 복음을 속히 떠났다. 이런 현상을 이레니우스가 보았던 것이다. 그는 복음전도자로서 기독교 변증 을 했던 것이다. 이것이 중요하다.

현대교회가 이단문제를 다룰 때, 전문가들에게 위임, 위탁하는 경우가 많다. 일정 부분 전문가들의 의견을 경청하고 이단문제에 대해 예방하는 것은 반드시 필요하다. 그러나 전적으로 전문가에 게 맡기는 것은 결코 바람직하지 않다. 이레니우스뿐 아니라 사도 베드로, 바울, 요한도 이단문제에 대해 강력하게 경고했다. 그렇 다면 베드로, 바울, 요한, 이레니우스는 이단전문가가 되기 위해

---

59) Alvin Reid, 「복음주의 전도학」, 임채남 옮김 (서울: CLC, 2018), 108.

사역자가 된 것일까? 결코 그렇지 않다. 그들은 예수 그리스도의 복음전도자가 되기 위해 사역을 했다. 복음을 전하는 과정 속에 거짓 선지자와 거짓 사도 즉 이단들을 만나게 된 것이다. 이단들의 영향력이라는 것은 정말 컸다. 그러기 때문에 신약성경과 개인 저술서 『이단에 대항하여』에서 이단에 대한 강력한 경고와 주의를 당부했던 것이다. 우리는 이 사실을 명심해야 한다.

전통적으로 학자들은 기독교 이단을 조직신학 분야에서 다루어 왔다. 이단의 주요 교리가 정통교회 교리에 비추어 볼 때, 어떻게 다르고 틀린가를 찾기 위한 연구를 했다. 그런데 이단을 조사하고 연구하는 것은 이론적인 활동에 그쳐서는 안 된다. 현대이단의 악영향은 교회사역과 전도현장에서 심각하게 나타나고 있다. 이런 현 상황을 직시한다면 결코 이단의 문제는 조직신학분야에서만 다룰 수 있는 것이 아니다. 오히려 실천신학 복음전도 차원에서 연구되고 실천방안을 모색해야 한다. 스카보로우(L. R. Scarborough)는 그의 저서 『전도학개론』에서 복음전도와 이단에 대해 다음과 같이 말했다.

이단에 빠진 사람들은 혼미케 된 교사들의 혼미한 가르침을 통해 사탄에 의하여 혼미케 되었고, 이미 잘못된 교리에 잘 훈련되었고 또 그 교리가 그들의 삶 속에 젖어들었기 때문에 전도하기가 쉽지는 않다. 그들에게 전도하기 위해서는 인내와 친절함과 유순함과 끈기가 있어야 하며, 하나님의 능력으로 그들을 인도하여 잘못된

신앙을 바로잡아 주고 하나님의 말씀을 가르쳐야 한다.[60]

스카보로우는 사우스웨스턴침례신학교(SWBTS) 전도학 교수였다. 그는 자신의 저서에서 복음전도의 대적자들을 언급하면서 주요 이단들에 대해 설명했다. 복음전도와 이단은 분명 다른 주제이다. 그러나 이단문제는 복음전도과정에서 전도자가 피할 수 없는 장애물이면서 복음의 대적세력이다. 그래서 전도학자 스카보로우는 그의 저서에서 이단의 문제를 심도 있게 다루었던 것이다. 이 말은 복음전도자가 이단문제를 피해갈 수 없다는 뜻으로 해석할 수 있다. 그런데 이것은 신약성경에서 예수님과 사도들이 이미 언급한 내용이다. 복음전도자는 땅 끝까지 복음을 전파해야 하는 사람이다. 또 복음전도자는 진리의 복음을 사수해야 할 사명이 있는 사람이다. 복음을 전파하기 위해 전도훈련이 필요하다면 복음을 사수하기 위해 기독교 변증 훈련과 이단대처훈련이 반드시 필요하다.

---

60) L. R. Scarborough, 「전도학개론」, 이명희 옮김 (서울: 보이스사, 1994), 290-1.

참고문헌

1. 단행본

기민석. 「예언서 강의」. 서울: 예책, 2017.

김광모. 「마가 내러티브 설교의 제자도」. 대전: 에이레네 글빛, 2014.

김광수. 「신약성서 헬라어 기초문법」. 대전: 침례신학대학교 출판부, 2005.

김남준. 「구원과 하나님의 계획」. 서울: 부흥과개혁사, 2004.

김병국. 「신구약 중간사 이야기」. 서울: 도서출판 대서, 2013.

김상진. 「엘리야와 엘리사 기적 이야기」. 서울: 에스라서원, 2020.

김요한. 「21세기 희망, 대학생 선교운동」. 서울: 생명의말씀사, 2011.

김용복. 「회중주체적 조직신학」. 대전: 하기서원, 2017.

김주원. 「현대기독교복음전도론」. 대전: 도서출판 대장간, 2024.

김태권. 「850 대 1」. 서울: 규장, 1998.

권종선. 「해석과 비평」. 대전: 침례신학대학교출판부, 2005.

라은성. 「정통과 이단 1」. 서울: 도서출판 그리심, 2008.

류모세. 「열린다 성경 동물 이야기」. 서울: 두란노, 2012.

_____. 「열린다 성경 식물 이야기」. 서울: 두란노, 2008.

문희석. 「구약성서배경사」. 서울: 대한기독교출판사, 1990.

목회와신학 편집부. 「요나·하박국」. 「두란노 HOW주석」. 서울: 두란노아카데미,
        2009.

박수암. 「요한계시록」. 서울: 대한기독교서회, 1998.

박유진. 「현대사회의 조직과 리더십」. 서울: 양서각, 2009.

변순복 편. 「회개로 인도하는 요나서」. 서울: 하임, 2019.

서춘웅. 「교회와 이단」. 서울: 크리스챤서적, 2010.

손진호. 「구속사적 관점에서 본 요나서」. 서울: 도서출판 그리심, 2010.

송병현. 「호세아·요엘·아모스·오바댜·요나」. 「엑스포지멘터리」. 서울: 도서출판 이
        엠, 2022.

이보영 엮음. 「이야기 세계사」. 서울: 아이템북스, 2007.

이용호. 「하나님의 자유」. 서울: 토비야, 2017.

이필찬. 「내가 속히 오리라」. 서울: 이레서원, 2011.

우택주. 「모두 예언자가 되었으면」. 대전: 침례신학대학교 출판부, 2009.

＿＿＿. 「요나서의 숨결」. 대전: 침례신학대학교출판부, 2009.

유재덕. 「거침없이 빠져드는 기독교 역사」. 서울: 도서출판 브니엘, 2008.

왕대일. 「구약신학」. 서울: 감신대성서학연구소, 2002.

양병모. 「목회상황과 리더십」. 대전: 침례신학대학교출판부, 2014.

조은태. 「전도학 총론」. 서울: 타문화권목회연구원, 1995.

차종순. 「교회사」. 서울: 한국장로교출판사, 1993.

푸페이룽. 「맹자교양강의」. 정광훈 옮김. 경기도: 돌베개, 2011.

피영민. 「1689 런던 침례교 신앙고백서 해설」. 서울: 요단출판사, 2018.

한홍. 「거인들의 발자국」. 서울: 도서출판 두란노, 2000.

＿＿. 「하나님이 내시는 길」. 서울: 규장, 2017.

Bavinck, Herman. 「하나님의 큰 일」. 김영규 역. 서울: 기독교문서선교회, 1998.

Bayer, Hans F. 「마가신학」. 곽계일 옮김. 서울: 개혁주의신학사, 2013.

Benware, Paul N. 「신약성경개론」. 곽철호 옮김. 서울: 요단출판사, 2006.

Berkhof, Louis. 「조직신학」. 권수경, 이상원 옮김. 서울: 크리스챤다이제스트, 2001.

Chisholm Jr, Robert B. 「예언서개론」. 강성열 역. 서울: 크리스챤다이제스트, 2006.

Dran, John William. 「구약이야기」. 이중수 옮김. 서울: 두란노서원, 1985.

Erickson, Millard J. 「복음주의 조직신학(상)」. 신경수 옮김. 서울: 크리스챤다이제스트, 2006.

Erickson, Millard J. 「조직신학개론」. 나용하, 황규일 역. 서울: 기독교문서선교회, 2016.

Erickson, Millard J. 「복음주의 조직신학(하)」. 신경수 옮김. 서울: 크리스챤다이제스트, 2005.

Hammond, T. C. 「간추린 조직신학」. 나용화 역. 서울: 기독교문서선교회, 1994.

Hayes, John H. 「구약학 입문」. 이영근 옮김. 서울: 크리스챤 다이제스트, 2001.

Hoekema, Anthony A. 「개혁주의 구원론」. 류호준 역. 서울: 기독교문서선교회, 1999.

Gartz, Joachim. 「세계사」. 우호순 옮김. 경기도: 혜원출판사, 2008.

Greer, Jonathan S, et al. 「고대 근동 문화와 구약의 배경」. 김은호, 우택주 옮김. 서울: 기독교문서선교회, 2020.

Grabbe, Lester L. 「고대 이스라엘 역사」. 류광현, 김성천 옮김. 서울: 기독교문서선교회, 2012.

Greidanus, Sidney. 「구약의 그리스도」. 김진섭, 류호영, 류호준 공역. 서울: 이레서원, 2003.

Grenz, Stanley J. 「조직신학」. 신옥수 옮김. 서울: 크리스챤다이제스트, 2003.

Grudem, Wayne A. 「성경핵심교리」. 김광열, 곽철근 공역. 서울: 기독교문서선교회, 2004.

Guinness, Os. 「소명」. 홍병룡 옮김. 서울: 한국기독학생회출판부, 2000.

Josephus, Flavius. 「요세푸스 I」. 김지찬 역. 서울: 생명의말씀사, 1987.

Lloyd-Jones, D. Martyn. 「성부 하나님, 성자 하나님」. 강철성 역. 서울: 기독교문서선교회, 2008.

MacArthur, John. 「쉽게 읽는 핵심성경교리」. 김태곤 옮김. 서울: 생명의말씀사, 2023.

MacArthur, John F. 「담대한 복음전도」. 조계광 옮김. 서울: 생명의말씀사, 2012.

Marie-Joseph Steve, Jean Bottero. 「메소포타미아」. 최경란 옮김. 서울: 시공사, 2005.

Maxwell, John C. 「리더십의 법칙」. 강준민 옮김. 서울: 비전과리더십, 2011.

McGrath, Alister E. 「한 권으로 읽는 기독교」. 전의우 옮김. 서울: 생명의말씀사, 2014.

Merrill, Eugene H. 「구약신학」. 김상진, 성주진, 류근상 옮김. 서울: 크리스챤출판사, 2012.

Migliore, Daniel L. 「기독교 조직신학 개론」. 신옥수, 백충현 옮김. 서울: 새물결플러스, 2022.

Packer, J. I. 「성경에 나타난 열 일곱 주제의 용어들」. 홍병창 옮김. 서울: 도서출판 엠마오, 1988.

Reid, Alvin. 「복음주의 전도학」. 임채남 옮김. 서울: CLC, 2018.

Scarborough, L. R. 「전도학개론」. 이명희 옮김. 서울: 보이스사, 1994.

Schmidt, Werner H. 「구약성서입문 I」. 한준희, 채홍식 옮김. 서울: 대한기독교서회, 2004.

Schmidt, Werner H. 「구약성서입문 II」. 차준희, 채홍식 옮김. 서울: 대한기독교
　　서회, 2005.

Shanks, Hershel. 「고대 이스라엘」. 김유기 역. 서울: 한국신학연구소, 2005.

Sproul, R. C. 「모든 사람을 위한 신학」. 조계광 옮김. 서울: 생명의말씀사, 2022.

Stevens,, R. Paul. 「21세기를 위한 평신도 신학」. 홍병룡 옮김. 서울: 한국기독학
　　생회출판부, 2001.

Sweeney, Marvin A. 「예언서」. 홍국평 옮김. 서울: 대한기독교서회, 2017.

Tenney, Tommy. 「하나님의 유턴」. 마영례 옮김. 서울: 생명의말씀사, 2007.

VanGemeren, Willem A. 「예언서연구」. 김의원, 이명철 역. 서울: 도서출판 엠
　　마오, 1999.

William Pentak, Kevin Leman. 「양치기리더십」. 김승욱 옮김. 서울: 김영사,
　　2005.

2. 주석 및 사전류

Aune, David E. 「요한계시록」. 「WBC 성경주석」. 김철 옮김. 서울: 도서출판 솔
　　로몬, 2010.

Blum, Edwin A. 「요한복음」. 「BKC강해주석」. 임성빈 옮김. 서울: 두란노,
　　1996.

Carson, D. A, et al. 「IVP 성경주석 구약」. 김순영 외 5인 옮김. 서울: 한국기독
　　학생회출판부, 2005.

Gehard Schwinge, F. Hauck. 「독일어 라틴어 사전」. 조병하 옮김. 서울: 크리
　　스챤다이제스트, 2012.

Hare, Douglas R. A. 「마태복음」. 「현대성서주석」. 최재덕 역. 서울: 한국장로교
　　출판사, 2001.

Limburg, James. 「호세아-미가」. 「현대성서주석」. 강성열 역. 서울: 한국장로교
　　출판사, 2011.

Martin, John A. 「마태복음」. 「BKC강해주석」. 정민영 옮김. 서울: 두란노,
　　2011.

Mounce, Robert H. 「요한계시록」. 「NICNT」. 장규성 옮김. 서울: 부흥과개혁
　　사, 2019.

Stuart, Douglas. 「호세아-요나」. 「WBC 성경주석」. 김병하 옮김. 서울: 도서출

판 솔로몬, 2016.
Walton, John H, et al. 「IVP 성경배경주석」. 정옥배 외 8인 역. 서울: 한국기독
학생회출판부, 2008.

3. 정기간행물

기민석. "평화 기제로서의 희생과 제비뽑기: 사사기 19-21장과 요나서 1장을 중
심으로," 「복음과 실천」 65집 (2020 봄): 12.
장동수. "히브리서의 구약 인용과 해석," 「복음과 실천」, 35집 (2005 봄): 50-1.

4. 학위논문

이영찬. "베드로와 바울의 설교에 나타난 케리그마(κήρυγμα)특성과 현대설교의
적용: 사도행전 2장과 13장을 중심으로." 박사학위논문, 한국침례신학대
학교대학원, 2020.

5. 온라인자료

위키백과. "파울(문어)" [온라인 자료] https://ko.wikipedia.org/
wiki/%ED%8C%8C%EC%9A%B8_(%EB%AC%B8%EC%96%B4), 2024
년 4월 26일 접속.
"2009년도를 향한 예언의 말씀" [온라인 자료] https://blog.naver.com/el-
consys/86217335, 2024년 4월 27일 접속.
위키백과. "미드라시" [온라인 자료] https://ko.wikipedia.org/
wiki/%EB%AF%B8%E93%9C%E
BB%%9D%BC%EC%8B%9C,2024년 5월 2일 접속.
바이블허브. "dǝ·ḇar" [온라인자료] https://biblehub.com/hebrew/de-
var_1697. htm, 2024년 7월 19일 접속.
한겨레신문. "'하나님의 땅 선포' 기독교 신자들 '봉은사 땅밟기' 파문" [온라인
자료] https://www.hani.co.kr/arti/society/religious/445663.html.
2024년 6월 24일 접속.